CES MESSIEURS
AFRIQUE 2

Des mêmes auteurs

Ces messieurs Afrique, Calmann-Lévy, 1992.
L'Afrique sans africains, Stock, 1994.

De Stephen Smith

La Guerre du cacao, Calmann-Lévy, 1990 (avec Corinne Moutout et Jean-Louis Gombeaud).
Somalie, la guerre perdue de l'humanitaire, Calmann-Lévy, 1993.
La Diplomatie pyromane (entretiens avec Ahmedou Ould Abdallah), Calmann-Lévy, 1996.

ANTOINE GLASER
STEPHEN SMITH

CES MESSIEURS AFRIQUE 2

Des réseaux aux lobbies

CALMANN-LÉVY

ISBN 2-7021-2721-5

SOMMAIRE

Introduction

DES RÉSEAUX AUX LOBBIES

Jacques Foccart étant à présent mort et enterré, il est temps de lever le secret des « réseaux Foccart ». Il tient en deux mots : *réseaux* et *Foccart.*

Ce n'est pas une mauvaise plaisanterie. Le secret de Jacques Foccart, l'historique Monsieur Afrique du gaullisme, se résume en un demi-siècle de fréquentation du continent noir, une délégation de pouvoir directement par les princes qui se sont succédé à l'Élysée et, on l'oublie souvent, en une vie personnelle entièrement mise au service d'une fonction publique. Résistant, fidèle parmi les fidèles du général de Gaulle pendant la traversée du désert dans l'après-guerre, puis, de 1958 à 1969, son secrétaire général à l'Élysée, ensuite conseiller pour l'Afrique du président Pompidou, du Premier ministre Chirac pendant la cohabitation de 1986 à 1988, et enfin, « conseiller personnel » du président Chirac à compter de mai 1995, Jacques Foccart est mort, le 19 mars 1997 à l'âge de 83 ans, toujours « aux affaires ». Sa longévité exceptionnelle au pouvoir, son autonomie dans la durée n'ont pu exister qu'en dehors des aléas liés aux mandats électifs. Son rôle supposait, aussi, une disponibilité totale, sans « domaine réservé » à l'intimité, aux enfants, à une vie de famille... Voilà l'essentiel. Le reste n'est que dérivé, conséquence logique, halo pseudo-littéraire souvent : des générations de dirigeants africains qui se sont confessés dans l'appartement rue de Prony, dans le XVIIe arrondissement de Paris, ou dans la « case à fétiches » de Jacques Foccart, sous les combles de sa villa Charlotte à Luzarches ; le « pouvoir occulte » du secrétaire général de l'Élysée qui, pendant les onze ans que le général de Gaulle présidait aux destinées de la France, s'occupait à la fois – mélange des genres qui en dit long – de l'Afrique, du renseignement et de la carte électorale française ; enfin, l'homme sans héritiers, dont l'épouse – Isabelle Foccart, morte en 1991 – cachait des œufs de Pâques pour les enfants des présidents africains qu'elle connaissait tous par leur prénom ; l'octogénaire qui, presque jusqu'au bout, répondait lui-même au téléphone. Jacques Foccart, un secret ? Il détenait des secrets, il les cultivait avec un goût pervers ou subtilement mais, à moins de tomber dans les travers d'une mystification, il n'en était pas l'incarnation. Mort, Jacques Foccart a emporté beaucoup dans sa tombe, mais pas « son » secret.

Et les réseaux ? Longtemps, ils ont constitué la vraie trame des relations franco-africaines, le double fond d'une « indépendance dans l'interdépendance », pour reprendre la formule un peu illusionniste d'Edgar Faure. Issus du compagnonnage d'armes de la France libre, les réseaux Foccart étaient hautement personnalisés, empreints d'allégeance politique et d'une toute gaullienne fidélité. Nés dans les limbes de la légalité, légitimes peut-être mais, en attendant, clandestins, ils avaient un caractère fort, réfractaire, parfois délictueux, et un esprit qui rachetait tout « au service de la France ». On péchait comme on était rédimé : pour la bonne cause. Laquelle ? Elle n'était vraiment claire qu'au départ, dans le combat pour la France libre. Par la suite, il revenait à quelques gardiens du temple gaulliste d'en décider. Jacques Foccart était l'un d'eux, très proche de la flamme, pendant très longtemps. Jacques Chirac, après sa trahison du candidat Jacques Chaban-Delmas en avril 1974, a fait beaucoup d'efforts pour renouer avec lui, dans le but de légitimer historiquement le néo-gaullisme du RPR [1].

La France libérée, les réseaux de la Résistance – réseaux gaullistes, communistes, chrétiens, indépendants... – avaient accompli leur mission. Mais la toile était tissée, les liens de compagnonnage subsistaient et, même s'ils étaient mis en veilleuse, le souvenir du passé continuait d'être exalté [2]. Lorsque l'État gaulliste se met en place en 1958, dans un contexte dramatique qui renoue avec l'épopée originelle de « l'homme du 18-juin », ces relais sont réactivés, se remettent au service du Général pour son retour au pouvoir. Déjà, Jacques Foccart est pour de Gaulle ce qu'il restera jusqu'au départ du pouvoir du Général en 1969 : l'homme de l'ombre, certes, mais surtout l'estafier, le valet d'armes portant le manteau et la lance du chevalier, lui mettant le pied à l'étrier. C'est ce rôle, inchangé à travers le temps, qui explique ensuite l'étonnant amalgame dans les fonctions assignées au secrétaire général de l'Élysée. L'Afrique, les « services », l'investiture des candidats aux élections forment la panoplie secrète du chef. Jacques Foccart s'en occupe en jouant sur le registre de l'invisible, le « pouvoir occulte » émanant de ce qu'il conviendrait alors d'appeler, au singulier majestueux, « le Réseau » : l'ensemble des relais gaullistes dans tous les milieux qui, « hors hiérarchie », travaillent pour le « chef historique » et sa « mission » – la grandeur de la France et son rang dans le monde – en se servant de l'État comme « État-moyen ». Un groupe de fidèles décidés et dévoués met l'appareil de l'État au service d'une mystique nationale, celle de l'homme providentiel et de son « grand dessein ». En France, au plus tard à la mort de Georges Pompidou et à l'occasion de la guerre de succession qui s'ensuit, le Réseau éclate, se morcelle. C'est la conséquence logique du combat des chefs, de la querelle des héritiers. Ceux-ci, cependant, préservent longtemps l'Afrique de leurs luttes intestines, foyer originel de leur unité et – avec le feu nucléaire – l'un des piliers du « rang » de la France. Valéry Giscard d'Estaing jouera en Afrique sa partition, emphatique au début, pathétique à la fin. Mais, maître dans sa « case à fétiches », Jacques Foccart veille, garde des ficelles en main. L'arrivée de la gauche au pouvoir, en 1981, clarifie sa position. Des deux pieds, il est désormais dans l'opposition, cultivant les fidélités sur le continent, enregistrant des défections. Par opportunisme, mais aussi « pour servir la France quel que soit son gouvernement du moment », des membres de son réseau africain se mettent à la disposition de François Mitterrand. D'autant qu'il y a aussi la fonte naturelle des décès, des départs en retraite, le non-renouvellement des contacts, un vieillissement général. Pour un Félix Houphouët-Boigny qu'il appelle rituellement tous les mercredis au téléphone, combien de chefs d'État africains que Foccart connaît à peine, qu'il ne voit qu'au cours de leurs passages à Paris ? De plus en plus, Jacques Foccart devient le tuteur des « doyens », du « vieux » président ivoirien et du général-président togolais Gnassingbé Eyadema en Afrique de l'Ouest, du Gabonais Omar Bongo et du maréchal-président zaïrois Mobutu en Afrique centrale. À travers eux, il réinvente le système colonial britannique de l'*indirect rule* ; en l'occurrence les « chefs » régionaux font passer les consignes de l'ex-Métropole et, en sens inverse, servent de porte-parole pour faire « remonter » l'information. Puis vient le dernier coup de balai dans la toile, déjà un peu poussiéreuse : le déchirement entre chiraquiens et balladuriens. À partir de l'automne 1993 et, d'une façon éclatante, avec la dévaluation du franc CFA – la monnaie commune de quatorze pays d'Afrique, liée d'une parité fixe au franc français – en janvier 1994, le gaullisme n'est plus une cathédrale, mais un nombre croissant de petites chapelles. On se met à parler des « réseaux Pasqua » et des « réseaux corses », à moins que ce ne soient les mêmes, des « réseaux » de Michel Roussin, ministre balladurien de la Coopération, puis du « réseau des Blouses blanches » de son successeur, l'urologue Bernard Debré... Une seule certitude : le Réseau, aussi en Afrique, tombe pan par pan. Dans le village franco-africain, avoir « son » réseau relève désormais du rite d'initiation. Seulement, qu'est-ce à dire ? Du temps de la splendeur de Jacques Foccart, réseau n'était pas le synonyme d'un simple carnet d'adresses, de quelques noms et numéros de téléphone gribouillés sur un calepin.

Qu'est-ce qu'un réseau ? Voilà la question. Non seulement pour lever, à titre posthume, le secret des réseaux Foccart mais, bien davantage, pour comprendre qu'aujourd'hui, les réseaux franco-africains sont en pleine mutation, en fait à l'agonie. Ils se pourrait même qu'ils soient déjà morts mais, comme le disait Nietzsche au sujet de Dieu à la fin du siècle dernier : « On n'a pas le droit de le dire haut et fort. » Parce que, curieusement, les victimes de la mystification l'entretiennent, tiennent à ce que celle-ci se perpétue. Anathème hier, craintivement chuchoté, le mot « réseau » est désormais un lieu commun. Apprivoisé, familier, il a été mis sur la place publique où il circule en se dépréciant. Au point de ne vouloir plus rien dire. À lire toute la prose tardive sur la « Françafrique », cette Atlantide fusionnelle imaginée dans les années 70 par feu le président ivoirien Houphouët-Boigny, l'histoire indépendante de l'Afrique francophone ne serait qu'une succession de « magouilles », de scandales financiers, de « coups tordus » : de Félix Moumié, l'opposant camerounais empoisonné le 15 novembre 1960 à Genève par un agent du SDECE, jusqu'au « génocide franco-africain », l'été 1994 au Rwanda [3]. Le fil conducteur de cette histoire franco-africaine seraient les « réseaux » ; d'abord ceux de Jacques Foccart, puis ceux de Jean-Christophe Mitterrand et, nouveau-nés à droite, ceux de Charles Pasqua, de Michel Roussin, de Bernard Debré, de Jacques Godfrain... Pour expliquer une succession de turpitudes, bien réelles, les « réseaux » de ces divers anti-héros éponymes sont présentés comme l'infrastructure de secrets ignominieux, y compris par le nouveau secrétaire d'État socialiste à la Coopération, Charles Josselin. Mais qui a posé quel acte, précisément ? Et pourquoi l'opinion publique, qui se donne aujourd'hui bonne conscience, n'a-t-elle pas demandé des comptes au moment des faits ? Le moindre avantage de la mystification *a posteriori* des réseaux n'est pas d'évacuer ces questions, de les ensevelir sous une logorrhée de clichés. « Impénétrables », « ultrasecrets », les réseaux deviennent les chausse-trapes de tout questionnement sérieux.

N'en déplaise aux contempteurs de la vingt-cinquième heure de la politique africaine de la France, « réseau » n'est pas un mot magique qui traverse le temps, un fétiche immuable qu'il suffirait d'invoquer quand il faut expliquer. Issus d'une époque précise, celle de l'État UDR en France et des indépendances en Afrique, le mot et la chose sont liés à certaines conditions. Lesquelles ? Un réseau – dans l'acception qui ne renvoie pas par hasard à la Résistance et à l'action clandestine pour enrayer, dans l'adversité, le « déclin » de la France – désigne un ensemble de personnes qui, hors hiérarchie mais souvent dans l'exercice de leurs fonctions, sont discrètement, sinon secrètement en liaison entre elles dans la poursuite d'un objectif commun. Cet objectif est censé être désintéressé mais, large et vague, il peut receler des intérêts particuliers. Que d'abus n'ont été commis au nom d'une « certaine idée de la France » ? ... Cependant, le propre du réseau, c'est d'être logé au cœur de l'État. Pour autant, tous les membres d'un réseau ne sont pas nécessairement des fonctionnaires. Seulement, liés entre eux par une idée ou une idéologie nationale, ils ne seraient pas en mesure d'agir efficacement sans relais au sein de l'État, l'incarnation *hic* et *nunc* de la Nation. C'est là une des grandes forces des réseaux Foccart : à l'Élysée, sous de Gaulle et Pompidou, l'inamovible Jacques a officié dans la longue durée, s'est familiarisé comme aucun élu n'aurait pu le faire avec l'appareil de l'État, ses rouages administratifs, ses serviteurs. Il a ainsi été la clé de voûte d'une amicale de compagnons gaullistes et de sympathisants. D'opportunistes, aussi, qui se sont accolés à son réseau. Ces derniers, souvent – au sens large – dans les affaires, ont plus tard viré casaque, à répétition. Après la victoire de la gauche en 1981, on les retrouvera dans les « réseaux Mitterrand » puis, au moment de sa gloire place Beauvau, dans les « réseaux Pasqua » et, enfin, aux heures de la division du RPR, les uns dans les « réseaux Chirac », les autres dans les « réseaux Balladur ». Réseaux, roseaux... Comme la plante rhizomateuse au bord des étangs, à tige droite et souple, sensible au vent, le plus beau réseau s'enracine dans la boue. Nommez-moi ministre de la Coopération, élisez-moi à Matignon ou à l'Élysée et, du jour au lendemain, je serai un « vrai Africain », adulé et sollicité par des amis – blancs et noirs – un peu partout sur le continent.

Il y a cinq ans, dans *Ces Messieurs Afrique. Le Paris-village du continent noir,* nous avions décrit, sous la forme d'une galerie de portraits, un processus contradictoire : l'abandon de l'Afrique, le grand départ de la France d'un continent sinistré et, en même temps, la position de plus en plus monopolistique et lucrative de ceux qui, chacun sur son créneau, décidaient d'y rester. Rétrospectivement, cela a paru simple, évident. Et on a un peu vite conclu que l'un allait avec l'autre, que la France, comme déjà au moment des indépendances, ne partait que pour mieux rester... Erreur ! Il y a là un malentendu qu'il convient de dissiper. Car, « ces » – et non pas « ses » – Messieurs Afrique sont, de plus en plus, des privés. Ils agissent en tant que particuliers, dans et pour leur propre intérêt. Les « affaires africaines » sont en train d'être délocalisées : elles quittent le sanctuaire de l'État, où elles étaient logées du temps de Jacques Foccart, pour se nicher en périphérie. Certes, des passerelles existent toujours, l'appui de l'État reste indispensable et, à l'occasion, même le plus libéral des entrepreneurs français n'hésite pas à se draper dans du tissu tricolore. Si c'est payant. Et c'est là toute la différence : aujourd'hui, de plus en plus, les réseaux franco-africains sont des lobbies, des groupes de pression intervenant, comme le dit le mot anglais, dans le hall d'entrée – le *lobby* – d'un hôtel d'une salle de conférences, dans l'antichambre d'un ministère. Il s'agit de groupements à but lucratif qui, pour des raisons évidentes, comptent sur des hommes politiques et des hauts fonctionnaires, mais qui n'agitent le drapeau national qu'en fonction de leurs intérêts pécuniaires.

Pour le dire d'emblée : il ne nous importe pas de juger. D'autant qu'il n'y a pas, d'un côté, le brave gaulliste, pétri de sentiments élevés, et, de l'autre, l'homme sans passeport, le lobbyiste « multicarte » qui, dépourvu d'idéal, renie sa patrie. Nous n'avons aucune raison de vouloir *a posteriori* sanctifier les réseaux, quel qu'en fût le héros, pas plus qu'il ne nous viendrait à l'esprit de vilipender *a priori* les lobbies franco-africains que nous voyons émerger. Quand on veut faire des affaires, emporter des marchés dans un monde capitaliste sans remords de l'être, n'est-il pas finalement plus sain de ranger les drapeaux, de ne pas mêler aux données du marché et de la concurrence la France, son « rang » et sa « grandeur » ? En Afrique, pas plus qu'ailleurs, le verbe « soumissionner » ne devrait pas être dérivé du mot « soumission ». Encore qu'il faille sans doute s'interroger. Peut-être, dans son état de faiblesse actuel, l'Afrique n'a-t-elle le choix qu'entre la soumission à une puissance tutélaire et sa soumission aux lois du marché ; entre une collusion clientéliste et l'anonymat de la mondialisation. Bref : entre Charybde et Scylla. Aux Africains d'en décider. Notre propos n'est pas de comparer les vices et vertus respectifs des – vieux – réseaux et des – nouveaux – lobbies. D'enquête et d'analyse, ce livre s'en tiendra aux faits, à l'indéniable évolution : en perdant leur particularité, les relations franco-africaines perdent aussi leur notion fétiche, le sésame-ouvre-toi de la familiarité à tous les étages de l'État et jusqu'au plus haut niveau. Du réseau, on passe, plus banalement, au lobby. Comme le grand départ de l'Afrique et, parallèlement, la monopolisation de ses rentes de situation, ce processus est cependant contradictoire : plus la France officielle abandonne des pans entiers de son « dispositif » sur le continent noir, davantage elle y pousse « ses » Messieurs Afrique, des privés qu'elle considère, faute de mieux, comme des lampadophores de sa présence menacée. Plus, aussi, la France se soumet à l'échelle de l'Afrique aux doctrines égalisatrices de la Banque mondiale et du FMI, davantage elle est tentée de se jouer des règles de la bonne gouvernance dans son « pré carré », l'empire peau de chagrin, ultime refuge de sa nostalgie coloniale, de ses « liens particuliers », de ses indéfendables rentes de situation. Sans cultiver le paradoxe, on peut en conclure que l'avancée victorieuse des lobbies en Afrique sera émaillée de barouds d'honneur des réseaux, qui auront la vie dure. D'ailleurs, depuis longtemps déjà, le Nigeria et l'Angola sont pour la France d'une importance économique capitale. Cependant, ces deux pays n'ont que des lobbies à Paris alors que, bac à sable budgétivore, le Tchad y dispose d'un influent réseau de soutien, notamment dans les milieux militaires. On pourrait multiplier les exemples. Ainsi, pour des raisons historiques et sentimentales, le Sénégal restera-t-il encore longtemps pour la France « plus » qu'un simple pays producteur de cacahuètes. Pour avoir affirmé dans une interview que l'économie sénégalaise était « cliniquement morte », maintenue en vie seulement par des subventions étrangères, l'africaniste Jean-François Bayart a été exclu du CAP, le Centre d'analyses et de prévision du Quai d'Orsay. On ne badine pas avec les tabous.

La privatisation – ou, plus précisément, la « désétatisation » – des réseaux d'influence de la France en Afrique est une tendance lourde qui, non seulement génère ses propres contradictions, mais s'impose aussi à plusieurs vitesses. Deux pôles extrêmes pour l'illustrer : le réseau militaire et le lobby humanitaire. D'un côté, au sein de l'État, les galonnés de la Coloniale, les méharistes et autres amateurs des sables chauds gardent toujours la haute main sur des pays comme le Tchad, la Centrafrique et Djibouti, même si leur réseau s'effiloche, vieillit. De l'autre, issus de la société civile, les organismes humanitaires s'intéressent à l'Afrique, s'y sont très fortement investis. Cependant, s'ils connaissent parfaitement les antichambres de l'État et, surtout, les méandres bureaucratiques de l'Union européenne pour y solliciter des fonds, les humanitaires traversent rarement le miroir. S'ils le font, c'est à titre individuel, pour des raisons de carrière et non pas pour un quelconque « dessein africain » dont ils seraient porteurs et pour lequel ils seraient recrutés. Conséquence : à Paris et Bruxelles, l'Afrique dispose d'un lobby humanitaire ; au cœur de l'État français, le continent peut compter sur – et doit compter avec – un réseau militaire.

Toutefois, on peut faire du neuf avec de l'ancien. Et inversement. On l'a vu, entre décembre 1992 et mars 1995, en Somalie, et surtout, l'été 1994, avec l'opération Turquoise au Rwanda. Des interventions à caractère « militaro-humanitaire » y ont lié, pour ce qui concerne la France, un puissant réseau à un influent lobby. Était-ce le fameux mariage de la carpe et du lapin ? Cela se discute. Le fait est que deux paradigmes de sollicitude à l'égard de l'Afrique – un ancien et un moderne – ont démontré qu'ils pouvaient coexister, qu'ils pouvaient joindre leurs forces dans des formes syncrétiques d'action. La leçon mérite d'être retenue. Il n'y a donc pas, d'un côté, le réseau, et de l'autre, au-delà d'un fossé incomblable, le lobby. Il y a deux formes d'organisations, avec leurs caractéristiques, leurs traditions, leurs modes opératoires. Pour reprendre l'exemple : le militaire qui, au sein de l'armée et, donc, de l'État français, a fait l'essentiel de sa carrière en Afrique, a tendance à idéaliser le continent comme sa « vocation » et, partant, comme une vocation « naturelle » de la France ; l'humanitaire qui, tantôt à Sarajevo tantôt à Kigali, apporte des secours aux victimes quelles qu'elles soient, perçoit l'Afrique comme un théâtre d'opérations parmi d'autres, une « mission » ponctuelle. Cela n'empêche ni, chez l'un, la lucidité, ni, chez l'autre, les sentiments.

Mais pourquoi, aujourd'hui, ce passage de témoin des réseaux aux lobbies franco-africains ? La réponse la plus succincte : parce que la France a échoué dans sa Résistance sur le continent. Au sortir de la Seconde Guerre mondiale, sous la pression – déjà – des Américains, il avait fallu décoloniser, se conformer à la charte de l'Atlantique, dictée en août 1941 par Franklin Roosevelt qui, contre les réticences de Winston Churchill, y avait inscrit « le droit de tous les peuples de choisir la forme de gouvernement sous laquelle ils veulent vivre ». Dans le fracas des armes, en Indochine et en Algérie, ou autour d'une table de négociations, pour la plupart des pays d'Afrique noire, ce fut alors la grande poussée victorieuse d'une mondialisation marchande, la banalisation d'une scène internationale où l'échange de plus en plus important de biens, de services et d'informations ne s'accomodait plus de métropoles et de pays dépendants. Le « pacte colonial » avait vécu. L'État indépendant et souverain, à la fois ordonnateur du marché national et Léviathan, s'est imposé sur les cinq continents. Seulement, en Afrique subsaharienne, de loin la terre la moins développée, la France, de connivence avec les élites locales « évoluées », a fait passer les apparences pour la réalité : « l'indépendance du drapeau » y a tenu lieu de souveraineté. Personne n'en était dupe, surtout pas l'Amérique. Mais, du temps de la Guerre froide, le « gendarme de l'Afrique » l'aidait à empêcher le continent le plus pauvre de basculer dans l'autre camp. Cette sous-traitance stratégique méritait compensation : l'acceptation des « chasses gardées » en Afrique francophone. Ainsi, pour l'Amérique, la France en Afrique était, à petits frais, un souci en moins. Or, depuis la chute du mur de Berlin, c'est un débouché disparu, des marchés perdus dans une zone restée sous haute protection. Il a donc fallu résilier, à son tour, le pacte néocolonial. En janvier 1994, la dévaluation du franc CFA – véritable socle économique de la « Françafrique » – a revêtu, précisément, cette signification. Sans surprise, Jacques Foccart y était farouchement opposé. Sans surprise aussi, il n'a pas pu « redresser la situation », lorsqu'il est revenu peu après aux affaires, grâce à la victoire de Jacques Chirac en mai 1995.

On l'a souvent dit, et c'est vrai : après un demi-siècle de stabilité monétaire, le changement historique de parité a déprécié l'Afrique francophone, à ses yeux aussi symboliquement, de la moitié de sa valeur d'échange avec le monde extérieur. Ce n'était pas seulement un acte comptable mais, entre Paris et les capitales africaines, un divorce contractuel, la fin d'une collusion institutionnalisée. Rien de brutal, mais une lente érosion. Au terme d'une longue maladie, la communauté franco-africaine s'est éteinte. Certes, elle vit encore dans les souvenirs, hante des lieux et donne le change dans les discours du dimanche, parfaitement lignifiés. Mais, dans les faits, le « dispositif » de la France en Afrique – le nombre de ses expatriés, de ses coopérants, de ses investissements et, bientôt, de ses soldats « prépositionnés »... – s'effiloche de jour en jour. À l'occasion de la dévaluation, l'Afrique francophone a pris douloureusement conscience du décentrage de son environnement international. Si, jusque-là, Paris était resté la « ville lumière » et le lieu d'octroi d'aides budgétaires, les anciennes colonies françaises, désormais soumises sans recours possible aux programmes d'ajustement structurels (PAS) de la Banque mondiale et du Fonds monétaire international (FMI), apprennent à fixer leur regard sur Washington et, pour ce qui est de l'action multilatérale des Nations unies, sur New York. En revanche, Paris, naguère l'indiscutable métropole de ses anciens « sujets » africains, devient de plus en plus une capitale européenne parmi d'autres. Les tam-tams du « village franco-africain » se taisent, et les dirigeants du continent doivent fortement élever leur voix pour se faire entendre. Encore qu'ils soient toujours reçus à l'Élysée, par « Chirac l'Africain ». Mais sous les ors et dans les fastes de la présidence, l'exception cache la règle : entre le continent noir et la France, de plus en plus de barricades sécuritaires se dressent et empêchent les rencontres. Pour le commun des Africains, le voyage à Paris s'est transformé en parcours du combattant. De « lois

Pasqua » en « lois Debré », les immigrés – cette masse anonyme dans laquelle se perdent nos anciens « amis africains », liés à la France « par la géographie et par l'Histoire », « non pas par le sang reçu mais par le sang versé sur les champs de bataille » – sont de plus en plus nombreux à plonger dans l'illégalité. Tandis que le discours sur « la vocation africaine de la France » ou sur « la grande famille de la francophonie » sert toujours de langue de bois diplomatique aux rendez-vous franco-africains, la hache qui a été plantée dans la porte de l'église Saint-Bernard, pendant l'été 1996 à Paris, a touché au cœur toutes ces hypocrisies.

Dans la capitale française, on vit désormais davantage à l'heure de Singapour et de Hongkong qu'à celle de Dakar. Le dispositif institutionnel et le tisssu relationnel entre la France et ses ex-colonies africaines s'étant délités, les liens commerciaux et privés ont été mis à nu. Ils sont faibles. Les bastions africains dans les grands groupes industriels français ont baissé le pont-levis. Désormais, tout le continent noir n'est souvent géré que par un demi-poste du département export, en annexe du Moyen-Orient. Finies, ou presque, les baronies inexpugnables des « Messieurs Afrique » mi-commerciaux, mi-diplomates. Leur carnet d'adresses et, plus particulièrement, la liste des noms et des comptes des « commissionnés » locaux ne servent plus de bon de garantie pour ce qui fut l'un des postes les plus stratégiques et les plus sensibles de l'entreprise. Hier, ils étaient des intouchables. Aujourd'hui, dans tous les domaines, ils sont des « castés » : des parias, des gens à part, sur un créneau perdu. Les anciens comptoirs qui, dans les années 70, avaient donné naissance à de florissantes compagnies commerciales sont en train de se replier. Optorg, le roi des engins de chantier, a été repris par l'ONA – l'Omnium nord-africain, le groupe privé et royal marocain, lui-même un ancien comptoir colonial –

et la SCOA, la Commerciale de l'Ouest africain, a été réduite à sa plus simple expression tandis que la CFAO n'est plus qu'une modeste filiale du groupe Pinault. Si le « Paris-village » du continent noir n'a pas vraiment émigré en banlieue et anime toujours le triangle d'or entre Neuilly-Auteuil-Passy, La Madeleine et l'Église Saint-François-Xavier, proche du Champ-de-Mars, ses membres sont désormais obligés de se regrouper dans des clubs pour se compter. Ils se retrouvent ainsi au Cercle interallié ou au cercle militaire de Saint-Augustin. Ils y invitent les quelques hauts fonctionnaires restés fidèles au continent et encore chargés des seules anciennes colonies. Mais, depuis la disparition de l'École de la France d'outre-mer, ces derniers sont en voie de « désafricanisation », sinon d'extinction [4]. À la connaissance approfondie du continent et de ses réalités, s'est substitué un vernis africain, mélange de facéties imitatrices, de quelques références incontournables et d'une bonne dose de préjugés. Hier, on connaissait le pays, aujourd'hui, on connaît le dossier. Demain, on ne connaîtra peut-être plus que le TOFE (tableau des opérations financières extérieures)...

Dans l'appareil de l'État, des états-majors militaires aux *« desk pays »* du Quai d'Orsay et de la Coopération, les spécialistes de l'Afrique sont, certes, toujours en place. Mais, au fil des ans, leurs rangs se sont clairsemés et leur pouvoir s'est dilué par un élargissement des instruments de l'Aide publique au développement (APD). Depuis la dévaluation du franc CFA, la France a passé la main financière aux institutions de Bretton Woods. Aussi, en matière économique, Paris n'a plus de doctrine africaine. De la « mise en valeur » de la plus grande France, après un détour flamboyant par la coopération « mutuellement bénéfique » entre « partenaires égaux », on est passé à la « bonne gouvernance » d'États indépendants et, à présent, sommés de l'être. À Paris, la

« Rue Monsieur » a été maintenue comme ministère délégué, puis comme secrétariat d'État. Sa mise sous tutelle du Quai d'Orsay n'est pas encore très affirmée, la création d'un « grand » ministère du Développement et de la Solidarité internationale et d'une « grande » Agence de coopération demeure un rêve de militants socialistes pour le moment. Cependant, l'ouverture du champ de compétences de la Rue Monsieur à l'ensemble des soixante et onze pays d'Afrique, des Caraïbes et du Pacifique (ACP), liés à l'Europe par une convention de coopération économique et financière, érode son caractère de « ministère de l'Afrique », sous-entendu : des anciennes colonies sur le continent. Encore que, sous la houlette du ministre Jacques Godfrain, pupille très « terrain » de Jacques Foccart, ce changement amorcé sur le plan institutionnel – vers un futur ministère intégré au Quai d'Orsay et gérant l'aide française dans le monde entier – n'ait guère entamé les mentalités. Déjà en retard d'une révolution, la « Coop » cultivait de son temps, en plus, l'esprit rétro. Franc-maçon sans autre connaissance de l'Afrique que la coopération décentralisée – 350 000 francs en 1996 – qu'il mettait en œuvre comme président du conseil régional des Côtes-d'Armor dans le nord-est du Niger, le nouveau secrétaire d'État, Charles Josselin, est attendu au tournant.

Historiquement au milieu du gué, la France a quitté la rive des réseaux, sans atteindre celle des lobbies. Dans cette transition, à ne pas prendre garde, on risque de se noyer dans la confusion : des réseaux existent toujours – c'est un pléonasme – au sein de l'État, comme celui des militaires ayant fait carrière sur le continent ; des pans de réseaux, comme par exemple la pétrolière Elf, ont été formellement privatisés, mais n'ont pas encore achevé leur mue en lobbies ; enfin, des lambeaux d'anciens réseaux ayant également quitté le giron de l'État se sont effilochés au point de ne perdurer qu'à travers des individus, des « lobbyistes » si on veut. La cause de ces derniers est individuelle, particulière. Ce qui ne les empêche pas d'avoir, et de défendre, une certaine idée de la France, de l'Afrique. Toutefois, même s'ils nouent entre eux des contacts, voire forment des alliances pour mutuellement se renforcer, il ne s'agit là ni d'un lobby ni, à plus forte raison, d'un réseau. Ce n'est pas parce que, par exemple, l'avocat Jacques Vergès, présent en Afrique, et l'ex-super-gendarme de l'Élysée, Paul Barril, également actif sur le continent, se font la courte échelle qu'ils forment un lobby – pour la défense de quels intérêts, sinon des leurs, momentanément convergents ? – et encore moins un réseau. Sauf, bien sûr, si l'un ou l'autre « roulait » pour un homme politique, une mouvance ou un parti qui impliquerait l'État dans l'accomplissement d'une « mission », dont l'avocat et le gendarme deviendraient alors des exécutants auxiliaires. Que l'un ou l'autre ait, par amitié, par affinité ou en raison d'anciennes fonctions exercées, des contacts ou des « relais » au sein de l'État brouille l'image mais, sur le fond, ne change rien. Me Vergès et le capitaine Barril n'engageraient la France qu'à condition d'être, au sens fort et foccartien, en « mission commandée ».

Dans les pages qui suivent, il faudra être parfaitement clair et, surtout, rigoureux quant aux termes employés. Pour nous, un réseau est une association informelle, voire secrète, d'individus qui, fonctionnaires ou non, poursuivent des objectifs communs dont la réalisation implique l'État et, en dernier ressort, la Nation ou une autre « idée élevée ». Un lobby, en revanche, est un groupe de pression *ipso facto,* c'est-à-dire une association d'individus dont les objectifs poursuivis se suffisent à eux-mêmes, que la réalisation de ces objectifs implique ou non l'État. Enfin, des individus agissant dans la poursuite de leurs intérêts particuliers peuvent être désignés comme lobbyistes. Il est cependant essentiel de garder à l'esprit que ces démarcheurs, même s'ils s'assurent des appuis au sein de l'État ou s'associent ponctuellement entre eux, ne forment ni un lobby – parce qu'ils n'arbitrent pas leurs intérêts particuliers au sein d'une instance prévue à cet effet et ne se hissent donc pas au niveau d'intérêts catégoriels – ni un réseau. Pour se constituer en réseau, leur rapport à l'État et ses serviteurs devrait transcender l'instrumentalisation, revêtir un caractère autre qu'intéressé. Tout ceux qui, en France, ont partie liée avec le continent noir ne forment donc pas, à nos yeux, *le* grand réseau ou lobby africain. Que les membres de ce qu'on appelait, du temps où la France était engagée dans des conquêtes outre-mer, le « parti colonial » se connaissent entre eux, qu'ils aient certains intérêts en commun, comme par exemple celui de « faire parler de l'Afrique » ou de « valoriser le continent », importe peu. Si, par relâchement de langage, réseau et lobby sont devenus des termes presque interchangeables dans la vie de tous les jours, il est dans les chapitres ci-après essentiel de les distinguer. Les « amis de l'Afrique » ne sont donc ni un réseau ni un lobby, bien qu'ils constituent – pour s'aider d'un anglicisme – un *network*, c'est-à-dire un réseau au sens technique, comme on parle d'un réseau ferroviaire. Conclusion, un peu paradoxale à première vue : un réseau de contacts et même de sources d'informations n'est pas nécessairement, et loin s'en faut, un réseau au sens fort, foccartien. Car même un bon carnet d'adresses n'est après tout qu'un bottin, un annuaire téléphonique d'un certain niveau de sélectivité.

Dans ce livre, ce qui nous intéresse, c'est la mort des réseaux et les avatars de leur agonie. « Métempsycose des réseaux Foccart » – tel aurait pu en être le titre, s'il n'était pas aussi hermétique que prétentieux. Notre but était d'identifier, déjà dans le formol ou encore *in vivo,* des lambeaux de réseaux militaires, politiques, économiques ou – néologisme utile – « sociétaux ». Notre thèse, on l'aura compris : les réseaux franco-africains se transforment, plus ou moins rapidement mais inexorablement, en lobbies. Quant à la présentation, nous avons fait confiance à l'éprouvé. Comme dans le premier tome de *Ces Messieurs Afrique*, dont une réédition – augmentée d'une nouvelle introduction – est d'ailleurs mise en vente pour l'occasion, nous partons dans chaque chapitre d'une « affaire » que nous tâchons, après enquête, d'élucider. Cependant, il fallait payer tribut à la dépersonnalisation des rapports franco-africains. Cette fois-ci, les affaires traitées ne révèlent donc plus un homme, mais un environnement. Au portrait individuel succède la prise de vue collective, la radioscopie d'un milieu. Ainsi, au fil des pages, on comprendra qu'au moment où le « village » franco-africain se meurt, les « Messieurs Afrique » se multiplient... Toutefois, pour ne pas donner le vertige au lecteur et, aussi, pour réparer une insuffisance du premier volume, un index a été ajouté en fin d'ouvrage, recensant les protagonistes des deux tomes parus. Comme dans le passé, nous les avons tous rencontrés – souvent à maintes reprises –, sauf pour les rares qui, à l'instar de l'actuel P.-D. G. d'Elf, Philippe Jaffré, ont obstinément refusé toute entrevue. Quant aux premiers, de feu Jacques Foccart au cardinal Etchegaray en passant par le général Quesnot ou le Monsieur Afrique d'Elf, André Tarallo, qu'ils soient ici d'autant plus sincèrement remerciés que nous ne les avons pas, pour autant, ménagés. Enfin, que soient également remerciés, au moins par prétérition, tous ces anonymes qui, pour des raisons souvent désintéressées, nous ont confié des secrets, petits ou grands, expliqué les arcanes du pouvoir, remis des documents confidentiels ou fourni des preuves sans lesquelles nous aurions été en peine d'affirmer ce qui suit.

« Des réseaux aux lobbies », c'est le fil conducteur de la première partie du présent ouvrage. Composée de cinq chapitres et, donc, d'autant d'enquêtes sur des « affaires » très variées, elle s'ouvre sur le réseau Foccart qui, bien avant le décès du « conseiller personnel » de Jacques Chirac, s'est dépravée en tutelle politico-affairiste, notamment dans l'ex-Zaïre. On verra comment, jusqu'à sa mort qui coïncide d'ailleurs avec le naufrage du maréchal-président Mobutu, Jacques Foccart a engagé la France sur ce dossier important – et sur quelques autres, sans parler de son pouvoir réel en matière de nominations. Également constitués en réseau, les généraux « africanistes » de l'armée française sont présentés dans le chapitre suivant, en action en République centrafricaine et, surtout, dans leur engagement au Rwanda. Des documents confidentiels révèlent qu'ils avaient été couverts par le Quai d'Orsay dans leur soutien jusqu'au-boutiste au régime du général-président Habyarimana. Objet d'une large fresque, « Elf-Africaine », au cœur d'une affaire d'État qui a longtemps été réduite à un tableau de mœurs de ses dirigeants, donne ensuite lieu à une exploration des coulisses financières du groupe pétrolier et, en particulier, d'une banque aussi secrète que sélecte : la FIBA, le « guichet » d'Elf et de la nomenklatura gabonaise à Libreville, à Brazzaville et, avec siège social sur l'avenue Georges-V, à Paris. Le quatrième chapitre de cette première partie est consacré aux patrons français « investis » en Afrique et, en particulier, à la filière du coton que domine toujours la Compagnie française de développement des fibres textiles (CFDT), autre pan de réseau en voie de privatisation. Enfin, pour parachever ce dégradé de réseaux en lobbies, en touche finale au camaïeu de la « désétatisation », le nouveau monde des consultants fait comprendre pourquoi les « faiseurs d'image » des présidents africains, des privés très concurrentiels entre eux, s'adossent à des hommes politiques français d'influence sur le continent, comme par exemple Charles Pasqua. Ainsi, en bouclant la boucle, la nécrologie des réseaux peut se lire, aussi, comme l'heureux registre des nouveau-nés : les lobbies. Enfants légitimes d'une certaine « normalisation » de l'Afrique, ils émergent sous nos yeux, se cherchent et se perdent, dans leurs popres dérives, comme hier les réseaux.

Précisément pour tester nos idées dans le clair-obscur, nous consacrons la seconde partie de ce livre à trois *network* à part, chacun d'entre eux ayant sa spécificité. D'abord nous examinons deux phénomènes hybrides, des réseaux ou lobbies « virtuels », prêts à l'emprunt politique ou affairiste : la fratrie des francs-maçons, véritable *who's who* du gotha franco-africain, et la phratrie des Corses, parmi lesquels on retrouve Charles Pasqua comme promoteur d'une « zone franche financière » à São Tomé, coquille *off shore* d'un continent de casinos et de jeux de hasard. Enfin, pour conclure, nous n'avons pas résisté à un malin plaisir. L'ultime chapitre traitera du dernier « vrai » réseau, planétaire et bien vivant celui-ci, malgré la crise des vocations. Omniprésent sur le continent, jusqu'au fin fond de la brousse, il s'agit du réseau du Vatican. On verra comment, dans le contexte des massacres à grande échelle des réfugiés hutus dans l'est du Zaïre, le Saint-Siège a dû faire face à la remontée de deux vérités diamétralement opposées : le témoignage d'un missionnaire accréditant des tueries génocidaires, d'une part, et la négation de celles-ci par l'évêque de Goma, d'autre part. L'Église-institution ne s'est pas engagée et, au bord des charniers, n'a montré qu'un seul souci : celui de la survie de son réseau.

PREMIÈRE PARTIE

LE RÉSEAU FOCCART

Lorsque le mercredi 19 mars 1997, dans la matinée, Kinshasa apprend que « le Vieux est mort », la nouvelle provoque quelques instants de flottement. Autour de l'hôtel Memling, situé dans le centre-ville à vingt mètres de l'ambassade de France, elle suscite même un début de panique. Les vendeurs de journaux, une flopée de quotidiens sur les bras ou accrochée avec des pinces à linge sur un fil tendu, ramassent la presse, affolés à l'idée qu'elle pourrait rester invendue. Pourtant, tous les quotidiens sont remplis de photos du « libérateur », de propos triomphalistes tenus par Laurent-Désiré Kabila, « le tombeur de Mobutu » après trente-deux ans de dictature. Le « rebelle vivement désiré », comme ose écrire une feuille d'opposition en anticipant sur son arrivée dans la capitale zaïroise, vient de prendre, le 15 mars, Kisangani, la troisième ville du pays. Sous la pression de l'avancée de son mouvement, l'Alliance des forces démocratiques pour la libération du Congo-Zaïre (AFDL), le gouvernement du Premier ministre Léon Kengo Wa Dondo a été destitué, la veille, par le Parlement de transition, la douma zaïroise, forte de plus de sept cents députés qui commencent à craindre pour leur *per diem*, sinon pour leur vie. « La chute de Kengo »,

« Kengo censuré » ou, en toute simplicité, « Enfin ! La fin ! », tels sont les titres barrant la une des journaux pour annoncer la destitution du « gouvernement le plus impopulaire dans l'histoire indépendante du pays ». Or, même le départ du Premier ministre détesté, en place depuis juillet 1994, n'aurait évidemment aucune importance si « le Vieux » était mort. Cependant, renseignements pris, la nouvelle ne vient pas du camp Tshatshi mais de Paris et annonce le décès, non pas du maréchal-président Mobutu, souffrant d'un cancer généralisé, mais d'un autre « Vieux », patriarche des réseaux franco-africains : Jacques Foccart, quatre-vingt-trois ans, que l'infirmier veillant à son chevet a trouvé le matin paisiblement éteint dans son lit.

Un malentendu est également dans l'air, le lundi suivant à Paris. Ce 24 mars en fin de matinée, le père Jacques Alazard, curé de l'église Saint-Louis des Invalides, célèbre devant près d'un millier de personnalités le requiem pour « le fidèle des fidèles du général de Gaulle », pour « l'homme de l'Afrique » du gaullisme. Sous le dôme, Jacques Chirac et son épouse Bernadette, ainsi que des « barons » et dignitaires gaullistes – Olivier Guichard, Maurice Couve de Murville, Jacques Chaban-Delmas, Pierre Messmer, Mme Claude Pompidou, Alain Peyrefitte, Charles Pasqua et Édouard Balladur – assistent à la cérémonie. Dans son homélie, le père Alazard rappelle l'épopée du Général, la Résistance et les affaires africaines,« tout ce qui motivait la vie de Jacques Foccart depuis un demi-siècle », et salue « au passage » la présence de cinq chefs d'État africains – Abdou Diouf du Sénégal, Pascal Lissouba du Congo, Didier Ratsiraka de Madagascar, Mohamed Taki Abdul Karim des Comores et Obiang Nguema Mbasogo de Guinée équatoriale – comme « signe très parlant de ce qui fut le cœur de sa vie ». Lorsque, plus tard, un peloton d'honneur composé d'éléments du 1er régiment du train épaule le cercueil pour le porter au milieu de la cour des Invalides où les honneurs militaires lui seront rendus, les représentants d'une quinzaine d'autres pays africains – Premiers ministres, ambassadeurs ou émissaires spéciaux – s'alignent au deuxième et troisième rang du carré, tandis que la Musique principale des troupes de marine exécute *La Marche funèbre* de Beethoven. Au garde-à-vous, le président de la République française s'immobilise devant le cercueil, recouvert du drapeau tricolore, pour la sonnerie aux morts, suivie de *La Marseillaise*, insigne distinction réservée aux seuls grands officiers de la Légion d'honneur. Enfin, le cortège quitte les Invalides pour Luzarches, le village de Jacques Foccart au nord de Paris, où le « grand serviteur de la République et de l'Afrique » sera inhumé en présence de Jacques Chirac mais, à la vérité, en l'absence des chefs d'État africains ayant vraiment été « le cœur de sa vie ». D'abord, parce que nombre d'entre eux sont morts, et notamment celui qui lui fut le plus proche, Félix Houphouët-Boigny, décédé en décembre 1993. Lui-même déjà presque octogénaire, Jacques Foccart s'était rendu aux obsèques à Yamoussoukro, en Côte d'Ivoire. Ensuite, parce que les présidents africains venus à son propre enterrement ne sont pas – à l'exception peut-être d'Abdou Diouf, pour qui Foccart avait une paternelle affection – ses « intimes ». Son interlocuteur le plus assidu au téléphone ces dernières années, le maréchal Mobutu, est acculé à Kinshasa et, donc, empêché. Autre « dinosaure » au pouvoir, le général-président togolais Eyadema, dont il s'était porté garant, à titre personnel, d'un prêt bancaire à la fin des années 60, le boude par-dessus la tombe. Dans ses mémoires, Jacques Foccart n'a en effet rien escamoté, à commencer par l'assassinat en janvier 1963 du président Sylvanus Olympio, le père de l'indépendance du Togo, par le sergent-chef Étienne Eyadema [1]. Quant au Gabonais Omar Bongo, désormais « doyen » du « pré carré » de la France sur le continent, il n'aurait pas fait le voyage pour marquer sa « colère » après la mise sous séquestre, à l'initiative de la justice française, d'un de ses comptes numérotés à Genève ayant servi au transit de « commissions » versées par Elf. C'est en tout cas ce qu'affirme le quotidien *Le Monde*, tandis qu'un démenti de la présidence gabonaise explique qu'Omar Bongo n'a pas pu « concilier le déplacement à Paris avec les exigences d'un séjour privé au Maroc ». À la réflexion, si c'était vrai, ce serait pire.

Triste fin, donc, en dépit des funérailles nationales. On porte en terre une icône figée en masque funéraire africain, abandonné par la vie, privé de toute chaleur et, pour la première fois, sans ombre portée. Né en 1913 à Ambrières, en Mayenne, Jacques Foccart, dont le père dirigeait une exploitation agricole en Guadeloupe, avait passé sa petite enfance aux Antilles, avant de rentrer à Laval pour y faire ses classes au collège de l'Immaculée-Conception. Simple bachelier, son père étant mort quand il avait douze ans, il s'était lancé dans les affaires, d'abord dans l'exportation de voitures Renault, puis dans l'import-export avec les Antilles, un commerce qui allait lui assurer, toute sa vie, une précieuse indépendance financière. Sans avoir entendu parler de Charles de Gaulle, Foccart s'était engagé dans la Résistance – à quel moment précis ? C'est demeuré un sujet controversé. Mais en 1946, il avait rejoint le Général et participé à la création du RPF. Chargé de l'outre-mer, il avait organisé les deux grandes tournées africaines du Général en mars et octobre 1953 ; celles dont il dira plus tard qu'elles ont été « la borne à partir de laquelle l'Afrique a été quelque chose de très important ».

Grâce à Foccart, les fidélités gaulliennes sur le continent, forgées à l'heure de l'épreuve, deviennent des points d'appui, une fois qu'elles sont transformées en

« postes de renseignement et de liaison ». L'étonnant amalgame entre « services » et sentiments, la ferveur nationale aplatie en organigramme pour la cause et l'homme qui, à ses yeux, l'incarne, voilà la marque indélébile de Jacques Foccart, moine-soldat du gaullisme. « Jamais homme n'a gardé tant de secrets, qui eût si peu à en cacher, quelque temps après les avoir reçus », notera Alain Peyrefitte dans sa nécrologie. « Il ne pensait pas qu'une confidence n'en était plus une dès lors qu'on la lui avait faite [2]. » En 1961, lors du putsch des généraux d'Alger, c'est à Jacques Foccart que Charles de Gaulle confie ses instructions secrètes en cas de coup d'État et de « repli » du président de la République. Le prix de sa discrétion absolue, l'homme de l'ombre le paye au soir de sa vie, surtout après le décès de sa femme Isabelle, en 1991. Ne faisant plus confiance à personne mais voulant, plus que jamais, se servir de tout le monde pour servir l'État, Foccart « cloisonne » en renfermant jalousement toute information, même la plus anodine, sans se rendre compte qu'il s'emprisonne de plus en plus dans la solitude, dans le dédale de l'introspection. De nombreuses sollicitations le masquent longtemps, la première cohabitation, entre 1986 et 1988, puis l'arrivée à l'Élysée de Jacques Chirac, en mai 1995, le ramenant même « aux affaires » qu'il aime tant. Peut-être, mais ce n'est là qu'une hypothèse, cet homme secret n'a-t-il desserré le carcan de sa rigidité qu'en tête à tête avec les dirigeants africains, à travers eux et leurs frasques, pour lesquelles il a montré une indulgence et une patience d'autant plus grandes qu'il ne s'autorisait, lui, aucun écart. Quoi qu'il en soit, pour continuer à tisser la toile franco-africaine, dont il savait la trame effilochée, Jacques Foccart s'est fait gardien dans son propre musée. Valétudinaire, secoué par la maladie de Parkinson, il a épousseté ses « dinosaures » africains encore au pouvoir, a tenté d'emmurer le *statu quo* sur un continent bouleversé. Ne fréquentant plus l'Afrique lui-même, manquant de jambes et d'yeux, il s'est servi de *missi dominici* sans se rendre compte que ceux-là se servaient de lui, tous n'étant pas aussi dévoués qu'Odette, sa secrétaire, amie de longue date et majordome. « Je vais apporter des chocolats au Vieux », disaient-ils, se gaussant du « perroquet, qui va encore les bouffer ». Au sens intéressé du terme, ils ont tiré profit de Jacques Foccart, revenu au cœur de l'État, à l'Élysée. En était-il dupe cependant ? Ou pensait-il que c'était là le prix à payer ? Le fait est que Jacques Foccart est redevenu la tête de pont du Réseau lorsque celui-ci, en vérité, n'existait déjà plus. Déchiré en lambeaux, taillé en pièces par des rivalités personnelles, transformé en circuit financier pour siphonner l'argent noir du continent, le Réseau s'était « privatisé », entièrement dépravé.

Vers la fin, Jacques Foccart éprouvait de plus en plus de difficultés à grimper l'escalier raide, mais c'est sous les combles de sa villa Charlotte à Luzarches qu'il se sentait bien. « Ma case à fétiches », disait-il, sourire grimaçant aux lèvres, en poussant la porte au bout du petit couloir sombre, tapissé des portraits chaleureusement dédicacés de présidents africains. Assis derrière son bureau, le dos tourné à une grande carte de l'Afrique, il pouvait balayer d'un regard circulaire le temple de ses souvenirs. Insignes et honneurs de la Libération, petits drapeaux, plaques commémoratives d'unités parachutistes, lettres manuscrites de Charles de Gaulle et de Georges Pompidou, maquettes de navires et d'avions, masques africains et, surtout, bibelots et brimborions recelant des histoires qu'il se gardait bien de partager. En regardant par la fenêtre, avec vue sur le grand parc boisé et l'allée gravillonnée, il pouvait se remémorer les enfants de tel ou tel chef d'État africain, venus chercher des œufs de Pâques sous les buissons, la première réception donnée dans le pavillon construit sur l'insistance du président Pompidou, là où, auparavant, les hôtes avaient été abrités sous des tentes dressées, ou, encore, le jour où « l'imbécile Bokassa », tirant au pistolet, avait fait mouche sur la résidence du voisin... Tout ce que le continent noir comptait de pères d'indépendance, de Léopold Sédar Senghor à Félix Houphouët-Boigny en passant par Ahmadou Ahidjo, Hamani Diori ou Modibo Keita, à la seule exception du Guinéen Sékou Touré, l'homme du « non » à la France en 1958, étaient passés ici pour le rencontrer. Le regard perdu dans le lointain, silencieux, Foccart aimait à réécouter leurs confessions.

Sur le bureau de Jacques Foccart, un standard gris aux nombreux numéros de téléphone préenregistrés trônait dans toute sa laideur, telle une hideuse concession faite à la modernité. Le « Vieux », presque impotent, s'en servait beaucoup. L'outil de travail était même devenu son principal lien au monde. Les présidents africains et ses « amis sûrs » dans le privé ou dans l'Administration l'appelaient sans cesse, parfois plusieurs fois par jour. À son tour, il s'informait, relançait, admonestait au besoin. Le premier des numéros enregistrés était identifié « J.C. », pour Jacques Chirac et la ligne directe du Président. Puis, tout de suite après, venait « Bob ». Pour Bob Denard ? Non. En fait Jacques Foccart n'a vu le célèbre mercenaire en chair et en os que trois fois dans sa vie : en 1968 pour prendre acte de son offre spontanée de services contre la « chienlit » ; en 1988 pour calmer ses ardeurs putschistes aux Comores ; et à Paris en 1993 devant un tribunal qui a acquitté Denard après que Foccart lui eut décerné à la barre un brevet de patriotisme comme « corsaire de la République ». Cependant, par prudence toute foccartienne, l'officier traitant de ce « Bob » sulfureux avait été un colonel du SDECE, Maurice Robert. Qui, alors, était l'autre « Bob », celui dont le numéro de téléphone a paru à Jacques Foccart le plus utile après celui du Président ? Il s'agit de Me Robert Bourgi.

Chez les Bourgi, une grande famille libanaise d'Afrique de l'Ouest, on est intermédiaire de père en fils, commerçant de brousse au départ, avocat, maître de conférences ou éditorialiste à l'arrivée. Du père, Mahmoud Bourgi, négociant à Dakar, Jacques Foccart a dit dans ses mémoires qu'il était l'un de ses principaux informateurs. Évoquant ses sources de renseignement, en dehors du SDECE alors coiffé par... le colonel Maurice Robert, qui montera plus tard les services secrets d'Elf-Aquitaine et deviendra ambassadeur de France au Gabon, Foccart explique : « Bourgi connaissait le milieu africain d'une façon fantastique, grâce à ses activités de traite de l'arachide, comme la pratiquaient beaucoup de Libanais à cette époque. Il était extrêmement gentil, très loyal, bien informé et influent, et profondément gaulliste. Par lui, je savais ce qui pouvait se tramer, non seulement au Sénégal, mais au Soudan et en Haute-Volta, les actuels Mali et Burkina Faso. Mais ne me faites pas dire que Bourgi était un agent de renseignements. C'était un homme passionné par son pays d'adoption, qu'il connaissait parfaitement. Il savait parler de l'AOF (Afrique occidentale française) et communiquer son enthousiasme. » Un don qui ne s'est pas perdu avec la génération suivante. Aujourd'hui, sans sillonner la brousse mais en fréquentant assidument les présidences du continent, Bourgi & Bourgi couvrent toute l'ex-Afrique française depuis Paris : Albert Bourgi, le fils cadet et homme de gauche, pour l'hebdomadaire *Jeune Afrique*, dans lequel ce chargé de cours à l'université de Reims tient une chronique intitulée « En vérité » ; Robert Bourgi, l'aîné de droite, avocat-conseil de plusieurs « dinosaures » africains et *missi dominici* non seulement de Jacques Foccart mais, aussi, de Charles Pasqua, ministre de l'Intérieur, de Michel Aurillac, ministre de la Coopération, et de Jacques Toubon, ministre de la Justice et président du Club 89, un « groupe de réflexion » du RPR. Successivement et, parfois, simultanément, tous lambeaux confondus, Robert Bourgi – « Bob » pour ses familiers – a été l'émissaire de tous, la principale cheville ouvrière du Réseau [3].

Comme il se doit, son parcours est franco-africain. Professeur à Abidjan, après une thèse de doctorat d'État à Paris sur « Le général de Gaulle et l'Afrique noire (1940-1969) », il devient très vite un relais efficace entre les gaullistes français et plusieurs présidences sur le continent. Dans la métropole ivoirienne, il fonde l'une des premières succursales africaines du Club 89. Proche des milieux chiites libanais, on entend parler de lui au moment de la libération des otages du Liban, avec une intermédiation au Sénégal pour le compte de Charles Pasqua. Mais celle-ci tournera mal, l'équipe libanaise locale se faisant doubler par une seconde équipe du même « Charlie », celle de Jean-Charles Marchiani, le *missi dominici* attitré du locataire de la place Beauvau, puis préfet du Var et, depuis juillet 1997, secrétaire général de la région militaire de Paris. Robert Bourgi prend ses distances. Il se rapproche de Michel Aurillac, ministre de la Coopération, dont il sera en 1986 le conseiller politique. Un poste officiel, grande exception. À l'époque, Michel Aurillac est également président du Club 89, secondé en qualité de secrétaire général par l'inévitable colonel Maurice Robert. Au siège du Club, avenue Montaigne, on est en plein « Foccartland » et, déjà, on a un pied en Afrique. Plusieurs présidents africains sont en effet des cotisants actifs et, dans les principales capitales du continent, des groupes de soutien mobilisent l'électorat du RPR. Au moment du schisme Chirac/Balladur, ce sont ces clubs africains, animés par Robert Bourgi, qui feront pencher la balance entre

Jacques Toubon, qui deviendra ainsi le successeur de Michel Aurillac, et Nicole Catala, la candidate malheureuse des « balladuriens » autour de Charles Pasqua. L'enjeu de cette âpre bataille jusqu'en terre africaine : la maîtrise du Réseau, ou de ce qui en reste.

Un moment dans le collimateur du pouvoir balladurien, menacé d'être mis sur la paille par la « normalisation-banalisation » des rapports franco-africains, Robert Bourgi, docteur en sciences politiques et en droit, joue une partition plus durable, sous forme d'*evergreen* : il devient avocat. Le 26 mai 1993, devant la première chambre de la cour d'appel de Paris, il prête serment. Une belle façon de prouver à ses amis africains, sous l'influence de méchantes rumeurs, qu'il est toujours vierge de toute affaire véreuse, puisqu'on n'épouse qu'après enquête sérieuse cette noble profession [4]. L'avocat-conseil s'installe avenue Pierre-Ier-de-Serbie, dans le XVIe arrondissement de Paris. Sur son vaste bureau, les portraits de sa petite famille mais, aussi, des photos du dalaï-lama et du maître des lieux « en situation », avec les grands de ce monde. Celle où il est en conversation avec le président syrien Hafiz al-Assad est réservée à un coin de bibliothèque. Derrière son fauteuil en cuir, un grand tableau de Turuzi représente une étrange métamorphose : une queue d'animal, un corps de femme et une tête de robot... Le tout en couleurs mordorées avec, à gauche, des tulipes en tissu assorties. Au mur, en face, figure un portrait dessiné de Charles de Gaulle, dans la vitrine de la bibliothèque une photo dédicacée de Jacques Chirac. La petite pièce donnant accès à ce bureau-panthéon est réservée à une secrétaire, qui n'a jamais été embauchée. Robert Bourgi est un homme extrêmement prudent. « Secret de deux, secret de toujours. Secret de trois, secret de tous », aime-t-il à répéter. Un service téléphonique filtre ses appels en répondant « ici le cabinet Bourgi », comme si vous y étiez. Si, par malheur, un importun arrive à passer le barrage, l'homme se fait comédien et prend mille voix pour l'égarer. D'ailleurs, même les interlocuteurs agréés – officiels, journalistes, amis et « gorges profondes » – devraient se méfier. Le haut-parleur est rarement éteint en présence d'un visiteur...

Le cabinet des confidences franco-africaines n'est pas seulement une chambre d'échos. La concierge de l'immeuble a failli s'évanouir plusieurs fois en voyant la voiture du président de la République, immortalisée le soir de la victoire de Jacques Chirac par un long travelling de l'Hôtel de Ville à la permanence de campagne, avenue d'Iéna, s'arrêter devant chez elle, en double file. Un homme en descend, s'engouffre sous ses yeux ébahis dans l'ascenseur et monte chez le « mystérieux Bourgi ». C'est Jean-Claude Lhomond, le fidèle chauffeur de Jacques Chirac, venu chercher ou déposer un pli urgent chez l'intendant général du réseau Foccart. Les prestations de celui-ci sont en effet des plus diversifiées : du renseignement d'ambiance, parfois très privée, jusqu'aux messages cryptés tombant sur le téléscripteur ayant relié, un temps, directement son cabinet à celui du maréchal-président Mobutu ; le paiement d'opposants africains qui, de passage à Paris, viennent ici chercher la compensation méritée de leurs efforts de cohabitation ; à ces fins, entre autres, la gestion de comptes présidentiels, les titulaires se bornant à envoyer de petits mots manuscrits, très chiffrés, en guise d'instructions ; la « ventilation » de dossiers confidentiels pour alimenter la presse dite d'investigation ; l'obtention d'audiences officieuses ou officielles. En fait, plus le client est en délicatesse avec le drapeau tricolore, plus fort il frappera à la porte de l'avenue Pierre-Ier-de-Serbie. Et, naturellement, plus élevés seront les honoraires, dûment déclarés au fisc.

Début 1994, le président Pascal Lissouba était un homme très seul. Ayant commis un crime de lèse-pétrolier en laissant entrer, pour une poignée de cent cinquante millions de dollars, l'Américaine Occidental Petroleum (OXY) sur les plates-formes d'Elf, le chef de l'État congolais avait beaucoup à se faire pardonner à Paris. D'autant que l'amitié de Jacques Chirac pour son prédécesseur au pouvoir, Denis Sassou Nguesso, toujours en course, était de notoriété publique. Lié à un autre ami de Sassou Nguesso, Jean-Yves Ollivier, homme d'affaires et d'influence en Afrique australe, le ministre de la Coopération de l'époque, Michel Roussin, s'est montré très dur envers Pascal Lissouba, déclarant publiquement que celui-ci n'était pas capable de gouverner convenablement, de faire régner l'ordre – financier aussi – à Brazzaville. Rétrospectivement, il faut admettre que c'était bien vu. Mais, à l'époque, que faire ? Le « professeur-président » du Congo a confié au tandem Bourgi-Aurillac le soin de lui monter l'équipe politico-financière de haut vol qui devait engager des négociations difficiles avec les créanciers du Congo. Une première cordée était constituée de Jean-Pierre Prouteau, ancien ministre et président du Conseil des investisseurs en Afrique (CIAN), et de Pierre Moussa, ancien Monsieur Afrique à la Banque mondiale, puis président de Paribas et, enfin, de Pallas. Ils étaient chargés, respectivement, des dossiers des privatisations et des finances, tandis qu'une deuxième équipe était composée de Michel Aurillac (Cabinet Vovan & Associés) pour la dette et de Robert Bourgi pour la « communication politique ». L'enveloppe de l'opération sauvetage était de vingt millions de francs. Elle n'est jamais allée à son terme. Mais l'essentiel n'était pas là. Aux yeux de Pascal Lissouba, l'objectif consistait à se concilier une frange influente du RPR. Et là, il n'a pas été volé. Le 11 mars, le président congolais a déjeuné en tête à tête avec Jacques Foccart, qui animait à l'époque la « cellule africaine » du candidat Chirac. Le 12 mars, Pascal Lissouba était reçu dans la matinée par le maire de Paris en personne, avant de s'envoler en hélicoptère, dans l'après-midi, pour Colombey-les-Deux-Églises où il s'est recueilli, aux côtés de Jacques Foccart, sur la tombe du général de Gaulle. Le Graal et, en matière de réconciliation expiatoire, même l'intégrale...

Autre chef d'État en perte de vitesse, dont l'éjection finale coûtera politiquement aussi chère à la France qu'elle aura, en attendant, rapporté gros à ses *missi dominici* qui la retardent par tous les moyens : le maréchal Mobutu Sese Seko du Zaïre. Au début, l'avocat Bourgi aide surtout les enfants du Maréchal-Président, sa fille Ngawali et son fils Nzanga, à assurer depuis Paris l'intendance du « grand léopard » paternel. C'est dans la bonne tradition foccartienne. En 1970, à la suite du voyage au Zaïre de Jacques Foccart ayant amorcé le lévirat colonial français dans l'ex-colonie belge, Mobutu avait inscrit deux de ses filles dans un pensionnat à Reims. Pour créer un climat de confiance, rien ne vaut un gage familial. Aussi, en 1992, alors que son mari reste « tricard », selon l'expression de l'avocat-conseil, Robert Bourgi facilite la venue dans la capitale française de « Mama la présidente ». Bobi Ladawa en profite pour aller déjeuner chez Lasserre, l'une des deux cantines parisiennes du Maréchal. Le vieux René Lasserre offre une bouteille de Dom Pérignon à Madame, avec un petit mot d'amical souvenir pour Monsieur. La Présidente mange des cuisses de grenouilles, son plat favori. La bête est grassouillette, et la note salée. Mais le Zaïre est encore un grand pays, du moins pour ceux qui en sortent et, aussi, pour les « amis » à l'étranger chargés d'évaluer son déclin. Pendant que Robert Bourgi se rend indispensable à la famille présidentielle, Michel Aurillac et Pierre Moussa vérifient les finances du pays en procédant à un audit de la Banque du Zaïre. Ils ont obtenu un contrat de 1,4 million de francs pour éplucher les comptes de l'institut d'émission. Il est vrai que certaines pratiques régaliennes, en fait courantes, n'ont pas manqué de relativiser la portée de l'audit réalisé pendant l'été 1994, la fiabilité comptable de la Banque du Zaïre étant pour le moins restreinte. C'est ainsi que, dans la cour du bâtiment qu'orne un portrait géant de son meilleur client, l'homme à la toque de léopard, un hélicoptère présidentiel s'était posé en septembre 1991, en plein pillage de la capitale par des soldats impayés depuis longtemps. Il fallait chercher la solde et tenter de calmer les mutins. Évidemment, vu les circonstances, on n'avait pas signé de quittance... Mais l'ex-ministre de la Coopération et l'ancien patron de Paribas espéraient, en vain, qu'après le « petit » contrat pour l'audit viendrait, pour la réforme intégrale, un autre contrat, plus grand.

Dès l'été 1993, le duo Foccart-Bourgi a persuadé les conseillers Afrique de François Mitterrand, Bruno Delaye et Dominique Pin, que la France avait une carte à jouer au Zaïre avec Mobutu qui, à les entendre, n'aspirait plus qu'à se retirer. C'est à cette époque, aussi, que Paris a appris la « maladie incurable » du Maréchal-Président, atteint d'un cancer de la prostate depuis 1989. Des rencontres secrètes ont alors eu lieu à Bruxelles entre des émissaires français et le Premier ministre pressenti, Léon Kengo Wa Dondo, d'une part, et, d'autre part, Mgr Laurent Monsengwo, l'archevêque de Kisangani, à l'époque également président du Parlement de transition. Ce dernier, en vertu de « l'acte de transition », était habilité à nommer le chef du gouvernement. La France a garanti au Maréchal que, s'il acceptait Kengo et ne s'occupait plus des finances, le Premier ministre ne toucherait ni à sa famille ni à ses biens et, au contraire, lui assurerait une « liste civile » royale [5].

Les intermédiaires poussaient le soin jusqu'à mettre en place un circuit financier entre le Premier ministre et le président zaïrois, d'où ils n'étaient pas absents... En contrepartie, avec l'accord de François Mitterrand qui acceptait de le recevoir le 16 octobre 1993 à l'île Maurice, en marge du sommet francophone, Mobutu s'est offert un premier retour en scène, quoique toujours indésirable en Occident. À ce moment, le génocide des Tutsis au Rwanda n'avait pas encore eu lieu, ni, *a fortiori*, l'exode au Zaïre des 1,2 million de Hutus fuyant, à la fois, le Front patriotique rwandais (FPR) et leurs propres crimes. En attendant sa rédemption à la faveur de l'opération Turquoise, en juillet-août 1994, la réhabilitation de Mobutu s'est heurtée à de vives résistances. En France, celles-ci se sont cristalisées autour du « visa humanitaire » que cherchait à obtenir Mme Mobutu, dont l'un des fils, Bangembo Nyiwa, était alors soigné dans le service du professeur Crickx à l'hôpital Bichat. En fait, atteint du sida, il s'y mourait lentement. Tous les relais du Maréchal à Paris ont rivalisé d'interventions pour permettre à Bobi Ladawa de se rendre à son chevet : Charles Pasqua et son « représentant » à Kinshasa, Me Jean-Paul Lanfranchi, Valéry Giscard d'Estaing et son homme auprès de Mobutu, Hubert Lassier, qui disparaîtra le 18 décembre 1995 au Niger dans un accident d'avion aux côtés du leader touareg Mano Dayak, et, bien sûr, Jacques Foccart et Robert Bourgi, qui finissent par régler le problème [6].

Cette mobilisation des amis du Maréchal serait émouvante si le gestionnaire du « patrimoine liquide » à la cour du président zaïrois, à l'époque le Français Albert-Henri Buisine, chef de la « maison civile » avec rang de ministre, n'assurait pas que quatre cent mille dollars – plus de deux millions de francs – ont été distribués afin de « débloquer » le visa humanitaire pour la France.

L'argent a également joué un rôle non négligeable

dans l'éphémère résurrection de Mobutu qui, sur fond de génocide au Rwanda et de « crise des réfugiés » subséquente, est redevenu fréquentable comme « ami de l'Occident ». Cet objectif, qui a été atteint, aura été celui d'un trio de choc belgo-franco-américain. Sans rappeler l'intense activité déployée, dans le même sens, par l'ex-président américain Jimmy Carter, il faut souligner d'emblée que la réhabilitation du maréchal-président zaïrois n'a donc pas été, exclusivement, une œuvre française. Cependant, malgré l'étonnant mélange des genres du côté américain, il est révélateur que les promoteurs belges et américains de Mobutu ont travaillé dans les couloirs, encaissé l'argent, exercé leur influence mais ne sont pas parvenus à « faire » la politique de Bruxelles ou de Washington. C'est toute la différence entre réseau et lobby. Dès lors que la diplomatie américaine, puis la diplomatie belge ont estimé qu'il n'était plus dans leur intérêt de soutenir Mobutu et, au contraire, qu'il fallait s'en défaire d'une manière urgente, elles ont laissé tomber leur ancien allié, et le groupe de pression en sa faveur n'y a rien changé. Mais à l'Élysée, prenant d'une main l'argent de Mobutu et faisant de l'autre la politique de la France, le réseau Foccart a assuré un soutien officiel jusqu'au-boutiste au Maréchal-Président. Ce dernier est, toujours, « l'ami de la France » lorsque, depuis plusieurs mois déjà, il n'est plus « l'ami de l'Occident ». Seulement co-parrain de Mobutu et, au Zaïre, plutôt « petit Satan » par rapport aux Belges et Américains, Paris payera les pots cassés pour tout le monde.

C'est le 8 mars 1994, un mois avant le déclenchement du génocide au Rwanda, que s'est constitué le trio de choc belgo-franco-américain. Ce jour, sous la bonne enseigne de l'hôtel Amigo à Bruxelles, se sont pour la première fois réunis Me Robert Bourgi, Max-Olivier Cahen et Herman Cohen. Ce dernier, Américain, a été le sous-secrétaire d'État chargé des Affaires africaines de George Bush à partir de février 1989, point culminant d'une longue carrière diplomatique sur le continent où il fut en poste en Ouganda, en Rhodésie, en Zambie, au Zaïre, au Sénégal et en Gambie, ainsi qu'à Paris, pendant trois ans, avant d'intégrer, en 1987 et toujours comme Monsieur Afrique, le staff de la Maison-Blanche. Nettement plus jeune, le Belge Max-Olivier Cahen est, surtout, le fils d'Alfred Cahen, professeur à l'université de Léopoldville, la capitale du Congo belge devenue Kinshasa en 1966, quelques mois après la prise de pouvoir de Joseph Désiré Mobutu, à l'époque chef d'état-major de l'armée. C'est Alfred Cahen qui avait « repéré » le jeune militaire et l'avait recommandé au chef du poste de la CIA, Lawrence Devlin, lequel devait financer son ascension. Ensuite ambassadeur de Belgique au Zaïre, Alfred Cahen a achevé sa carrière à Paris, dans les mêmes fonctions, jusqu'à son départ à la retraite en 1996. Entre-temps, son fils, également un « mordu » du continent, avait créé sa Fondation pour l'Afrique, présidé par... Herman Cohen [7].

Robert Bourgi a été mis en contact avec le couple Cohen-Cahen grâce à l'entremise de Jean-Marie Coulbary, lui-même consultant à la tête de United World Communication. Fils d'un ancien ambassadeur du Sénégal aux États-Unis, il avait été condisciple de Max-Olivier Cahen au lycée français de Washington. En 1994, après un premier succès en bande au Gabon, l'idée était de monter une opération commune similaire au Zaïre, de proposer des services de « communication politique » au Maréchal-Président. À cette fin, Herman Cohen, marié à une Française et parfaitement bilingue, était arrivée le 16 avril à Paris. Après un déjeuner chez sa sœur qui habite en face de la tour Montparnasse, il s'était embarqué avec Max-Olivier Cahen dans la voiture de Robert Bourgi à destination de Luzarches. Resté deux heures chez Jacques Foccart, le trio était parti, le soir même sur Air France, à destination de Kinshasa, en compagnie de Michel Aurillac. Au Zaïre, l'ex-ministre de la Coopération, en compagnie de Robert Bourgi, avait eu un premier entretien « franco-français » avec Mobutu. Puis, le trio Cohen-Cahen-Bourgi avait négocié le retour sur la scène mondiale du « grand léopard » en échange d'une promesse de rémunération de six cent mille dollars. Le versement de cette somme devait être effectué en deux tranches, selon la clé de répartition suivante : deux cent cinquante mille dollars pour Herman Cohen, dont quatre-vingt mille comme acompte ; deux cent mille dollars d'honoraires pour Robert Bourgi, dont soixante-dix mille d'avance ; enfin cent cinquante mille dollars et, dans l'immédiat, cinquante mille dollars pour Max-Olivier Cahen. Chacun d'entre eux s'était engagé à ristourner une obole – vingt mille dollars au total – au profit de Jean-Marie Coulbary, « découvreur » du deal. Les trois promoteurs de Mobutu ont touché le premier versement cash, en dollars, auprès de la Banque du Commerce et de l'Industrie sur les Champs-Élysées, une fois leurs chèques certifiés par une banque de Monaco. Max-Olivier Cahen est rentré le soir même à Bruxelles, avec ses cinquante mille dollars, ainsi que les quatre-vingt mille de Herman Cohen. Ayant alors de gros problèmes d'argent, le Belge a demandé à l'Américain de lui prêter quarante mille dollars sur sa part. En échange, il lui a fait un chèque du même montant que Cohen s'est engagé à ne pas déposer en banque, en attendant le remboursement. Mais finalement, l'Américain et le Belge se sont fâchés. Et c'est Robert Bourgi qui, en décembre 1994, a renvoyé quarante mille dollars à Washington. Le Français et l'Américain ont alors évincé leur associé belge. Selon nos informations, ils ont été intégralement rémunérés par le Maréchal. En revanche, la matérialité de leurs prestations – en dehors d'un voyage aux États-Unis de Me Bourgi, à la mi-mai 1996, pour plaider la cause de Mobutu au département d'État, au Pentagone et dans quelques officines – est restée incertaine.

Le *come-back* du Maréchal, en fait une estrapade avant la chute finale, devait tout à l'opération « militaro-humanitaire »Turquoise, montée en juillet 1994 à partir de l'est du Zaïre par la France, ainsi qu'à l'afflux de près de deux millions de réfugiés hutus du Rwanda. « Le gouvernement français avait été bien content de trouver Mobutu pour l'aider à limiter les dégâts au Rwanda en 1994 et pour accueillir des réfugiés », souligne dans ses mémoires Jacques Foccart qui, pour sa dernière « mission » sur le continent, s'était rendu le 10 août 1994 à Gbadolite, le fief dans la jungle du Maréchal, pour « arbitrer un différend ». Celui opposant le Premier ministre choisi par Paris, Kengo Wa Dondo, au président soutenu par la France... Se livrant à un assaut de candeur, Jacques Foccart décrit ainsi la scène : « S'agissant de sa liste civile, j'ai fait observer à Mobutu qu'il fallait fixer la limite des moyens mis à sa disposition pour maintenir son style d'existence. C'est ce qui a été convenu et chiffré, mais j'ai l'impression que cet accord n'a pas été respecté. En effet, il se trouve des personnages qui ponctionnent à la fois les caisses de l'État et la cassette de Mobutu [8]. » Intéressés au sens le moins noble du terme, ces « personnages » ont accompagné jusqu'au bout le Maréchal-Président en lui tendant la main. Ceux du réseau Foccart étaient présents jusqu'à bord de l'*Outeniqua*, le navire sud-africain des ultimes négociations avec Laurent-Désiré Kabila, de même qu'au camp Tshatshi à Kinshasa, le jeudi 15 mai 1997, quelques heures avant l'assassinat du général Mahele, chef d'état-major de l'armée zaïroise et partisan d'une reddition, à la veille du départ de Mobutu en exil. Auparavant, à Paris, l'ambassadeur Fernand Wibaux, alors titulaire par la grâce de Foccart de la seconde « cellule africaine » de l'Élysée, avait été tenu informé des tentatives de sauvetage du régime : le transit de matériel militaire par la France, le recrutement de quelque cent trente mercenaires européens – surtout serbes – par un responsable de Geolink, une société de communications satellitaires, qui a par la suite licencié cet employé [9]. Pourquoi tant d'acharnement ? Ni en raison d'une analyse politique de la situation ni par fidélité à un allié sûr de la France. L'argent est le nerf des ultimes spasmes du Réseau.

On mesure le chemin parcouru. Créé le 17 janvier 1942 à Londres, le premier réseau gaulliste fut celui de la clandestinité, tissé entre les membres du Bureau central de renseignement et d'action (BCRA). Ancien de ce noyau dur de la Résistance, passionné de diplomatie secrète et de renseignement, Pierre Guillaumat était le patron du Commissariat à l'énergie atomique (CEA), avant de devenir celui d'Elf-Erap, future première puissance de la politique africaine de la France. Guillaumat favorisera alors l'installation, dans sa maison, d'hommes de Foccart, comme Maurice Robert, responsable du service Afrique du SDECE, puis du département renseignement de la compagnie pétrolière. Au début des années 60, Foccart réactivera ces anciens compagnons, de même que des réservistes du service action du SDECE, des négociants et des fonctionnaires bien placés, notamment pour lutter en Algérie contre l'OAS (Organisation de l'armée secrète). Le vivier était bien fourni puisque, sous la IVe République, les gaullistes purs et durs avaient presque replongé dans la clandestinité, reprenant leur Résistance, en Afrique notamment. « L'hostilité que manifestèrent les gouvernements de la IVe République et la plus grande partie des gouverneurs de territoires à l'égard du RPF (Rassemblement du peuple français) a obligé ce dernier à recourir, pour renforcer son audience, à divers stratagèmes qui ne sont pas sans rappeler les méthodes propres aux organisations et sociétés secrètes : formation de réseaux de renseignements disséminés sur les territoires d'outre-mer, système d'enquêtes sur les opinions politiques des administrateurs et fonctionnaires coloniaux, fichiers de renseignements, tentatives de noyautage des milieux d'affaires français installés en Afrique, la centralisation de tout cela se faisant au siège du Rassemblement, 5, rue de Solférino, à Paris. » L'homme ayant écrit ces lignes en 1980 alimente sa plume à la meilleure encre : c'est Robert Bourgi [10].

Vient l'apogée, en fait la parousie, du Réseau dans les années 60. Comme dans la dramaturgie classique, il y a unicité du lieu, du temps, de l'action... et de l'acteur. C'est Jacques Foccart, aux manettes du pouvoir à l'Élysée, dans l'antichambre du général de Gaulle. Le journaliste ivoirien Bernard Yao a analysé son « système ». « Foccart avait voix prépondérante dans le choix du personnel français de décision à affecter en Afrique : ambassadeurs, chefs de mission de coopération, représentants des services secrets (SDECE), directeurs de sociétés intervenant au titre de la coopération », écrit-il [11]. « Une fois sur le terrain, ceux-ci, particulièrement les diplomates, étaient en contact permanent avec lui. Le secrétariat général pour les Affaires africaines était doté du chiffre et de la valise diplomatique lui permettant de communiquer directement avec les différentes ambassades de France sur le continent africain, sans passer par le ministère des Affaires étrangères. Ainsi, l'organisation du travail de la cellule élyséenne reposait en grande partie sur la réception quotidienne de messages, télégrammes, dépêches... Jacques Foccart et son équipe les sélectionnaient et, tous les soirs, lui seul voyait le général de Gaulle en tête à tête pour lui présenter les dossiers retenus. » Aussi pour lui souffler des noms. Car, jusqu'à la mort du maître au cœur de la toile, la cooptation d'hommes « sûrs », le soin apporté à leurs carrières, ont été les vecteurs de l'influence. Même à la fin, perclus au bout du fil, Jacques Foccart a encore poussé ses pions, intervenant auprès de Jacques Chirac pour des nominations jugées stratégiques. Et le Président lui en a refusé peu, le « Vieux » ayant été, à la fois, son grigri et le souvenir vivant de Charles de Gaulle. Souvent, à la surprise de son entourage, Jacques Chirac a bouleversé à la dernière minute des décisions arrêtées en réunion interministérielle. Ceux qui ont compris, comme le secrétaire général de l'Élysée, Dominique de Villepin, ce « dialogue avec l'invisible » que le Président poursuivait quotidiennement avec Foccart, ont appris à se tenir informés, en aval, dans l'entourage du « papy » de la France en Afrique. Édouard Balladur lui-même avait compris, un peu tard, qu'il valait mieux avoir un des protégés de Foccart à la Coopération afin de bénéficier de la redoutable efficacité des appuis africains pour les élections en France. Bernard Debré, l'urologue de la « Françafrique », avait ainsi été nommé après la démission forcée de Michel Roussin, emporté par les affaires de la mairie de Paris avant de bénéficier d'un non-lieu. Après Debré, c'est Jacques Godfrain que Foccart fait nommer ministre au moment où Jacques Chirac s'est installé à la présidence. Ex-membre du SAC (Service d'action civique), la très musclée « amicale » gaulliste de l'après-guerre d'Algérie, Jacques Godfrain, député-maire de Millau dans l'Aveyron, avait été l'un des anciens chargés de mission de « la Foque » au secrétariat général de l'Élysée dans les années 70. C'est dire qu'il était en osmose avec le « Vieux ». Mais il avait du mal à s'imposer à une administration fatiguée de travailler en double attelage : l'un pour la galerie officielle de la « bonne gouvernance » en Afrique, l'autre au service d'une diplomatie secrète sur le continent. Une réalité que le ministre avait reconnue dès sa première interview dans l'hebdomadaire *Jeune Afrique*. Sachant que, pour être pris au sérieux sur le continent, la cocarde de sa voiture ne suffirait pas, le frais promu ministre de la République affirmait alors : « Moi aussi, j'ai mon réseau en Afrique... » Et l'on vit arriver, au ministère, Philippe Lettéron, autre ancien collaborateur de Foccart, et, à la tête du Centre des hautes études sur l'Afrique et l'Asie modernes (CHEAM), Jean-François Dommenge, ainsi que Steve Gentili, proche de Jacques Godfrain, au Forum francophone des affaires (FFA). Par la suite, ce fut la cooptation à tous les échelons.

Le Réseau n'est pas mort tant que son poids reste décisif dans le jeu de go des nominations. Du vivant de Jacques Foccart, c'était le cas. Et les fossoyeurs de la « Françafrique » avaient tort de railler l'octogénaire-momie d'un temps qu'ils disaient définitivement révolu alors que, faisant et défaisant des carrières, Foccart ravaudait toujours la trame. Ainsi, début 1996, lorsque la succession au poste le plus stratégique de la Coopération était ouverte, celui du directeur du développement du ministère. Le sortant, Jean-Michel Séverino, partant pour la Banque mondiale, avait vu défiler six ministres en huit années de présence marquante. Son remplacement devait donner lieu à une sérieuse course de lévriers. Au départ, dans les boxes, n'étaient visibles qu'Alain Catta, alors consul général à Barcelone, poussé par le Quai d'Orsay et Matignon, Thierry Bert, inspecteur des Finances et l'homme de Bercy, ainsi qu'Alain Kirsch, fils de Martin Kirsch, l'ancien conseiller pour les Affaires africaines à l'Élysée, du temps de Valéry Giscard d'Estaing. À la sortie du dernier virage émergeait Thierry Bert, soutenu par le ban et l'arrière-ban de l'inspection des Finances, la chapelle de Séverino... Mais, soudain, est apparu dans les jumelles un outsider sérieusement dopé, qui a remonté très vite la piste avec un petit bagage officiel mais de gros appuis proches de Jacques Chirac : Serge Arnaud, un ancien conseiller technique de Jacques Toubon, qui s'ennuyait alors ferme au ministère de l'Environnement. Ingénieur des Ponts et Chaussées, longtemps chef de service – sans affectation précise – au ministère de la Défense, Serge Arnaud n'était pas vraiment un « développeur » du terrain, du moins civil. Mais il avait des « tontons » africains. Jacques Foccart et Fernand Wibaux avaient placé son dossier et, le samedi après-midi précédant la semaine de la nomination en Conseil des ministres, Jacques Toubon, reçu pour moult autres « affaires » par Jacques Chirac, obtenait ce dernier petit coup de pouce qui fait les grandes nominations. Stupeur au ministère, pourtant habitué à des sauts à cloche-pied dans les cases du village franco-africain. Puis, avant l'été 1996, l'arrivée comme nouveau directeur de cabinet de l'austère François-Xavier Donnadieu, magistrat à la Cour des comptes, saint-cyrien et ancien officier de la gendarmerie, a confirmé la préséance de la cooptation foccartienne. Parent de Jacques Foccart, président du cercle Aramis, qui rassemble des officiers de réserve, l'ancien chef de section « radar », puis « topographique » de l'artillerie avait au moins un avantage : pas besoin de correspondant de la DGSE ou de conseiller en sécurité au cabinet, « Monsieur le directeur » était lui-même branché.

L'agonie du Réseau a été aussi lente que déshonorante. Mais il a fallu que Jacques Foccart mourût avant que l'*omerta* ne fût brisée, qui plus est dans le sanctuaire de la « Françafrique », au Gabon. Au pays d'Omar Bongo, un billet d'humeur, le « Makaya », orne en effet la une du quotidien national, *L'Union*. Deux mois après le décès de Foccart, le 13 mai 1997, ce bulletin météorologique des tempêtes à la présidence, rédigé par l'entourage et, souvent, inspiré par le maître de céans lui-même, n'était qu'une giclée de bile. « Dans les égouts de la politique franco-africaine, on trouve parfois des rats qui aiment grignoter les ordures en passant au fil du courant, sans discernement et sans scrupules », y lisait-on. « Le plus dangereux pour nous, c'est que ces muridés côtoient nos milieux dirigeants, voire présidentiels, comme ce R. Abougri ou – je ne sais plus ! – Robert Bougie (...). Leur fonds de commerce, c'est quoi ? Ils passent de chancelleries en palais, de l'Élysée à Abidjan, du palais Rénovation à Dakar, du mont Fébé au mont Ngaliéma, ouvrent leurs oreilles pointues, emmagasinent les secrets d'État comme des graines de mil, frottent leurs pattes antérieures de satisfaction et régurgitent les mêmes secrets à l'escale suivante, l'air chafouin. Évidemment, ça intéresse les dirigeants en mal de confidences : " Vous savez ce que pense Omar ? " ou " Vous connaissez la réaction d'Abdou ? "... ou encore " Devinez comment Mobutu s'en est sorti ? "... De retour à Paris, ces rongeurs font des fiches extra-confidentielles pour leurs véritables patrons : Charles, Édouard, Alain... Mais ils en tirent aussi des profits substantiels [12]. » Le jour même de la parution de ce « Makaya », Me Robert Bourgi et la source présumée des indiscrétions qui avaient provoqué ce jet d'acide de la présidence (notamment la révélation dans *Le Monde* d'une missive présidentielle au sujet de l'affaire Elf avant même que celle-ci ne fût portée à la connaissance de son destinataire à l'Élysée, Dominique de Villepin) étaient dans le bureau d'Omar Bongo. Bon prince, annonçant *urbi* et *orbi* que des « personnalités gabonaises et étrangères » qui lui étaient proches avaient été calomniées par des « billets aussi inconvenants que non fondés », le chef de l'État jeta alors l'anathème sur le perroquet de *L'Union*. Le lendemain, et pendant une petite semaine, l'encadré rose bonbon réservé à la une était toujours là, mais vide comme un écran après la fin des programmes. Quoique toujours en vie, la bête avait laissé des plumes.

Le 26 mars 1997, sept jours après la mort de Jacques Foccart, le tribunal de grande instance de Paris était appelé à décider d'une « assignation en référé d'heure en heure » introduite par Robert Rigaud, qui fut pendant un demi-siècle l'associé en affaires du défunt et son « légataire universel ». Celui-ci tentait ainsi d'empêcher la parution du second et dernier tome des mémoires sous forme d'entretiens de Foccart, couvrant la période depuis le départ du pouvoir, en 1969, du général de Gaulle. Pourquoi ? Ce n'était pas la promenade guidée à l'intérieur du néocolonialisme français qui gênait « les intégristes du gaullisme », dont parlait alors Philippe Gaillard, le journaliste-confesseur de Foccart, qui leur reprochait de n'admettre « aucun écart de la légende gaulliste ». La trahison de Chirac en 1974, lorsqu'il refusa de soutenir le candidat Chaban-Delmas, ou, plus tard, les coups bas entre Chirac et Giscard, quand ce dernier était à l'Élysée, étaient frappés du sceau du tabou pour les séides du Général. L'évocation du rôle joué, notamment lors de la campagne présidentielle de 1995, par deux organisations fondées en 1968 – le Mouvement initiative et liberté (MIL) et l'Union nationale interuniversitaire (UNI) – relevait à leurs yeux de la cuisine interne, interdite au public. Il est vrai que le MIL et l'UNI étaient devenus, après la dissolution du Service d'action civique (SAC), le réceptacle des gros bras du gaullisme, voire d'adeptes de l'extrême droite. Or, c'est précisément ce demi-monde politique qui, avec l'Afrique noire, a été le jardin secret de Jacques Foccart. Encore d'outre-tombe, celui-ci agite les réseaux, inspire des coups tordus, fait danser les masques africains.

Selon Philippe Gaillard, c'est l'universitaire Gérard

Daury, membre influent du MIL et de l'UNI, qui a poussé Robert Rigaud à tenter une procédure contre la publication du second tome des mémoires. Déjà, l'été 1996, Gérard Daury, un homme aux fréquentations s'étendant de l'ancien membre du Front national, Yves Laisné, jusqu'au fondateur socialiste du Manifeste contre le FN, le député parisien Jean-Christophe Cambadélis, avait voulu censurer l'ouvrage. À cette fin, il avait adressé une « note » à Jacques Chirac, si alarmante qu'un report de publication avait été convenu entre le Président et Jacques Foccart lors d'un déjeuner à Cavalaire, la résidence estivale du conseiller pour les Affaires africaines [13]. Celui-ci, après avoir vainement tenté d'obtenir des coupes si larges que le journaliste Philippe Gaillard jugeait inacceptable « cette censure proposée », invoquait alors auprès de l'éditeur son « devoir de réserve » dû à ses fonctions officielles. Estimant qu'il n'était « de l'intérêt de personne – ni de l'auteur, ni de l'éditeur, ni du public – de voir paraître un volume qui ne correspondrait ni à l'esprit ni à la lettre dans lesquels il a été conçu et réalisé », la maison Fayard avait consenti, « à titre aimable », de surseoir à la publication d'un ouvrage désossé, caviardé des meilleures confidences et qui eût mérité pour titre *Foccart parle pour ne rien dire...* Du 2 octobre 1996, on passait alors au 5 février 1997, date prévue pour la sortie. Or, *in fine*, les mémoires controversées de Foccart ne sont parues qu'à titre posthume.

Le 28 mars 1997, le tribunal de Paris a débouté le plaignant qui, excipant de l'absence d'un « bon à tirer » signé par Jacques Foccart, visait à proscrire du domaine public les souvenirs du Monsieur Afrique du gaullisme. Cette décision n'en a pas moins été une prosopopée ambiguë. Elle a non seulement révélé l'existence d'entourages rivaux autour de Foccart mais, aussi, des « fonctions officielles » ressemblant plutôt à une charge viagère et des liaisons étonnantes entre le père du néo-colonialisme français, l'inventeur de « l'indépendance du drapeau » en Afrique francophone, et l'ex-porte-flambeau d'une souveraineté pleine de cette même « jeune Afrique ». Enfin, comme souvent à l'ombre de Jacques Foccart, des affaires pécunaires se mêlent aux affaires.

Quand les « fonctions officielles à l'Élysée », invoquées par Jacques Foccart pour justifier le sursis à publication de ses mémoires, ont-elles cessé ? Pour Claude Durand, le P.-D.G. de Fayard, le conseiller aulique de Jacques Chirac pour l'Afrique aurait cessé ses fonctions, et donc levé l'hypothèque pour la parution de ses souvenirs, « au mois de décembre » 1996. Philippe Gaillard situe ce retour à la vie privée de Foccart « au début de janvier 1997 ». Par téléphone, Jacques Foccart aurait alors annoncé à l'épouse du journaliste « une bonne surprise » et, le 15 janvier, toujours au téléphone, il aurait précisé à son coauteur : « Je ne peux plus, raisonnablement, prétendre être encore aux affaires. Nous allons donc publier le tome II. » Devant le tribunal de grande instance de Paris, les avocats de Fayard ont soutenu qu'« en mars 1997, malade, Jacques Foccart venait effectivement de se retirer des affaires avant de mourir le 19 mars ». Or, le 5 mars 1997, deux semaines avant sa mort, le conseiller de Jacques Chirac a adressé une lettre au P.-D.G. de Fayard, sur papier à en-tête « Présidence de la République ».

Jacques Foccart a exercé ses « fonctions officielles », aussi réelles qu'occultes, jusqu'au dernier soupir. Jusqu'à sa mort, il a disposé d'une voiture officielle de la présidence et d'un standard téléphonique relié à l'Élysée pour communiquer, aux frais de la République, avec les chefs d'État africains et ses « correspondants ». Mais à l'instar des présidents à vie dans l'Afrique de sa gloire, il n'a pas été seulement conseiller d'une République dispensant ses fonctions comme des charges viagères. Jusqu'à la veille de sa mort, il a, aussi, voulu apporter des « modifications » au texte remis, le 17 juillet 1996 à l'éditeur. Un ami intime, reçu le 14 mars 1997 à 11 heures dans l'appartement de la rue de Prony, a ainsi entendu Foccart souhaiter revoir le manuscrit. « C'était devenu une espèce de manie », nous a confirmé, le 3 avril 1997, Philippe Gaillard. « Il était sous l'influence de ses amis. »

Sous influence, Jacques Foccart, à la fin de sa vie plus que jamais obsédé par le « cloisonnement » de ses fréquentations, n'a pas voulu arbitrer entre ses vieux amis du SAC et ses nouveaux confidents de l'hebdomadaire *Jeune Afrique*. Pourtant, dans une lettre datée du 15 juin 1994 et adressée à Béchir Ben Yahmed, le P.-D.G. du groupe Jeune Afrique, il avait chargé ce dernier – « vous, qui êtes mon éditeur » – de « préserver mes intérêts moraux et matériels ». Se référant également aux notes quotidiennes qu'il avait dictées du temps qu'il était secrétaire général de l'Élysée, Jacques Foccart avait ajouté : « Je saisis l'occasion de vous dire que, s'il reste entendu que la publication de l'un et l'autre ouvrages est soumise à mon accord au vu du manuscrit complet et corrigé, dans le cas où je serais empêché, je délègue le pouvoir de donner cet accord : pour le livre d'entretiens, conjointement à vous-même et à M. Gaillard, ou à l'un d'entre vous si l'autre était empêché ; pour les éphémérides, à vous-même et, à défaut, à M. Gaillard ; étant entendu que je vous fais confiance à l'un et à l'autre pour respecter scrupuleusement l'esprit dans lequel je me suis prêté à la publication de ces ouvrages. » Un an avant la querelle estivale avec les « intégristes du gaullisme », Béchir Ben Yahmed avait donc déjà été désigné comme légataire moral et matériel des œuvres de Jacques Foccart. Si ce rôle a permis que soit débouté en justice le « légataire universel » Robert

Rigaud, il n'en est pas moins politiquement et moralement délicat à assumer pour le patron de l'hebdomadaire panafricain, porte-étendard du continent depuis l'aube des indépendances. Car il fait de Béchir Ben Yahmed le gardien et, en fait, l'agent de commercialisation des mémoires de l'homme ayant, outre des opérations telles que le débarquement des mercenaires au Bénin en 1977, perpétué la présence néocoloniale de la France dans ses ex-colonies et ainsi permis à l'ancienne métropole de « partir pour mieux rester ».

Le 1er juillet 1994, au terme d'un contrat d'édition entre la SIFIJA *(Jeune Afrique)* et la maison Fayard, qui le désigne comme « l'Auteur » pour avoir apporté l'affaire, Béchir Ben Yahmed a perçu une avance de 1,3 million de francs, dont il a reversé, au total, quatre cent mille francs à parts égales à Jacques Foccart et à Philippe Gaillard. Le contrat stipulait que « toutes sommes dues à l'Auteur seront versées sous forme de chèques libellés à *Jeune Afrique.* Il est entendu que, conformément aux mandats que vous avez reçus de MM. Foccart et Gaillard, et aux accords conclus directement entre vous, vous ferez votre affaire de la répartition et du versement de toutes sommes dues à l'Auteur en application du présent contrat, et que vous nous garantissez contre toute revendication à cet égard ». On ne manquera donc pas de relever, outre l'absence de lien contractuel direct entre Fayard et les vrais auteurs, Jacques Foccart et Philippe Gaillard, que l'avance perçue sur les dix-neuf pour cent de droits d'auteur sur la vente des mémoires n'a pas été équitablement répartie. Tout comme on relèvera, au printemps 1997, les éditoriaux du légataire des œuvres de Jacques Foccart saluant le retour au pouvoir de la gauche – « le nouveau visage que s'est donné la France fait revenir l'espoir »... comme un « changement positif » pour en finir avec « l'ère postcoloniale à laquelle les « postgaullistes » ne parvenaient pas à mettre un terme ». Quant à la prise de pouvoir de Laurent-Désiré Kabila dans l'ex-Zaïre, elle est exaltée comme « le changement le plus vertigineux intervenu en Afrique » depuis l'indépendance de l'Algérie et la conquête du pouvoir en Afrique du Sud par la majorité noire. Au sujet de ce dernier des « changements » que Jacques Foccart et les siens avaient combattu jusqu'au bout, Béchir Ben Yahmed écrit : « Il est foncièrement positif et il est l'œuvre d'Africains de la nouvelle génération [14]. » Réseau, roseau. Cette fois-ci, irrévocablement, c'est la fin.

[illegible]

LES GÉNÉRAUX

Toutes hélices tournantes, dans un bruit assourdissant, les Transall encombrent le tarmac de M'Poko, l'aéroport de Bangui. Sur les pelouses de la base militaire française, des milliers d'expatriés campent, qui sous une tente kaki, qui à la belle étoile. « Il y a de plus en plus de Libanais et de binationaux », constate, déçu, l'un des militaires responsables de l'évacuation. Au vu des quelques femmes décaties errant, nécessaire de toilette sous le bras, à la recherche d'un robinet entre les bâtiments et de tous ces hommes qui, baise-en-ville au poignet, téléphone cellulaire à l'oreille, enjoignent au boy resté dans leur villa de « tenir bon quoi qu'il arrive » en multipliant des promesses de « cadeaux », on comprend. Ce n'est plus Kolwezi... En cette fin mai 1996, l'Afrique des petits Blancs se paye une frayeur à son image. La capitale centrafricaine est aux mains des « sans-solde » en uniforme et des *godobés*, littéralement les « coltineurs » mais, depuis qu'il y a de moins en moins à porter, un mot désignant plutôt des « voyous », des « voleurs ». Des Centrafricains et, surtout, des immigrés africains – des Tchadiens, des Camerounais... – se font malmener, dépouiller, violer ou tuer. Quelques dizaines d'entre eux ont traversé la ville à leurs risques et périls pour se réfugier à la base française. Interdits d'accès, ils s'agglutinent, désespérés, au grillage de l'entrée principale. Les deux portails métalliques d'un long sas permettant de filtrer les piétons sont actionnés par des sentinelles depuis une cabine vitrée, de loin. Il manque juste le panneau « Défense des droits de l'homme blanc ». Sinon, tout est net, parfaitement rôdé, routinier même. Pour les commandos français, c'est la énième « intervention-évacuation » en Afrique, mi-exode, mi-départ anticipé en vacances.

L'avenue des Martyrs, qui mène sur une dizaine de kilomètres de l'aéroport jusqu'au centre-ville, est entièrement « sécurisée ». À chaque carrefour, des légionnaires ont pris position derrière des barricades et dans des casemates improvisées. Sans grand égard pour la francophonie, ils contrôlent les Européens, un peu perplexes d'être interpellés par « nos gars » d'un aboiement de questions. « D'où-tu-viens ? Où-tu-vas ? ». Sans ménagement, les légionnaires renvoient tous les Centrafricains. « Interdiction de circuler ! – Mais enfin, on est chez nous... » Erreur. Depuis que le président Ange-Félix Patassé, « au nom du peuple » et, sans doute pour être mieux entendu, sur Radio France internationale (RFI), a demandé à Paris « d'intervenir pour sauver les institutions de la République issues d'élections libres et démocratiques », la Coloniale fait de nouveau la loi à Bangui. Le même jour, le 20 mai, cette fois sur Europe 1 et à usage interne, le ministre de la Coopération, Jacques Godfrain, a déclaré que « la France ne veut plus être le gendarme de l'Afrique ». Le moins que l'on puisse dire, c'est qu'elle se fait alors sacrément violence : dans la capitale centrafricaine, où les ministres et quelque trois mille agents locaux du maintien de l'ordre, des policiers et gendarmes, se terrent chez eux en attendant de savoir si « Patassé va s'en sortir », les soldats français manient le gros bâton. Pour faire face aux mutins de l'armée centrafricaine, ils « dégagent » la radio nationale en tirant des roquettes meurtrières. Aux abords de la résidence présidentielle, que des insurgés s'avisent imprudemment d'assaillir, un missile Milan, en carbonisant un pick-up et ses passagers, suffit pour « calmer les esprits ». Merci encore, Monsieur le gendarme... Il est vrai, cependant, que ces jours-là à Bangui, les militaires français font tout. À bord de véhicules blindés, ils convoient aussi les principaux leaders de l'opposition à leur première réunion. Ceux-ci, après conciliabule sous haute protection, condamnent « l'intervention de la France parce qu'elle ne tient pas compte de la volonté populaire clairement exprimée dans la rue », qu'ils se refusent, eux-mêmes, à emprunter... Eût-il mieux valu que le pouvoir à Bangui, ou ce qui en tient lieu, tombât entre les mains d'un quarteron de sous-officiers ? Non, a-t-on décidé à Paris. Fin de partie, donc, pour le sergent Cyriaque Souké et ses frères d'armes. C'est sans rancune. Ayant négocié le retour des troupes dans les casernes avec le général Bernard Thorette, spécialement dépêché depuis Paris, les meneurs sont récompensés. Ils font le voyage en sens inverse pour des stages militaires dits « d'éloignement » en France [1]. Une solution à l'amiable qui arrange tout le monde : dans l'immédiat, place nette est ainsi faite à Bangui et, la prochaine fois, les militaires instruits s'y prendront mieux. En tout cas, s'ils réussissent, ils seront bien connus de leurs tuteurs militaires.

Bangui, à l'heure du bilan. Dans la Cité des quatorze villas, non loin de la résidence d'Ange-Félix Patassé, un militaire français fait d'incessants aller et retour entre un vaste salon impersonnel et, dans la cuisine, une machine à café. Massif, grand, la mâchoire en avant, le lieutenant-colonel Jean-Jacques Maurin ressemble à la caricature du militaire dans les dessins de Cabu. Sinon pire : de lourdes bottes aux pieds, en battle-dress camouflé, ceinturé, légèrement bedonnant, il porte sur l'épaule gauche l'écusson de la Sécurité présidentielle, une panthère noire fondant, la gueule ouverte et toutes griffes dehors, sur une proie imaginaire... Le langage du colonel est tout aussi typé. Pendant cette seconde mutinerie en deux mois et, déclenchée par celle-ci, l'opération française Almandin 2, une cinquantaine de Centrafricains auraient été « dessoudés » : pour la plupart des civils, peut-être une vingtaine de mutins et, c'est sûr, deux membres de la garde présidentielle, à qui « on a crevé la paillasse ». Le colonel Maurin est fatigué, il a payé de sa personne. Depuis dix jours, il n'a presque pas dormi, constamment « sur la brèche ». Dans le vaste salon, son talkie-walkie, posé sur la table, résonne. En route pour une nouvelle tasse de café, le colonel tend l'oreille pour ne pas manquer un appel. Lui, c'est « léopard ». Mais il tressaute, aussi, quand il est question de « panthère ». C'est le nom de code du chef de la garde présidentielle, le colonel François Njader, un Centrafricain, l'âme damnée d'Ange-Félix Patassé. Le colonel Maurin est son adjoint ou, selon l'organigramme officiel, « le conseiller du directeur général de la Sécurité présidentielle ». Celle-ci, pendant plus de dix ans, était directement commandée par un Français, le colonel Jean-Claude Mantion. Agent de la DGSE (Direction générale de la sécurité extérieure), les services secrets français, il avait régné sans partage sur la Centrafrique, en véritable « proconsul ». Tout juste, à l'époque, fallait-il expliquer à l'ancien président André Kolingba, un général, ce qu'il convenait de faire et, surtout, veiller à ce qu'il s'y tînt. Car, sur le tard, le général Kolingba, plus infatué qu'intelligent, avait « déconné » : il avait mis le pays en coupe réglée et, surtout, cédé à une dérive tribale. Dans un pays assez politisé, où les clivages ethniques n'avaient auparavant guère eu d'importance, des Yakoma – son ethnie très minoritaire – s'étaient attribué presque tous les pactoles. À commencer, naturellement, par la Garde présidentielle (GP). Aussi, après le départ de Mantion en juin 1993 et l'élection d'Ange-Félix Patassé, il avait fallu reverser les trois quarts de la GP au sein de l'armée, de ce fait « yakomisée » à son tour, notamment au niveau des adjudants-chefs et sergents. D'où, entre autres, la révolte du printemps 1996, aigreur ethnique revancharde autant qu'émeute des « sans-solde ».

Qu'ils sont amers, les fruits de la démocratisation... Au début des années 90, la France a dicté de nouvelles règles du jeu à la classe politique centrafricaine, à tel point que l'ancien président Kolingba avait crûment expliqué à ses concitoyens, sur les ondes nationales, qu'il allait « organiser des élections parce que ceux qui, à l'étranger, nous donnent de l'argent le demandent ». L'appel aux urnes sonnait le glas de son régime mais, aussi, des « années Mantion » et, plus généralement, du dispositif français mis en place après la déposition de l'empereur Jean Bédel Bokassa. Le 20 septembre 1979, dans le cadre de l'opération Barracuda, les Transall français s'étaient posés à l'aéroport Bangui-M'Poko pour remplacer Bokassa Ier, en visite en Libye. Dans leurs soutes, pour le réinstaller dans le fauteuil présidentiel, ils ramenaient David Dacko, lui-même renversé par Bokassa dans la nuit de la Saint-Sylvestre 1965. Reprenant du service à leur demande, « gros David » avait réclamé aux services secrets français une assurance vie. Cette tâche fut alors confiée à Jean-Claude Mantion, né en 1943 au pied des Pyrénées, ancien du 8e régiment parachutiste d'infanterie de marine (RPIma), ex-sous-lieutenant en poste à Bouar au milieu des années 60, à l'époque où l'actuelle base française dans le nord-ouest centrafricain était encore une vraie ville de garnison. Recruté à son retour de la Centrafrique par la DGSE, passé ensuite en Asie, en Nouvelle-Calédonie et aux Nouvelles-Hébrides, le condominium franco-britannique fraîchement devenu indépendant comme Vanuatu – « l'île au-dessus de la mer » – en août 1980, le lieutenant-colonel était disponible et comme prédestiné à cette nouvelle mission. « Plus jamais ça » – en résumé, c'était en effet la leçon tirée par les militaires français des sanglantes frasques impériales. À Bangui, l'heure était au verrouillage, non seulement du jeu politique interne mais, aussi, par rapport aux interférences jugées pour le moins inopportunes des « cousins » français. VGE et une plaquette de diamants avaient laissé de mauvais souvenirs. Très présente en RCA avec quelque mille quatre cents hommes « prépositionnés » sur deux bases, à Bouar et dans la capitale centrafricaine, l'armée française a donc repris le pays en main. Il y allait de sa plaque tournante sur le continent. Pendant longtemps, la RCA – tout comme d'ailleurs le Tchad ou Djibouti – a ainsi été l'affaire des militaires, à un point tel qu'au Quai d'Orsay le rédacteur pays était un colonel à la retraite. Sur place, Jean-Claude Mantion a remplacé un officier corse, le colonel Cotoni, à la tête de la Garde présidentielle et vite élargi ses attributions. Car, même tenu en lisière, David Dacko « ne faisait pas l'affaire ». Velléitaire égrotant, il s'était mis en tête de démocratiser le pays, au grand dam du « syndicat » des autres chefs d'État africains et en suscitant dans son pays une vague de contestation sociale, qui faillit tourner à la guerre civile. Avec le lâche consentement de l'intéressé, ce spleen démocratique s'est soldé par la prise de pouvoir de l'armée. À sa tête le général André Kolingba. C'était en septembre 1981, le « détachement Barracuda » venant tout juste de changer de nom, s'appelant désormais Éléments français d'assistance opérationnelle (EFAO). Douze ans plus tard, toujours cacochyme et, à nouveau, candidat à la présidentielle, David Dacko devait révéler à *Jeune Afrique* comment il avait abandonné les rênes. « Il était six heures du matin lorsque j'ai pris la décision de remettre le pouvoir aux militaires. J'ai convoqué Mantion pour lui demander de ne pas intervenir. » Interrogé par l'hebdomaire panafricain, le colonel français confirmait cette version consensuelle. « Dacko m'a dit que Kolingba allait prendre le pouvoir. J'ai proposé de le mettre en taule. Il m'a dit : " Laissez, c'est très bien comme ça ". »

S'ensuivent dix ans pendant lesquels le couvercle tient sur la gamelle. André Kolingba règne et, de plus en plus, Jean-Claude Mantion gouverne. Le dimanche, les deux hommes, qui s'entendent bien, partent ensemble pour des parties de pêche à la ligne. En semaine, tous deux installés dans l'enceinte du camp de Roux, sur les hauteurs de Bangui, le colonel français traite des dossiers – sécuritaires mais, aussi, économiques et politiques – tandis que le chef de l'État, quand il n'est pas à l'étranger ou « au village », inaugure les chrysanthèmes. Cette division du travail déplaît à l'entourage yakoma d'André Kolingba, privé de prébendes. Elle ouvre aussi un vaste champ à la dénonciation d'une tutelle ostensiblement néocoloniale. Pris à partie par un opposant centrafricain, Mantion, déjà régulièrement traité de « vice-roi de Bangui » dans la presse internationale, se défend, pour la première fois, en 1992. « Je n'aurais jamais accepté de servir un dictateur, un tyran ou un irresponsable », écrit-il dans une lettre datée du 18 octobre. « N'étant pas originaire de Centrafrique, donc dégagé de toutes les pressions tribales, j'ai essayé d'apporter ma contribution au développement de cette nation. (...) Combien de vos concitoyens ont répété que, si le poste que j'ai occupé l'avait été par un national, les choses ne se seraient pas déroulées ainsi et que les vengeances et intérêts personnels auraient pris le pas sur l'intérêt général. » Davantage que l'habituel credo du militaire méfiant à l'égard de la politique politicienne, surtout quand celle-ci puise aux sources tribales, c'est un testament. Car, en cette fin 1992, la nouvelle *pax franca* en Centrafrique touche à sa fin. Après le sabotage par le général Kolingba du scrutin présidentiel du 25 octobre, annulé dans la confusion, Paris expédie son ambassadeur, Antoine Frasseto, à Honolulu et nomme à Bangui Alain Pallu de Beaupuy, diplomate et ancien colonel de la DGSE, pour laquelle il a été en poste au Sénégal et en Iran. Jean-Claude Mantion, dont le contrat d'« assistant technique militaire » expire le 17 juillet 1993, comprend le message. D'autant que le 15 mai 1993, la Garde présidentielle centrafricaine, depuis six mois commandée par un légionnaire français, le lieutenant-colonel Jérôme Cazaumayou, se mutine et prend le président Kolingba en otage. L'affaire, mi-ethnique, mi-alimentaire et, déjà, initiée par les mêmes sous-offs yakoma qui, en avril-mai 1996, feront à nouveau parler d'eux, est vite réglée. Mais Mantion croit à une « manip » de Paris et jette l'éponge. Se sentant « lâché », il se résigne à faire ce que l'ambassadeur Pallu de Beaupuy, obsédé par sa présence et toute-puissance à Bangui, n'avait eu de cesse de lui intimer en vain : rentrer en France. Entre l'inavouable homme de l'ombre qui, depuis treize ans, tient le pays, mais à qui les commandes glissent des mains, et le diplomate au passé d'agent qui, en moins de six mois, est arrivé à bout de nerfs, Paris a dû rendre son arbitrage. Belle foire d'empoigne entre le Quai d'Orsay, la Coopération, la Défense, les « services », l'Élysée et Matignon... Elle révèle que le psychodrame à Bangui n'est qu'un pâle reflet des luttes de clans dans l'ex-métropole. En définitive, essentiellement faute d'avoir su opérer l'ouverture démocratique à temps, les tuteurs galonnés de la Centrafrique doivent lâcher le morceau. Sur place, le reste n'est qu'épilogue. Un mois seulement après le départ de Mantion, Alain Pallu de Beaupuy est rappelé, déprimé au point de nécessiter des soins. Dans la nuit du 6 au 7 juin 1993, un peu avant l'expiration de son contrat qui n'est donc pas renouvelé, Jean-Claude Mantion quitte également la RCA, sur une civière, à bord d'un avion sanitaire : atteint d'hépatite, d'arbovirose et, surtout, de l'incurable maladie de l'homme blanc ayant fait – à l'instar du Dr Kurtz, le héros de Joseph Conrad dans son roman *Au cœur des ténèbres* – un voyage de trop en amont du grand fleuve. Paris nomme Michel Lunven « représentant spécial de la France en Centrafrique » avec autorité sur tous ses services, civils et militaires. Sa tâche est d'incarner sur place la « France unie », très en vogue à ce moment, et d'organiser des élections irréprochables. Celles-ci auront effectivement lieu et se solderont, en automne 1993, par la victoire d'Ange-Félix Patassé, disciple et ancien Premier ministre de Jean Bédel Bokassa en 1977, l'an de grâce du sacre impérial. Comme le montrera la suite, la RCA, après dix ans d'*indirect rule* militaro-coloniale et un détour par les urnes, se retrouve à la case départ : avec un président paranoïaque, mégalomane et, surtout, « tribaliste ». Lorsque, au printemps 1996, les « sans-solde » quittent les casernes, personne ne descend dans la rue pour défendre l'ordre nouveau. Sauf la France. Celle-ci remonte en première ligne l'été 1996, puis à l'automne, lors de la troisième mutinerie. Elle intervient de façon « musclée » début janvier 1997 et, à nouveau, en juin. Son dilemme : « gérer » l'Afrique politiquement, c'est commettre au jour le jour le péché de l'ingérence ; pour l'avoir trop longtemps commis, Paris, las de gouverner ses anciennes colonies sur le continent, y intervient militairement quand il est déjà trop tard, en extrême urgence. En janvier 1997, le « camarade Lionel » avait constaté que cette politique revenait à « conjuguer ingérence et impuissance ». En juin 1997, pour sortir de ce dilemme, le Premier ministre Jospin n'en a pas pour autant trouvé une solution.

Retour à Bangui, fin mai 1996. En ces jours pluvieux sous un ciel gris plombé, Jean-Jacques Maurin, le numéro deux de la Sécurité présidentielle, n'est pas seulement fatigué. Il est, aussi, profondément désabusé. « À quoi ça sert de se donner du mal ? » La question reste en suspens dans ce salon, le sien, vide comme une chambre d'échos, sans souvenirs, sans photos. On lui avait demandé de se faire tout petit, de prendre des coups, une fois de plus. Alors, pendant plus d'un an, exposé à toutes les suspicions, parfois humiliantes, il a tenté d'enseigner son métier au colonel Njader, le chef de la Garde présidentielle. Non, pour l'image de marque de la GP et du régime, ce n'était pas bien de chasser violemment les marchands ambulants, de terroriser quiconque se trouvait, par hasard, sur le trajet du cortège présidentiel. Non, lors de la parade militaire annuelle, il ne fallait pas affoler tout le monde en s'inquiétant de rumeurs sur des missiles qui seraient tirés on-ne-sait-d'où, des avions en survol qui pourraient larguer des bombes. Non, enfin, les Français arrêtés à l'aéroport n'étaient pas des mercenaires déguisés mais des membres d'une organisation humanitaire qui, venus pour aider, ne s'attendaient pas à pareil accueil. « Ce n'est pas un mauvais bougre », précise le colonel Maurin au sujet du colonel Njader, un gendarme, ancien gouverneur de province et, Sara-Kaba comme Ange-Félix Patassé, rappelé d'une retraite bien méritée. « Njader est craint et, donc, respecté et obéi par ses hommes. Surtout, il est fidèle au Président. » Aussi la GP a-t-elle été la seule unité à défendre le régime. Par loyauté ou, craignant une vengeance tribale, parce qu'elle risquait de périr avec lui ? « Ici, on fait rarement des prisonniers », soupire le colonel Maurin. « Quand ils attrapent un mutin, ils le battent à mort, sauvagement, comme ils seraient battus à mort dans l'autre camp. » Ces jours-ci, Maurin et d'autres Blancs – contractuels – de la GP ont réussi à sauver quelques « pauvres hères », déjà en piteux état. Ils se trouvent à présent dans le sous-sol de la présidence. Auprès de qui, en France, pourrait-il revendiquer ce qu'il appelle, pudiquement « un acte d'humanité banal » ? Et le voudrait-il ? Le colonel Maurin est seul depuis trop longtemps. Il ne supporte plus de tourner la tête et de se dire, en passant son chemin : « C'est l'Afrique », la vraie, celle que ne connaissent pas les responsables politiques à Paris. Écorché vif, il ne savoure même pas sa belle revanche : acculé, sommé par l'opposition et les mutins de lâcher le colonel Njader, le président Patassé vient de proposer à la France de confier le commandement opérationnel de la GP au colonel Maurin. Les « diplomates à Paris », qu'il voue aux gémonies à toute occasion, ont dû se mordre les lèvres ! Quel désaveu, trois ans après avoir eu la peau de Mantion ! Tout « démocratiquement élu » qu'il est, le président centrafricain veut à nouveau confier sa garde prétorienne à un Blanc. Pour Maurin, fier de ne pas être un « barbouze » et qui ne connaît « pas bien » Mantion, ce n'est pas une revanche personnelle mais une « démonstration ». Pour rien. « On ne tourne pas la roue de l'histoire en arrière », s'avoue-t-il. « J'ai dit tout de suite que, pour moi, il n'en était pas question. J'en ai marre, ras la casquette. Dans un mois, comme c'était prévu, je rentre en France. Cette fois-ci, pour de bon. »

Le colonel Maurin est un soldat perdu, privé de cause, tombé en défaut comme un chien de chasse. Il a « tourné » comme coopérant militaire sur le continent, roulant sa bosse partout en Afrique, là où il n'y avait que des coups à prendre. Lorsque, au Rwanda de l'ancien président Juvenal Habyarimana, la France a mené une guerre secrète, il se trouvait, naturellement, en première ligne. C'était du temps – d'octobre 1990 à décembre 1993 – de l'opération Noroît, un vent soufflant du nord-ouest qu'il ne fallait pas confondre avec le vent de la démocratisation, censé « secouer les cocotiers » après le discours de François Mitterrand au sommet franco-africain de La Baule, en juin 1990. Officiellement, au Rwanda, la France ne faisait qu'assurer la sécurité de ses expatriés. En réalité, presque aussi influents que Jean-Claude Mantion à Bangui, le colonel Maurin et d'autres « assistants techniques militaires » guidaient le bras armé du régime. Avant d'en perdre le contrôle. L'été 1992, Jean-Jacques Maurin et ses hommes étaient dans les collines autour de Byumba, dans le nord du Rwanda, où les rebelles du Front patriotique rwandais (FPR) avaient attaqué, le 5 juin, pour élargir leur gage territorial autour de la poche de Shonga et, si possible, pour prendre la ville. Pour la première fois, le FPR utilisait alors de l'artillerie lourde, des L.R.M. de 107 mm, des bitubes de .37 et des mortiers de .120. L'acheminement de cet armement – en usage dans l'armée ougandaise – et des munitions ne pouvaient pas échapper aux autorités de Kampala et à leur contrôle. La France le fit savoir mais se heurta au « mur des Anglo-Saxons », en l'occurrence la Grande-Bretagne, l'ancienne puissance coloniale en Ouganda et protectrice du nouveau régime de Yoweri Museveni aux côtés des Américains. Aussi, ne voulant pas « aller au clash » avec un partenaire européen, au sujet d'un dossier jugé « de moindre importance », la France a-t-elle tenté de régler le problème en sous-main. Depuis la base militaire de Châteauroux, des pièces d'artillerie et des munitions – vingt tonnes par jour au moment le plus fort – partirent pour le « pays des Mille Collines ». Des quantités suffisantes pour l'aplanir. Sur place, le colonel Maurin et les siens, coiffés du même béret que les officiers des FAR (Forces armées rwandaises), mettaient tout en place, réglaient la hauteur du tir et demandaient aux

Rwandais d'appuyer sur le bouton. Lorsque, le 31 juillet, un cessez-le-feu fut décrété, on estima les pertes du FPR à environ deux mille cinq cents hommes. Des deux côtés, déjà, on ne comptait pas les civils. Ayant fui le Nord, plus de trois cent cinquante mille d'entre eux se pressaient aux portes de Kigali. La suite est connue. Sans renier sa conviction que « les Tutsis du FPR » seraient des « Khmers noirs », venus non seulement pour reconquérir la patrie perdue de leurs parents mais, aussi, pour y ériger une dictature minoritaire « en trucidant autant de Hutus qu'il faut », le colonel Maurin ne cache pas son « écœurement ». Comment tourner les yeux d'un génocide et passer son chemin ? Après le Rwanda, il en avait déjà « plus qu'assez ». « Jamais, je ne serais venu ici, s'il n'y avait pas eu Huchon », explique-t-il. Le général Jean-Pierre Huchon était, jusqu'au 1er octobre 1995, le chef de la Mission militaire de coopération (MMC) au ministère du même nom. Un homme intelligent, systématique, à la limite de l'obsession, rigoureux au risque de tourner maniaque. Un « Africain » surtout. Saint-cyrien appartenant à l'infanterie de marine, il avait fait presque toute sa carrière – hormis un bref passage comme chef du 2e bureau des forces françaises à Beyrouth en 1984 – à des postes africains : de Madagascar, entre 1966 et 1969, aux opérations Manta et Épervier au Tchad en passant par le Zaïre, entre 1979 et 1981, comme commandant du 31e bataillon parachutiste zaïrois, celui qui, précisément, devait déclencher le grand pillage de Kinshasa en septembre 1991. Mais, dix ans plus tôt, Jean-Pierre Huchon était déjà entré à l'Élysée, au sein de l'état-major particulier du Président. Pour toute une génération de militaires en Afrique, à l'image de Jean-Jacques Maurin, il a été l'étoile du Berger, l'homme – « un vrai chef » – qu'ils ont suivi fidèlement, sinon aveuglément. Sans regrets pour ce qui est du colonel Maurin. « Avec Huchon, on était hors hiérarchie, hors norme. Sinon, il fallait quitter l'Afrique, rentrer en France et, surtout, rentrer dans le rang. J'ai fait mon choix. Mais maintenant, pour moi, c'est la fin. »

Paris, 20, rue Monsieur, au ministère de la Coopération. Ici, le fils d'officier Jean-Pierre Marcel Lucien Huchon, né le 11 août 1940 à Montigny-lès-Cormeilles, dans le Val d'Oise, a occupé, du 20 mai 1993 au 30 septembre 1995, un bureau au premier étage du bâtiment à droite, avec vue sur la cour. Un bureau impeccablement rangé, avec deux chaises de style autour d'une petite table basse au mileu de la pièce et, accrochée au mur, entre souvenirs et insignes de corps d'armes ramenés d'Afrique et du Liban, une foultitude de cartes confidentielles superposées, habituellement recouvertes d'un tapis de feutre. Discrétion et pouvoir, ce sont les deux mots qui venaient à l'esprit de quiconque pénétrait ici pour la première fois. Au fond de la pièce, un fax branché en permanence côtoyait une immense armoire blindée, remplie de dossiers et munie d'un code secret. Elle y est toujours, bien que le bureau ait changé de locataire. Depuis le 1er octobre 1995, c'est le général Michel Rigot qui gère un dixième du budget du ministère de la Coopération, environ huit cents millions de francs, consacrés aux armées africaines et, plus généralement, à la sécurité sur le continent : plus de sept cents coopérants militaires français présents dans les trente-huit pays du « champ », des bourses pour quelque mille trois cents stagiaires africains en France, des aides en matériel et en équipement d'un peu moins de cent quatre-vingts millions de francs par an. Le colonel Rigot, passé général de brigade le jour où il a pris ce fauteuil, était auparavant en charge du continent noir au cabinet du ministère de la Défense. C'est donc, lui aussi, un « Africain » et, bien sûr, il connaît bien le général Huchon.

Celui-ci, d'août 1984 à août 1986, commandait le 1er régiment parachutiste d'infanterie de marine (RPIma) à Bayonne, où Michel Rigot était alors chef du bureau « opérations ». Il y en a eu plusieurs en Afrique pendant ces deux ans. Puis, entre 1988 et 1990, le colonel Rigot a lui-même commandé le prestigieux 1er RPIma et, à ce titre, s'est occupé des gardes présidentielles en Afrique et, en particulier, de celle de Bangui. Il connaît donc, « de près », le colonel Mantion. Aussi, tous ces itinéraires croisés ont-ils créé des liens. De sorte que, même si, vu de la rue Saint-Dominique, il est arrivé au colonel Rigot de penser que le général Huchon allait « peut-être un peu loin », ces « nuances d'appréciation » n'entamaient en rien un profond respect, la fraternité d'armes. Accessoirement, des places comme celle du chef de la Mission militaire de coopération sont moins attribuées par les politiques que, réellement, distribuées entre militaires selon un subtil jeu de rivalités et de cooptation [2].

De ce bureau, somme toute anodin, des criminels de guerre ont-ils organisé – pour reprendre la question de Pascal Krop – « le génocide franco-africain [3] » ? Lorsque, *a posteriori*, à la lumière du génocide accompli au Rwanda, l'opinion publique française s'est émue des « magouilles » de la France sur le continent, on a pu le croire. Finie, alors, la splendide indifférence au sujet de la politique africaine de l'Élysée, de la « France unie » qui, sous les tropiques, ne défendrait que son « rang » face aux Anglo-Saxons. Pris de vertige au bord des fosses communes rwandaises, hanté par quelque huit cent mille morts écharpés à la machette en moins de quatre mois, l'exorcisme public est allé très loin, jusqu'à dénoncer « la complicité de la France avant, pendant et après le génocide ». Mais si, *a priori*, le génocide était aussi facile à voir venir, où étaient donc toutes ces Cassandres du lendemain ? Soudain, *post factum*, leurs révélations tombaient dru, parfois sans preuves ni souci de vérité. Par exemple, pure élucubration, au sujet d'un trafic de drogue impliquant les plus hautes autorités de l'État, à travers le fils cadet de l'ancien président, Jean-Christophe Mitterrand, pendant dix ans conseiller de son père pour les Affaires africaines à l'Élysée. En juillet-août 1994, l'intervention militaro-humanitaire Turquoise, moblisant deux mille cinq cents hommes dont, à la fin, quatre cent quatre-vingt-quatre militaires africains, n'aurait été mise en place que pour effacer les traces de cette *cannabis connection* partant « d'immenses plantations dans l'impénétrable forêt de Nyungwe », au sud-ouest du Rwanda. Colette Braeckmann, journaliste spécialisée sur l'Afrique au quotidien belge *Le Soir*, a soutenu que Turquoise aurait été montée pour « exfiltrer » les agents de la DGSE, pour « replier » le dispositif des services secrets français au Rwanda. Comment penser que le nouveau régime de Kigali se serait privé de révéler les détails de cette traite de cannabis impliquant un fils Mitterrand, que des centaines de journalistes et membres d'organisations humanitaires ont circulé, en plein génocide, là où les agents de la DGSE auraient été, inexplicablement, « coincés » ?...

Et le « lobby militaire », tous ces tenants galonnés de la thèse jusqu'au-boutiste des « Khmers noirs » qu'il fallait, selon eux, combattre aux sources du Nil pour empêcher, un siècle après le rêve impérialiste de Cecil Rhodes, la « pénétration anglo-saxonne » du continent le long d'un axe menant du Caire au Cap *via* Fachoda [4], petite ville de garnison aux souvenirs douloureux ? Selon notre terminologie, il s'agit non pas d'un lobby mais d'un réseau, logé au cœur de l'État. Cependant les poncifs renvoient bien à une réalité. Celle d'une poignée d'officiers supérieurs « africanistes » qui, notamment pendant le second mandat de François Mitterrand, ont engagé la France sur le continent et, en particulier, au Rwanda. Encore qu'un antimilitarisme un peu forcené ferraille souvent avec des moulins à vent. Qui a écrit, dans une note interministérielle datée du 10 mars 1992, qu'un « engagement supplémentaire de la France (au Rwanda), discret mais significatif » était nécessaire, qu'il « serait utile, en particulier, de donner à l'armée rwandaise la capacité d'opérer la nuit » et que « le retour d'un conseiller militaire de haut niveau, placé auprès de l'état-major rwandais, aurait des conséquences immédiates » ? Ce n'était pas un de ces généraux, victimes du « complexe de Fachoda », mais, à l'époque responsable de la direction Afrique au Quai d'Orsay, Paul Dijoud, par la suite ambassadeur de France au Mexique avant de devenir – l'un des postes les plus lucratifs de la diplomatie française – représentant plénipotentiaire de la République dans la principauté monégasque des Grimaldi. Proche de Jean-Christophe Mitterrand, à qui il devait le second souffle de sa carrière, Paul Dijoud a-t-il poussé les feux de « Papa-m'a-dit », le surnom dans les présidences africaines de l'ancien conseiller à l'Élysée ? On peut en tout cas constater que les directives du Quai d'Orsay, tout au long de la crise rwandaise, n'ont guère fait l'objet de révélations. Pas même lorsque, l'été 1992, le conflit a pris une tournure inquiétante sur le terrain, où une troisième compagnie française – environ cent cinquante hommes supplémentaires – était alors envoyée dans le cadre de l'opération Noroît, en même temps que le nombre des coopérants du DAMI (Détachement d'assistance militaire d'instruction) passait de cinquante et un en juin 1992 à quatre-vingt-deux en juillet, puis à cent un au mois d'octobre. L'adjoint de Paul Dijoud au Quai d'Orsay qui avait effectué plusieurs missions sur place, était en ce temps Dominique de Villepin, remplacé l'été 1993 par Yannick Gérard, auparavant en poste dans la capitale ougandaise, Kampala. De Villepin, avant d'être nommé secrétaire général à l'Élysée, est devenu ensuite directeur de cabinet d'Alain

Juppé, chef de la diplomatie française pendant la cohabitation Balladur-Mitterrand. Aujourd'hui, tous ces protagonistes sont évidemment trop bien placés pour se faire rappeler leur *leadership* politique dans la gestion de la crise rwandaise. Pourtant, dans une autre directive interministérielle, datée celle-ci du 22 octobre 1992, l'insoupçonnable Jean-Marc Rochereau de la Sablière – le successeur de Paul Dijoud qui servira, à partir de l'été 1992, d'abord les socialistes seuls au pouvoir, puis les cohabitationnistes Mitterrand-Balladur et, enfin, la nouvelle majorité de Jacques Chirac, avant d'être nommé ambassadeur au Caire en juillet 1996 – écrit : « Sur le terrain, dans la mesure où l'éventualité d'une reprise des hostilités ne peut être totalement exclue, la France devra, en renforçant éventuellement sa coopération, aider l'armée rwandaise à consolider la ligne de front. L'accent devrait en particulier être mis sur la formation, sur l'utilisation plus opérationnelle des matériels disponibles et l'approvisionnement en munitions. » On imagine le tollé qu'auraient provoqué de telles instructions si elles avaient été signées, par exemple, par le général Huchon. D'autant que, dix mois plus tard, le 13 août 1993, alors que la France plie bagage au Rwanda et qu'y arrivent les premiers casques bleus de l'ONU, le même responsable de la direction Afrique du Quai d'Orsay précise dans un télégramme diplomatique adressé à Jean-Michel Marlaud, ambassadeur de France à Kigali : « Le retrait des coopérants qui étaient *(sic)* dans le Nord commence cette semaine et sera achevé à la fin du mois d'août. Ces personnels, qui avaient pour tâche spécifique de soutenir l'ex-front, n'ont plus leur raison d'être. » S'il y a eu « dérive militariste » au Rwanda, et si celle-ci était le fait d'une « phalange de généraux de la Coloniale », le moins que l'on puisse dire, c'est que le Quai d'Orsay n'en était pas dupe, que les pouvoirs politiques successifs ont largement « couvert » !

Paris, 14, rue de l'Élysée, l'état-major particulier du président de la République. Des initiés du continent, l'adresse est plutôt connue pour abriter au rez-de-chaussée, depuis l'arrivée au pouvoir de Jacques Chirac, « l'autre cellule africaine », celle – officieuse – de l'ambassadeur Fernand Wibaux [5], un proche de Jacques Foccart. Mais au premier étage, nettement plus important pour la place de la France dans le monde, est installé le cerveau militaire de la Présidence. Ici s'est décidé, entre autres, l'engagement de la France dans la guerre du Golfe, l'envoi de milliers de casques bleus en ex-Yougoslavie ou, encore, la reprise d'un pont sur les Serbes à Sarajevo. En juillet 1989, un colonel âgé de quarante-huit ans – il en aura quarante-neuf un mois plus tard et passera général de brigade le 1er mars 1991 – a pris ses fonctions comme adjoint Terre au chef de l'état-major particulier. C'était Jean-Pierre Huchon, futur chef de la Mission militaire de coopération. L'officier le plus proche de François Mitterrand était alors l'amiral Jacques Lanxade, un diplomate en uniforme, policé et intelligent, issu des rangs de la marine, la plus internationaliste des armées. Jean-Pierre Huchon n'était pas nécessairement fait pour s'entendre avec lui. Appartenant à l'infanterie de marine, par excellence le corps d'armes des « Africains », il était attaché à la présence française sur le continent, aux bases militaires et à la valorisation de « l'immersion ». Mais finalement, entre le stratège de la « projection » de forces d'action rapide aux quatre coins du globe et l'instructeur des parachutistes africains, des gardes tribales présidentielles, cela ne s'est pas si mal passé. Question d'affinités intellectuelles plutôt que de caractère. Rien à voir, en tout cas, avec le futur couple Huchon-Quesnot, par la suite en phase totale, soudé.

Des généraux comme lui, l'armée française n'en a pas eu souvent. Lorsque, le 1er octobre 1995, le jour même où son « cadet » Jean-Pierre Huchon quitte ses fonctions à la Mission militaire de coopération, le général d'armée Christian-Émile Quesnot anticipe son départ à la retraite ou, comme on dit dans le jargon, est admis en 2e section, c'est le seul point d'accord entre ses rares, mais fidèles amis et ses nombreux imprécateurs. Quitter l'armée près de quatre ans avant la limite d'âge de son grade lorsqu'on a cinq étoiles, cela n'arrive pas tous les jours. Surtout quand on est né, en 1938 dans le Calvados, fils d'un mécanicien de la SNCF. Pour les uns, le général Quesnot est un génie incompris, pour d'autres, Belzébuth, prince au royaume des esprits malins. Le fait est qu'au lendemain de la guerre du Golfe, le 24 avril 1991, il a pris la succession de l'amiral Lanxade comme chef de l'état-major particulier du Président. À cette place stratégique, l'homme à la tête rasée a ébloui ou aveuglé, c'est selon. Sans conteste, il a illustré que, quarante ans après les indépendances africaines, « quelques hommes décidés et bien placés », une « petite phalange qui maintient le cap », pouvaient marquer d'une empreinte personnelle les liens franco-africains. Les citations ne sont pas, par hasard, prélevées des mémoires de Jacques Foccart [6]. Sans se considérer son disciple, le général Quesnot a été, dans le domaine militaire, l'homme à réseaux, le maître au centre d'une toile. Son échec final, le fait qu'il ne soit pas devenu chef d'état-major des armées en succédant à nouveau à l'amiral Lanxade, son *alter ego* aux antipodes, indique cependant que l'époque est sans doute révolue où, avec les fameux cinq cents hommes, on pouvait « changer le cours de l'Histoire » sur le continent et, surtout, en s'appuyant sur l'Afrique, forcer son destin en France.

Saint-cyrien et ingénieur civil des ponts et chaussées, Christian Quesnot, appartenant au génie, a été un des militaires les plus complets de sa génération. Comme officier ayant exercé divers commandements : chef de section à Castelsarrasin au début des années 60, capitaine au 1er régiment de hussards parachutistes à Tarbes, colonel au 17e régiment du génie parachutiste à Montauban, chef du détachement français à Beyrouth entre 1982 et 1984, chef d'état-major de la 1re armée à Strasbourg, puis général commandant la 7e division blindée et la 45e division militaire territoriale à Besançon. Comme « Africain », fasciné à l'instar de Joseph Kessel par « le soleil dur, l'air bleu et la terre sombre » du continent : lieutenant au 11e régiment de génie saharien à Reggan au lendemain des accords d'Évian et, à la fin des années 70, commandant de l'opération Tacaud au Tchad. Enfin, comme « intello » : instructeur à Saint-Cyr dès 1964, rédacteur à la division « plans, programmes, budget » de l'état-major des armées au début des années 80, lorsqu'il informatise intégralement ce qui, auparavant, n'était qu'un vaste fichier, et, pour finir, chef du bureau « planification-finances » de l'armée de terre. Du temps de François Mitterrand, muni d'un mandat présidentiel qui lui conférait – par écrit – « les pleins pouvoirs civils et militaires » sur le dispositif français dans cette ancienne colonie, c'est donc lui qui, d'une façon très personnelle, a veillé sur le Tchad dont la démocratisation, octroyée par le haut, aura d'ailleurs suivi, cahin-caha, le « plan Quesnot [7] ». Au grand dam du Quai d'Orsay, le chef d'état-major particulier du Président s'occupait aussi de la Centrafrique et de Djibouti, autres pays du domaine militaire réservé. Échu au général Quesnot par simple délégation, ce pouvoir régalien risquait cependant d'être remis en question par temps de cohabitation. Aussi, en 1993, afin que « la France continue de parler d'une seule voix sur le continent », les « africanistes » de tous bords se sont-ils arrangés entre eux. Ayant fait ses classes de capitaine avec le nouveau ministre RPR de la Coopération, Michel Roussin, un ex-gendarme et ancien officier de la DGSE, Christian Quesnot lui a « suggéré » de nommer, en remplacement du général Varret, son adjoint Jean-Pierre Huchon comme chef de la Mission militaire de coopération. De cette façon, l'Afrique a été verrouillée à Paris : ancien de l'Élysée et toujours très proche de Mitterrand, parfois au point d'irriter Quesnot [8], l'amiral Lanxade demeurait en effet à la tête de l'état-major des armées, alors que son propre beau-frère, Jacques Dewatre, dirigeait les « services » de la DGSE. Or, officier de 1958 à 1974, Jacques Dewatre, qui avait appartenu au 11ᵉ choc, le vivier du service action du SDECE, l'ancêtre de la DGSE, est issu de la même promotion à Saint-Cyr – Maréchal-Bugeaud – que le général Quesnot.

Grâce à ce dispositif consensuel sur l'Afrique, c'est donc encore lui, Christian Quesnot, qui, en plein génocide au Rwanda, conçoit l'opération militaro-humanitaire Turquoise comme un « rétablissement ». En mauvaise posture à cause de son alliance avec l'ancien régime, devenue ignominieuse à la lumière du génocide, la France tente de se remettre d'aplomb en agissant seule, au moment où la communauté internationale n'étale qu'hypocrisie et impuissance. L'idée, pour le coup digne d'un mauvais génie, emporte la conviction, d'abord de François Mitterrand et d'Alain Juppé, puis, non sans difficultés, celle d'Édouard Balladur. Par temps de cohabitation et en étant, de tous les intervenants imaginables, le moins bien placé, la France livre un invraisemblable baroud d'honneur. Avec l'aide providentielle du choléra et de « l'exode biblique » des Hutus au Zaïre, l'ample manteau de l'humanitaire recouvre les fosses communes. Si toutes les victimes se valent, toutes les responsabilités ne s'annulent-elles pas ? Le requiem médiatique fait oublier qu'en terre rwandaise, la politique africaine de la France s'est creusé une tombe d'où elle ne sortira qu'à la faveur d'une résurrection.

Les généraux Quesnot et Huchon, pour le ban et l'arrière-ban des africanistes en uniforme, ont tenté de conceptualiser un nouveau rôle pour la France sur le continent : gardien de la paix de préférence, gendarme si nécessaire, mais plus jamais parachutiste ou grenadier voltigeur comme dans le temps. En guise de testament, dans une « fiche » datée du 13 juillet 1995 et portant la matricule 3871/MMC/CDT, Jean-Pierre Huchon a défini ces « objectifs, activités » en précisant : « La mission confiée à la Mission militaire de coopération (MMC) est essentiellement une mission de prévention et de stabilisation. Il s'agit d'accompagner l'évolution vers des structures démocratiques en appuyant la mise en place d'*États de droit* et en favorisant une *sécurité de proximité au quotidien* (sécurité des populations, libre circulation, frontières). (...) La MMC agit également en aidant la restructuration des forces dont les missions anciennes et les moyens ne sont plus adaptés aux besoins du pays. La difficulté consiste à orienter ces forces pour les adapter aux nouvelles missions d'ordre public républicain et de développement, en privilégiant les unités légères et rustiques dotées de matériels adaptés aux réalités du pays. » Bonnes paroles. Leur crédibilité pose problème, cependant. Car n'est-ce pas cette même Mission militaire de coopération qui, trente ans durant, a encadré les gardes présidentielles des autocrates, du Togo au Zaïre, qui a complaisamment installé des écoles d'officiers dans le village natal de tel ou tel général-président, « grand timonier de la Nation », qui a fait le boniment à propos des chars et des avions français, d'un équipement sophistiqué pour des troupes d'élite, souvent des parachutistes, dont les États africains n'avaient nullement besoin, même pas avant l'avènement de « l'ordre public républicain ». Aussi, aujourd'hui, alors que la France n'a pas les moyens de garantir aux populations africaines une « sécurité de proximité au quotidien », le seul service qu'elle puisse leur rendre ne consiste-t-il pas à défaire ce qu'elle a fait depuis trente ans ? En Guinée, au Tchad et au Zaïre, mais aussi au Niger, au Congo et au Gabon, si des armées pléthoriques et souvent impayées pouvaient être « déflatées », le budget de l'État ne s'en porterait-il pas mieux et l'air ne deviendrait-il pas plus respirable pour les citoyens ? « Des armées peu nombreuses, disciplinées, légalistes : c'est la voie sur laquelle vous trouverez toujours l'assistance de la France », avait déclaré, en octobre 1992 au sommet franco-africain de Libreville, Pierre Bérégovoy au nom de François Mitterrand. Qui suit l'actualité africaine sait ce qu'il en est advenu. De même lorsqu'en octobre 1994, l'ancien ministre de la Coopération, Michel Roussin, a fait l'éloge de la prévention, fustigeant « l'intervention-évacuation dont les conséquences sont catastrophiques (sinistre de l'économie, abandon des populations, éventuellement destruction de l'État) », on ne pouvait qu'applaudir des deux mains. Surtout quand il ajoutait que l'intervention militaire de la France sur le continent « doit apparaître comme un échec de la prévention et non un moyen de s'y substituer ». On connaît la suite, à Bangui notamment.

À l'heure de la professionnalisation et d'un « reformatage » radical de son armée, la France a longtemps professé vouloir maintenir ses bases sur le continent, à Dakar, Abidjan, Libreville et Djibouti, ainsi que, « jusqu'à nouvel ordre », ses deux opérations devenue quasi permanentes, Épervier au Tchad et Barracuda/EFAO en République centrafricaine. Mais, *in petto*, elle a réfléchi depuis l'été 1995 à une reconversion de son dispositif africain, d'autant plus que les mutineries répétées à Bangui à partir d'avril 1996 ont mis en exergue la

« vulnérabilité des bases françaises installées dans les capitales africaines, lieux de contestation », que les stratèges militaires avaient déjà relevée. Un repli à Bouar n'ayant jamais été envisagé, également pour des raisons techniques, la piste d'atterrissage n'y pouvant être rallongée et bitumée qu'à des coûts exorbitants, le départ des militaires français de la RCA n'était plus qu'une question d'opportunité. « Il faut qu'on puisse tranquillement fermer la porte sans que se produise, aussitôt, un bain de sang, qui donnerait lieu à une nouvelle mise en accusation de la France, à des nouveaux débats sur ses responsabilités », a expliqué, en avril 1997, un responsable de la politique africaine à Paris. Fin juillet, avec seulement un mois de retard par rapport au planning du précédent gouvernement, le nouveau ministre socialiste de la Défense, Alain Richard, est allé à Bangui expliquer au président Ange-Félix Patassé que Bouar allait être fermé avant la fin de l'année et que les étapes du retrait des troupes françaises de Bangui étaient fonction de sa « compréhension » et de sa « bonne coopération ». Lesquelles, à force de propos antifrançais à la radio nationale centrafricaine et du repositionnement comme « rebelle » du chef de l'État aux côtés de Laurent-Désiré Kabila paraissaient loin d'être acquises d'avance... Globalement, la France a décidé de réduire ses effectifs sur le continent de quarante pour cent, en les faisant passer de huit mille quatre cents à cinq mille deux cents hommes. Mais surtout, Paris veut limiter au strict minimum le nombre des militaires « en séjour », pendant deux ans, accompagnés de leurs femmes et enfants. Dorénavant, deux tiers des unités prépositionnées seront « tournantes », sur place pour de courts séjours de quatre mois, à des fins d'entraînement. Il est évident que ce changement de mission et de situation, loin des réalités africaines réduites à un simple « environnement », affectera le réseau militaire lié au continent. À l'avenir, quand les galonnés parleront de l'Afrique et de la France, ils le feront de moins en moins en connaissance de cause et, de plus en plus, en pensant à des intérêts stratégiques en dehors du continent, au *kriegsspiel* mondial. Cependant, la grande bataille stratégique des états-majors en France – très schématiquement, entre tenants de la « projection » et partisans de la « présence » – se solde, en raison d'un compromis hybride qui apparaîtra peut-être, rétrospectivement, comme la pire des solutions, par un étrange match nul, un peu comme le duel à Bangui, entre Alain Pallu de Beaupuy et Jean-Claude Mantion : le vrai-faux diplomate s'est fait rappeler de son poste et l'homme du réseau a également dû abandonner la partie mais, sur le fond, entre souveraineté et tutelle, le débat n'a pas été tranché. De même, entre les « gardes présidentielles » que demeurent les implantations à Libreville et à Abidjan, « cautions de régimes vivement contestés par les forces démocratiques sur place » comme l'avaient relevé les socialistes français dans leur... programme électoral, et les points d'ancrage stratégiques que sont les fenêtres maritimes à Dakar et Djibouti, ainsi que N'Djamena, désormais le seul relais au cœur du continent, le débat n'est pas tranché entre volonté de « présence » et capacité de « projection ». À Paris, l'affrontement entre l'amiral Lanxade et le général Quesnot s'est conclu par le départ du premier, qui a pris sa retraite de l'état-major des armées en devenant ambassadeur à Tunis (et non pas, comme il l'avait souhaité, à Washington ou à Moscou). Quant au second, son accès à la tête de l'armée, coiffée depuis le 2 août 1996 par le général d'aviation Jean-Philippe Douin, barré, il est parti, à sa demande, rejoindre le privé. Remplacé à l'Élysée par le contre-amiral Jean-Luc Delaunay, un marin, Christian Quesnot est depuis décembre 1995 directeur exécutif d'un puissant... lobby[9]. Si son « cadet », le général Huchon, après un bref passage comme adjoint au général commandant la Force d'action rapide (FAR), a été nommé en juillet 1996 gouverneur militaire de Marseille, d'autres, atteints par la limite d'âge, se sont reclassés à la fois dans le privé et auprès des relais politiques du réseau. C'est notamment le cas du général de brigade Jean Capodanno, qui fut longtemps l'adjoint de Jean-Pierre Huchon à la Mission militaire de coopération. Après le décès du colonel Coste, victime d'une crise cardiaque en décembre 1995, il a rejoint au 14, rue de l'Élysée, l'officieuse « cellule africaine » de Fernand Wibaux.

Il se fait soir, aussi, pour le réseau militaire, présent au cœur de l'État et ayant, pour le meilleur comme pour le pire, la Nation à cœur. La Centrafrique des années 80 a marqué l'apogée de son influence, le Rwanda l'échec mortifiant de son dessein africain. Le 20 décembre 1993, après l'heure de gloire mais avant le génocide, historiquement entre le chien et le loup, le général Joseph Canal, alors chef de la circonscription militaire de défense de Besançon, a prononcé un discours sur « l'ombre et la lumière » de l'action africaine de la France. Autour de l'ex-commandant des forces françaises en Centrafrique qu'il fut de 1991 à 1993, étaient alors réunis, dans une caserne à Dijon, une petite douzaine d'hommes se connaissant tous très bien : le général Yann Rousseau Dumarcet, autre ancien « Comelef » de Bangui, au milieu des années 80, le colonel Vuillien, également un ancien de la Centrafrique, le lieutenant-colonel Hainaut, le major Jacques, l'adjudant Hansberque, tous des vétérans de l'Afrique et de la Réunion, ainsi que le colonel Vié de la DGSE, « directeur de conscience dans les moments difficiles », sans oublier « l'inclassable » capitaine Beauvoir, « ombre parmi les ombres, subtil, secret et efficace ». À ces « frères d'armes de la forêt tropicale et du sable chaud » s'étaient joints pour la circonstance le colonel Guillou, en lieu et place du général-inspecteur des troupes de marine, et, *last but not least*, le directeur de cabinet du ministre de la Coopération, représentant le général Huchon, empêché. L'occasion de ces retrouvailles était la remise des insignes de commandeur de l'Ordre national du mérite au colonel Jean-Claude Mantion, l'ancien « proconsul » de la Centrafrique [10]. « Quels sont les objectifs de la politique africaine de la France ? », s'est demandé, pour faire solennel, le général Canal. Et de répondre qu'outre « la protection de nos ressortissants », il s'agissait de « protéger nos intérêts, y compris contre les puissances étrangères jalouses du fait que nous exerçons en Afrique francophone de la zone CFA un monopole par la langue et par la monnaie unique. Pourquoi ne pourrions-nous pas, à notre échelle, faire ce que les USA, avec la langue anglaise et le roi dollar, font à l'échelle planétaire ? ». Pour y parvenir, « puisque la France n'est plus une grande puissance », il faut ce travail d'ombre « nécessaire mais mal compris, des plus pénalisants pour ceux dont la noblesse est de le pratiquer ». Le colonel Mantion en est, on l'aura compris. S'adressant à lui, le général Canal poursuit : « Alors, bien sûr, tu connus l'invective, y compris parmi nos concitoyens à vocation cosmopolite pour lesquels tout ce qui va à l'encontre des intérêts français mérite louange, tout ce qui nous favorise, y compris les honneurs, méritant l'opprobre. » Péroraison à la gloire du récipiendaire : « Envers et contre tous, dans le cadre des consignes strictes des gouvernements successifs, comme le centurion de la Bible, tu as défendu les intérêts de la France, le développement de la démocratie, sans remettre en cause le fragile développement économique ni la stabilité dans la rue. L'ère du colonialisme est définitivement et heureusement close, mais une grande politique à base d'influence, de principes moraux, sans négliger les intérêts légitimes, sources d'emploi dans l'Hexagone, demeure. Tu en fus un artisan de l'ombre – c'est ta noblesse. C'est elle qui est récompensée ce jour par cette prestigieuse décoration. Je suis fier d'être ton ami, au milieu de tes amis, et d'avoir été celui qui t'a remis la cravate de l'Ordre national du mérite. »

ELF-AFRICAINE

Paris est froid et humide en cette fin janvier 1993. Dans un quartier où il n'avait auparavant « jamais mis les pieds », le XXe arrondissement, presque à la hauteur de la rue de Ménilmontant, Marc Cossé cherche la petite rue Henri-Chevreau. « Quelle idée aussi de venir ici rencontrer ces zigotos ? » pense-t-il en poussant le lourd portail métallique du 10, un instant désemparé au milieu de l'arrière-cour pavée, un peu sale, comme le carré de ciel gris au-dessus de sa tête. « Zigoto » est un mot qu'aime employer Marc Cossé, un de ces bouts d'argot décolorés que s'est appropriés l'ancien directeur général d'Elf-Gabon. Grand, soigné, vêtu d'un élégant manteau, l'homme dépareille dans le décor et il en est conscient. Son regard dur glisse sur la façade fuligineuse de l'immeuble du fond de la cour, avant qu'il ne s'engage dans l'étroit escalier en colimaçon pour monter au troisième étage. Ses commissures tirées vers le bas confèrent à sa bouche, un peu torse, l'expression d'une constante amertume, presque de méchanceté. L'aigreur de l'homme est un problème d'hygiène intérieure. Il en a gros sur le cœur, lourd sur l'estomac.

Quinze ans durant, Marc Cossé a été un baron d'Elf, un feudataire au royaume de l'or noir. De 1976 à 1991, son fief a été le Gabon, « l'éponge pétrolière » au cœur du golfe de Guinée, environ dix-huit millions de tonnes de brut par an pour à peine un million d'habitants éparpillés sur une superficie grande comme la moitié de la France et presque entièrement recouverte de forêt vierge. C'est à Libreville, la capitale gabonaise, sur le *golden mile* du front de mer où s'alignent l'ambassade de France et celle des États-Unis, le siège d'Elf-Gabon, la présidence de la République dite « palais de la Rénovation » et, plus loin, l'aéroport international surveillé par les cinq cent cinquante militaires français du camp de Gaulle auquel est reliée, par un tunnel sous-terrain, la résidence du président Omar Bongo, que Marc Cossé a longtemps été un grand seigneur. À la tête d'un « État dans l'État », selon la formule consacrée mais qui est, en fait, inappropriée tant l'État gabonais n'existerait pas sans Elf – et vice versa, on l'oublie parfois. En avril 1990, lorsque le feu de brousse de la démocratisation a embrasé Port-Gentil, le terminal pétrolier du Gabon, Elf a évacué ses expatriés et arrêté la production. Mais il a suffi qu'Omar Bongo, au pouvoir depuis 1967, se fasse menaçant, qu'il somme la compagnie sur TF1 de « revenir dans les quarante-huit heures », sous peine d'être remplacée par « de nouveaux partenaires du Gabon », pour qu'Elf rapplique malgré les émeutes à Port-Gentil. Parce qu'il y allait de la stabilité d'un pays producteur irremplaçable pour la compagnie française née de la volonté gaulliste d'indépendance pétrolière mais jamais devenue major, à l'instar des « sept sœurs anglo-saxonnes », faute d'avoir su, précisément, quitter les marécages nourriciers d'Afrique, sa terre natale. En 1996, les deux tiers des réserves prouvées d'Elf se trouvaient toujours en Afrique et soixante pour cent de sa production provenaient du continent le plus proche de l'Europe, notamment du Gabon, du Nigeria, de l'Angola et du Congo. Autant dire que, plus de trente ans après sa création, dans le contexte d'une décolonisation à la française qui consistait à « partir pour mieux rester », Elf-Aquitaine était encore et toujours « Elf-Africaine ».

Si, fin janvier 1993, Marc Cossé découvre un quartier populaire de Paris à la recherche de « zigotos », de journalistes qu'il ne connaît « ni d'Ève ni d'Adam », c'est qu'il a déjà fait la tournée des salles de rédaction auxquelles le rattachaient des relations. Cela avait été, sans égard pour l'importance ou l'allégeance politique du média, ni pour la compétence professionnelle de ses journalistes, une simple habitude de milieu. Dans celui auquel appartient Marc Cossé, on se méfie des gens « en roue libre », venus de nulle part, sortis d'aucuns grands corps de l'État, incontrôlés et incontrôlables. Au hasard de ses connaissances dans le monde de la presse, Marc Cossé avait donc pris des rendez-vous, était allé raconter quelques épisodes de la vie intérieure d'Elf-Africaine. Mais il s'était heurté à un barrage d'incrédulité, à des frayeurs inspirées par une sainte prudence et, surtout, à l'inévitable question en fin de repas : « Mais pour prouver tout cela, avez-vous des preuves, des documents ? » Répondant par la négative, Marc Cossé avait été aimablement congédié, un peu partout, au terme de déjeuners qui étaient restés sans lendemain.

Pourtant, il avait des choses à dire sur les mœurs pétrolo-financières d'Elf, sur l'argent noir circulant entre l'Afrique et la France. Sur les hauteurs de Ménilmontant puis, « pour plus de convenance », dans un café près de la place de la Concorde, Marc Cossé – « Je ne suis pas Jésus-Christ, moi, chacun a son périmètre de turpitudes » – nous a narré, le 11 octobre 1996, comment « certains ont porté des valises d'argent, alors que d'autres bidouillaient des montages financiers et des bilans ». Tout en nuances puis, au fil des mois, avec de plus en plus d'ombres envahissant les rutilances, il a dressé le portrait d'André Tarallo, depuis un quart de siècle le Monsieur Afrique d'Elf-Aquitaine et, depuis 1977, P.-D.G. d'Elf-Gabon. Par petites touches, il a retracé l'itinéraire de Tarallo, prénommé André Antoine Charles Napoléon lorsqu'il naquit, en 1927, à Centuri, un beau village sur la falaise du Cap corse. « Au départ, il était tout petit », se souvenait-il, « installé à Paris dans un minuscule appartement, simple administrateur et même pas inspecteur des Finances ». Mais aux côtés d'un ancien de la France libre et du renseignement, Pierre Guillaumat, père fondateur et, de 1965 à 1977, premier P.-D.G. d'Elf-Aquitaine, André Tarallo devait connaître une irrésistible ascension. Grâce à son goût du secret et sa longévité sur le continent, il est devenu « le Foccart du pétrole ». Il connaissait déjà Omar Bongo lorsque celui-ci n'était encore que le directeur de cabinet de Léon M'Ba, premier président du Gabon. En 1972 au Congo, à l'occasion de l'inauguration en grande pompe de la première découverte pétrolière d'importance, le puits Émeraude, André Tarallo était déjà à la tribune d'honneur quand le chef d'État d'alors, le colonel Marien Ngouabi, proclamait : « De ce jour date la fin du mythe du Congo pauvre. » Vingt-quatre ans plus tard, en novembre 1996, lors de la mise en exploitation du gisement le plus prometteur découvert à ce jour sur le continent, celui de Nkossa au large de Pointe-Noire, le président congolais Pascal Lissouba a, une seconde fois, enterré le « mythe » du Congo pauvre. Toujours en présence du même témoin.

Si, au Gabon, Marc Cossé a été un baron, André Tarallo était le suzerain de l'Afrique tout entière et, à ce titre, le vice-roi d'Elf. D'autant que les P.-D.G. d'Elf-Aquitaine passaient, de plus en plus vite d'ailleurs, alors que lui restait en place, à la tête de son royaume. Pendant une vingtaine d'années, André Tarallo, ami de Charles Pasqua – surnommé « M. Fernandel » quand il se servait d'un jet d'Elf – et du « roi des casinos africains », Robert Feliciaggi, a ainsi adoubé tous les P.-D.G. et D.G. des différentes filiales du groupe pétrolier en Afrique. Il a maintenu Marc Cossé au Gabon et, pendant neuf ans en Angola, un autre baron, Fernand Poinbeuf. En même temps, André Tarallo assurait en personne le suivi au plus haut niveau, à tire-d'aile de son Falcon-50, constamment aux soins des présidents africains. Des grands et des petits soins : pour sa clientèle exclusive, « tonton Tarallo » a créé des sociétés de portefeuilles, voire une banque ; mais il a aussi été sollicité pour « envoyer l'avion » afin de faire venir chez le dentiste à Paris un enfant présidentiel en proie à une rage de dents ; ou pour la vente d'un appartement. Comme il nous l'a confirmé le 6 janvier 1997, il était ainsi mandaté par le président gabonais pour la revente d'un appartement dans le luxueux hôtel particulier du 38, rue de la Faisanderie, dans le XVIe arrondissement de Paris. L'homme d'affaires turco-israélien installé à New York, Jeffrey Steiner, un temps associé à l'industriel du textile Maurice Bidermann, l'avait cédé en 1990 pour quarante-cinq millions de francs – deux fois le prix du marché – à Omar Bongo par l'intermédiaire de Samuel Dossou-Aworet, le « Monsieur pétrole » de plusieurs présidences africaines, proche d'Elf [1]. André Tarallo connaît l'ensemble des propriétés d'Omar Bongo dans la capitale française – « le plus important patrimoine immobilier de tous les chefs d'État étrangers » – ainsi qu'en province dont, sur les hauteurs de Nice, « quatre villas formant une sorte de village africain ».

Pour les émirs africains du pétrole, André Tarallo était tout à la fois leur homme d'affaires, homme de confiance, mandataire et « tonton » parisien. Pour Marc Cossé, c'était son seigneur au sens féodal du terme, qui lie, au dispensateur de charges ou de privilèges, l'attributaire d'une terre ou d'une prébende. Intrinsèquement personnelle, cette relation se fonde sur des obligations mutuelles de redevances et de reconnaissances, échangées pour garantir loyauté à l'un et à l'autre protection. Or, en 1993, Marc Cossé n'est plus rien. Il vient de tout perdre, d'abord sa terre puis son pactole, reçu en compensation de son départ d'Elf-Gabon. Après les émeutes à Port-Gentil, on lui avait fait porter le chapeau de l'évacuation des expatriés, ce « geste hostile » qui avait provoqué l'ire d'Omar Bongo. Au moment où le pouvoir du président gabonais vacillait, Elf, en fermant les robinets, avait-elle baissé le pouce pour faire tomber le régime ? Omar Bongo l'a cru et, en rappelant Marc Cossé au siège parisien sous prétexte d'une promotion, Elf a délibérément nourri ce soupçon. Le fusible a sauté pour sauver l'essentiel. Car, comme l'a affirmé dans un entretien accordé au magazine *Regarder l'Afrique* cinq ans plus tard, au moment de brûler les ponts, le P.-D.G. d'Elf-Aquitaine de l'époque, Loïk Le Floch-Prigent, ce dernier avait lui-même décidé l'évacuation de Port-Gentil. « Lors de la crise au Gabon, nos équipes se sont retrouvées à un moment en difficulté », a expliqué Loïk Le Floch-Prigent, « et c'est moi, patron d'Elf, qui ai décidé de fermer les puits[2] ».

Trop tard pour Marc Cossé. Photocopiant moult fois et agitant partout cette « preuve » parue dans une publication à diffusion confidentielle, l'ex-directeur général d'Elf-Gabon a certes envisagé pendant quelques jours « un recours en justice pour licenciement abusif ». Mais, ayant déjà tenté une démarche devant les... prud'hommes, l'ancien cadre dirigeant a dû se rendre compte qu'il allait sombrer dans le ridicule. Officiellement, il avait quitté le Gabon, en 1991, pour devenir l'adjoint d'André Tarallo à Paris. Et, selon la version officielle, c'est en raison de « divergences » apparues dans les négociations avec la compagnie américaine Occidental Petroleum (OXY) sur des puits dans la mer du Nord qu'il a été mis à pied, presque deux ans plus tard, par Loïk Le Floch-Prigent. Ce dernier, lors d'un petit déjeuner à l'hôtel Plaza Athénée le 5 mars 1993, cinq mois avant son propre limogeage de la présidence d'Elf, nous avait crûment parlé du « baron Cossé », jugé « arrogant », traité d'« imbécile ». L'analyse du P.-D.G. se croyant au faîte de sa puissance : « Plus personne ne saurait renouer les fils sur l'Afrique. Je suis le seul à détenir la totalité des informations. Alors ceux qui, comme Tarallo, s'exécutent dans leur domaine, je les laisse en place. Ils survivent. Les autres ont sauté. Ils ont dû quitter. D'ailleurs, cela ne s'est pas trop mal passé. »

Pour Loïk Le Floch-Prigent, après avoir été à son tour remercié, le 4 août 1993, par un Premier ministre Édouard Balladur déjà très présidentiable et soucieux de placer l'un des siens à la tête d'Elf, en l'occurrence Philippe Jaffré, auparavant directeur général du Crédit agricole, cela ne s'est d'abord « pas trop mal passé » non plus. Certes, deux semaines seulement après son limogeage, à la suite d'un rapport de la Commission des opérations de Bourse (COB) portant sur les conditions de renflouement du groupe textile Bidermann, le parquet de Paris ouvre une information judiciaire contre « X » pour « abus de biens sociaux et présentation ou publication de comptes inexacts ». La juge d'instruction Éva Joly est chargée de l'enquête. Et le 27 avril 1995, fait sans précédent dans le monde feutré des grands patrons, Philippe Jaffré se constitue partie civile au nom de son groupe et porte également plainte contre « X » en visant, clairement, son prédécesseur à la tête d'Elf. Cependant, parti de la compagnie pétrolière avec tous les droits dus à son rang, Loïk Le Floch-Prigent a aussitôt retrouvé une place honorable, comme président de Gaz de France. Et lorsque, le 21 décembre 1995, seize mois plus tard, Éva Joly ordonne la perquisition du domicile de Maurice Bidermann et du siège de son groupe, déclenchant par là véritablement « l'affaire Bidermann-Le Floch-Prigent », l'ex-P.-D.G. d'Elf semble mis à l'abri de tout ennui par une décision présidentielle. Deux jours auparavant, lors du dernier Conseil des ministres avant Noël, il a en effet été nommé P.-D.G. de la SNCF, en pleine crise sociale de restructuration. À la veille de la réunion du gouvernement, contre l'avis des ministres concernés et de Matignon, Jacques Chirac a imposé ce choix comme fait du prince. Involontairement, il prépare ainsi les étapes ultérieures du scandale. Car, en mouillant le pétard qu'est « l'affaire Bidermann-Le Floch-Prigent », il contribuera à faire de celle-ci une « affaire Elf », puis, une « affaire d'États » risquant de mettre à nu, dans le domaine pétrolier, la dimension mafieuse des relations franco-africaines.

Dans l'immédiat, toutefois, l'étincelle n'annonce en rien le bouquet final. Pendant longtemps, en fait jusqu'en avril 1997, le feuilleton du scandale est plus proche d'un sitcom et aurait pu s'intituler « Dallas à la Défense » ou « l'impitoyable univers d'Elf vu de Romorantin ». L'investigation part des arrangements de séparation, puis de divorce, entre Loïk Le Floch-Prigent, « un Rastignac en col Mao », et son épouse Fatima Belaïd, fille d'un Algérien et d'une Allemande. Le premier, P.-D.G. de gauche, surnommé « Pink Floch », est présenté comme un « grand patron atypique », sans corps d'origine et dépourvu des solidarités afférentes parce que, modestement issu de l'Institut national polytechnique de Grenoble et d'une « université américaine de troisième zone », celle du Missouri. « Breton sympa en chandail », né le 21 septembre 1943 à Brest, « il a dû lutter pour s'imposer dans un milieu hostile ». Directeur de cabinet du ministre de l'Industrie Pierre Dreyfus, après l'arrivée au pouvoir de la gauche à laquelle il a lié son sort dès 1971 en s'encartant au Parti socialiste, Le Floch-Prigent est propulsé P.-D.G. de Rhône-Poulenc, le fleuron fraîchement nationalisé de la chimie française. Mais à l'heure de la première cohabitation, avec Jacques Chirac à Matignon, il est viré comme un importun du restaurant. C'est pendant cette traversée du désert, l'été 1988, en vacances à Avignon, qu'il rencontre une femme gracile, de douze ans sa cadette, vivant seule avec un jeune fils, Niels. Après des études inachevées aux Beaux-Arts de Bordeaux et une formation succincte dans la vidéo à Marseille, Fatima Belaïd s'est installée au soleil, rue de la Petite-Vitesse. Elle vient de créer une SARL spécialisée dans le film d'entreprise. Fragile, allergique à tout, ou presque, se mouchant en permanence, elle ignore qu'en quittant Avignon sur un coup de foudre et en montant avec Loïk dans la capitale, elle va devenir meilleur second rôle dans une superproduction tournée dans le décor de la plus profitable entreprise de France : Elf-Aquitaine, à l'époque cent cinquante milliards de francs de chiffre d'affaires (deux cent trente-trois milliards en 1996) et quatre-vingt dix mille salariés aux quatre coins du monde.

Nommé à la tête d'Elf en 1989 par François Mitterrand, Loïk se marie et, comme l'écrira le *Canard enchaîné*, se mue en « Plouc Fringant ». Il découvre un Monopoly planétaire, celui du pétrole, se prend au jeu et succombe corps et âme. Il ne compte plus qu'en millions, « de dollars naturellement », ne se déplace plus qu'à bord de son Falcon-900, un triréacteur haut de gamme dont ne disposent alors que trois dirigeants en France, parmi lesquels « l'autre président », celui de la République. « Ne prenez pas de notes, car ce que je vais vous dire est important », explique, en prélude aux réunions du « comité d'investissement », son *shadow cabinet* chez Elf, le capitaine d'industrie le plus important de France. Pour lui et sa femme, rien n'est trop beau, rien n'est trop grand. Le couple circule dans Paris en Renault 25 blindée avec gyrophare, klaxon polyphone, cocarde tricolore lumineuse et cinq gardes du corps armés. Afin qu'elle puisse se consacrer, comme Danielle Mitterrand à la tête de France Liberté, à de bonnes œuvres dans le monde, et notamment en Afrique, Loïk offre à sa femme la Fondation Elf. Officiellement dotée d'un budget de vingt, puis de cinquante millions de francs, mais disposant en réalité de quatre-vingts millions par an, c'est naturellement la plus grande fondation d'Europe, créée en claquant dans les doigts, du jour au lendemain. Pour son lancement, en 1990, le groupe loue le Théâtre des Champs-Élysées et convie à une soirée musicale quelque trois cents cadres d'Elf.

Le scénario du sitcom est écrit d'avance. Allergique, Fatima vit ses caprices à pleins poumons, au point de faire repeindre, de fond en comble, l'hôtel particulier du XVIe arrondissement abritant « sa » fondation et d'y faire changer deux fois toute la moquette, ne pouvant pas « supporter cette couleur et cette odeur de colle ». Inexpérimentée, elle octroie des contrats à ses amis d'Avignon, sponsorise sans discernement, et permet une récupération publicitaire de la Fondation incompatible avec les restrictions imposées au mécénat. Pour « arranger » la comptabilité et « conseiller » sa femme, Loïk Le Floch-Prigent doit chercher à l'extérieur de la maison une tête d'œuf, Éric de Belleval, apprécié pour sa discrétion [3]. Enfin, étrangère au milieu qu'elle fréquente, se disputant publiquement de plus en plus avec son mari, Fatima « copine » avec l'un des gardes du corps, Bernard, d'origine modeste comme elle. En août 1991, c'est la rupture, aux bords d'une piscine sur Long Island, le couple passant ses derniers jours de vacances à New York, dans la villa d'un ami commun : Maurice Bidermann, « l'empereur » français du textile.

Dans la séparation qui s'ensuit, Maurice Bidermann

jouera le rôle du « bon ». Ayant le don de mettre Fatima en confiance, il passe des heures à lui parler au téléphone, rassurant à l'heure où toutes les autres portes se referment pour elle. Il met à sa disposition les moyens de surmonter son chagrin, en louant une villa en Floride, en payant ses billets d'avion, en lui achetant un appartement à Londres, prévu dans le « règlement » – l'arrangement postmarital – promis par Loïk Le Floch-Prigent. Au total, Maurice Bidermann dépense environ 2,5 millions de francs, sans compter le salaire mensuel de trente mille francs qu'à son instigation, une société américaine de production vidéo, Jempsa, verse à Fatima Belaïd [4]. Pourquoi le fait-il ? Par amitié, peut-être, et, sûrement, parce que avec Loïk Le Floch-Prigent, à force de services rendus mutuellement, il n'y a plus de comptes. Quand l'ex-P.-D.G. de Rhône-Poulenc a été limogé, Bidermann l'a maintenu dans le conseil d'administration de son groupe textile. Pour ce geste de secours, qui allait bien au-delà de quelques jetons de présence que Le Floch-Prigent nie d'ailleurs avoir touché, ce dernier, revenu à la tête d'Elf, a renfloué à fonds perdus le groupe Bidermann lorsque celui-ci était menacé de danger existentiel. Sans parler de morale ou, du moins, d'orthodoxie gestionnaire, c'est tout simplement cela « l'affaire Bidermann-Le Floch-Prigent ».

L'opinion publique la découvre, épisode par épisode, comme le veut la logique du feuilleton. L'instruction est menée à dossier ouvert, de la déposition de l'ancienne secrétaire de Maurice Bidermann à New York, Lyne Forte, qui révèle les faveurs financières qu'a accordées son patron à Fatima Belaïd, jusqu'à la Carte bleue d'entreprise du P.-D.G. d'Elf, qui dépense en 1990-1991 près d'un million de francs en « frais de représentation courants » et, le jour même de son limogeage, quatre-vingt mille francs pour des meubles de jardin, en passant par la cheminée et les boiseries – coût : six cent mille francs – de la résidence secondaire à Genettes, dans l'Orne, que Loïk Le Floch-Prigent a acquise, en copropriété avec sa mère, pour neuf millions de francs [5]. Le 27 août 1996, Anne-Rose Thiam, « la courtisane noire qui menace Le Floch-Prigent » *(Paris Match)*, ajoute à l'affaire l'indispensable pincée de piment. Entrant dans le bureau de la juge d'instruction flanquée de deux gendarmes, car extraite de sa cellule à la maison d'arrêt de Fresnes où, pour escroquerie, elle purge sa troisième peine de réclusion, cette fille de mère antillaise et de père ivoirien, ex-ambassadeur de son pays en France, se présente comme « diplômée d'architecture, call-girl professionnelle ». D'habitude, auprès des victimes à qui elle soutire de grosses sommes, elle s'introduit comme « Marie-Louise », ou « Lyse », fille de Félix Houphouët-Boigny, feu le président ivoirien. Devant Éva Joly, elle prétend « très bien connaître Loïk », lui avoir présenté le maréchal-président zaïrois Mobutu, avoir transporté pour lui des valises d'argent et avoir reçu de sa part, en récompense et pendant trois ans, deux cent cinquante mille francs par mois... Le magistrat aurait conclu à l'affabulation pure si la jeune black n'avait pas disposé de plusieurs numéros confidentiels dans la tour d'Elf, dont le direct de Loïk Le Floch-Prigent, si un promoteur immobilier, pris dans ses rets, n'avait pas témoigné d'une visite commune au siège d'Elf « pour aller chercher de l'argent » et, enfin, si des gendarmes n'avaient pas saisi, l'été 1993 à Évian, le véhicule d'Anne-Rose Thiam, alors interpellée en Allemagne, et trouvé parmi les bagages de la jeune femme un mot manuscrit signé « Loïk » et adressé à « Lyse », avec ce message : « Voilà 53. Les comptes sont : 100 + 3 dans la voiture + 53 = 156 ! Que fais-tu de tout cet argent [6] ? »

À ce stade avancé de l'emmêlement des comptes d'Elf et de la vie privée de son dirigeant, on découvre que, dans le feuilleton conjugal par lequel le scandale est arrivé, quelqu'un tenait aussi le rôle du « méchant » : Alfred Sirven, « l'éminence grise », « le mauvais génie » de Loïk Le Floch-Prigent. Toulousain né en 1927, résistant, il avait fait ses débuts dans une autre société pétrolière, Mobil, avant de devenir directeur du personnel de Moulinex en 1978. Cinq ans plus tard, Loïk Le Floch-Prigent le nomme directeur des ressources humaines chez Rhône-Poulenc où, de fait, il est déjà son bras droit dans l'organigramme parallèle. Limogé en même temps que le P.-D.G., il l'accompagne d'abord dans sa traversée du désert et, ensuite, dans la prise de contrôle d'Elf, dont il deviendra en 1989 le directeur chargé des « affaires générales », en réalité l'exécutant des missions les plus confidentielles, « l'âme damnée » de Loïk Le Floch-Prigent. Entre deux missions en Angola, où il apportait des valises d'argent côté rebelle, Alfred Sirven négociait avec Fatima Belaïd les conditions de sa séparation avec le P.-D.G. d'Elf [7]. Histoire de « border » les gentillesses prodiguées en même temps par Maurice Bidermann... Consignées dans le dossier d'instruction, les « pressions » et « menaces » exercées sur Fatima Belaïd par Alfred Sirven, allant selon elle jusqu'au cambriolage de sa cave, sont à l'origine du mutisme de l'ex-épouse et, aussi, de la longue détention préventive, du 4 juillet au 23 décembre 1996, de Loïk Le Floch-Prigent. Pendant plusieurs années, Niels, le fils de Fatima Belaïd devenu adolescent, a appelé sa mère toutes les trois heures pour savoir si tout allait bien. Inutile de préciser que la femme enragée, blessée au plus profond qui, au lendemain de sa séparation avec Loïk Le Floch-Prigent, avait répondu aux sollicitations de quelques journalistes pour leur « dire la vérité sur ce qui se passe chez Elf », n'a pas donné suite à ses prises de contact initiales. Inutile, aussi, de s'étendre sur sa rencontre peu fortuite, début 1992, avec « Lyse », Anne-Rose Thiam, qui proposait à Fatima, pour la sortir de sa déprime, de gagner beaucoup d'argent en compagnie de « riches Arabes » et dans des soirées où « tous se mélangent ». L'ex-épouse de Loïk Le Floch-Prigent est convaincue qu'il s'agissait d'un piège tendu pour lui faire perdre la garde de son enfant.

Derrière ce rideau de fumée aux volutes sentimentales, on commence à deviner l'affaire Elf-Aquitaine. Elle ne se réduit pas aux frasques ou turpitudes d'un P.-D.G., fût-il, autre surnom émanant du *Canard enchaîné*, « Le Floch Brigand ». Aussi sûrement qu'il hait l'homme pour l'avoir « viré comme un malpropre après vingt-cinq ans de maison », Marc Cossé le sait bien. L'affaire Bidermann-Le Floch-Prigent ? Pour l'ex-directeur général d'Elf-Gabon, c'est une « affaire d'État ». La preuve : le 12 mars 1992, le ministre de l'Industrie et du Commerce extérieur de l'époque, Dominique Strauss-Kahn, avait écrit à Loïk Le Floch-Prigent, plaidant l'intérêt national de renflouer le groupe textile. « Dans la mesure cependant où le groupe Bidermann se présente aujourd'hui comme une des rares sociétés françaises dans le secteur textile à avoir une dimension internationale et où l'enjeu de la recapitalisation envisagée est le renforcement de sa position et de son audience internationale, je vois avantage à ce que votre groupe – par l'intermédiaire de la Safrep ou d'une autre société de gestion de portefeuilles – maintienne à cette occasion le niveau de sa participation dans Bidermann SA », expliquait-il dans le style suggestif qu'affectionnent les ministères de tutelle. Autre preuve, s'il en fallait encore une : plus d'un mois après sa prise de fonctions, Philippe Jaffré, le nouveau P.-D.G. d'Elf, a lui-même consenti une importante aide – « plusieurs dizaines de millions de francs », soixante-dix millions selon un responsable de la comptabilité d'Elf – au groupe Bidermann. Conclusion de l'ex-D.G. d'Elf-

Gabon : « Il a raqué comme quelqu'un qui ne peut que raquer. Parce que la gestion des sociétés de portefeuilles, c'est politique. On vous appellait en vous disant : “ Pourquoi Elf ne soutiendrait-elle pas tel ou tel titre en l'achetant ? ” Alors, on achetait, on finançait, on renflouait. »

L'ancien responsable d'Elf au Gabon parle en connaissance de cause. Pendant de longues années, ès-qualités, il a siégé au conseil d'administration de deux sociétés de portefeuilles d'Elf-Gabon, la CPIH (Compagnie de participation et d'investissement holding) et la SOFIPA (Société financière internationale de participation). À ce titre, il est censé avoir décidé des prises de participation aussi diverses qu'exotiques, quoique sans exception non africaines : un contrat d'exploitation de la marque Paul-Loup Sulitzer, l'investissement dans un lotissement de luxe aux îles Turgs, dans les Caraïbes (Dolphin Holding/West Indies), l'achat d'un vignoble de deux cent vingt-huit hectares à la famille Frescobaldi, une prise d'intérêts dans TPB & Co, une holding à Miami dont les dirigeants ont été soumis à une enquête du FBI, des investissements dans une tannerie de peaux de reptiles (Pater SARL), dans des chevaux de course (France Élevage), dans les conserves et jus de fruits de Del Monte Foods International, dans l'eau de Cologne et les cosmétiques de la firme Panther SA à Gradignan, en Gironde, dans un système de nettoyage de voitures (Autocrenz) ou dans un logiciel permettant l'utilisation simultanée des alphabets latin, cyrillique et arabe... Sans parler – ce qui eût sans doute plu aux Gabonais friands de vêtements griffés – des prises d'intérêts, à hauteur d'un quart du capital, dans des sociétés américaines du groupe Bidermann : chemises Arrow et Ralph Lauren pour femmes, Yves Saint-Laurent pour hommes. Ce qui, finalement, s'est avéré beaucoup moins plaisant, c'est que, par exemple dans une opération immobilière (SNC

Saint-Fiacre), la CPIH, à elle seule, a écopé de quatre-vingts des quatre cents millions de francs de pertes. Au total, selon un rapport de la Cour des comptes à Paris, daté du 22 mai 1995,« les pertes enregistrées par Elf dans les investissements de diversification de la CPIH et de la SOFIPA atteignent plus de 2,5 milliards de francs », dont sept cent quatre-vingt-sept millions pour Bidermann, six cent trente-cinq millions en placements boursiers, deux cents millions pour Larroche, cent trente-deux millions pour la Compagnie parisienne de banque et trois cent vingt-quatre millions en placements immobiliers, dont celui, de luxe, du groupe Dolphin dans un paradis fiscal des Caraïbes. Sur le mode ironique, les experts de la Cour des comptes ont estimé que cet investissement a surtout profité à ceux qui « auraient trouvé là une résidence fiscale accueillante ». Évoquant « l'euphorie financière de la fin des années 80 », ils ont identifié comme seul souci des opérations de diversification « une rentabilité immédiate aux fins de remonter rapidement des dividendes vers Elf-Gabon ».

Mais comment peut-on faire « remonter des dividendes », quand on perd autant d'argent ? Qui gère et contrôle toutes ces prises de participation ? À l'évidence, ce ne sont pas les conseils d'administration. Le 16 septembre 1996, le successeur de Marc Cossé à la tête d'Elf-Gabon, Jean-François Gavalda, nous expliquait à Libreville : « En tant que D.G. d'Elf-Gabon, j'ai été d'office administrateur de la CPIH, mais je n'ai aucune idée de la gestion des portefeuilles. Ceux-ci sont gérés depuis Paris, par la direction financière du groupe [8]. » Et deux jours plus tard, Omar Bongo renchérissait. « Notre argent est je ne sais où », déclarait-il. « Je vais demander aux responsables d'Elf où, exactement, ils ont mis l'argent, où il est passé et ce qui en reste. » Ces assauts de candeur étaient émouvants. Non seulement parce qu'on voyait mal Jean-François Gavalda siéger dans un conseil d'administration sans se demander ce qu'il y faisait, pas plus qu'on ne s'imaginait que les trois représentants du président gabonais – Georges Rawiri, un baron du régime et, comme lui, franc-maçon, Jérôme Okinda, un « parent obamba » d'Omar Bongo et Julien Mpouho-Épigal, un neveu du chef de l'État – ne le tenaient pas au courant de leurs décisions. Mais aussi, et surtout, parce que c'était Omar Bongo lui-même qui, en parfaite intelligence avec Elf, a inventé le système !

En épluchant les comptes des sociétés de portefeuilles d'Elf, on est pris d'un soupçon shakespearien. *« Though this be madness, yet there's method in it »* (bien que ce soit de la folie, il doit y avoir système). Lequel ? Le poudroiement de fonds comme moyen de récompense, l'investissement diversifié comme renvoi d'ascenseur à des amis en mal de création d'entreprise, d'achats ou de ventes [9]. Ce système a été mis en place, au milieu des années 70, par trois hommes : Omar Bongo, André Tarallo et Pierre Guillaumat, le premier président d'Elf-Aquitaine. Et à trois niveaux : au Gabon, au Luxembourg et en France. Lorsqu'il nous en parle, le 30 septembre 1996, dans ses bureaux de la rue Dumont-d'Urville, André Tarallo précise, « sans fausse modestie », que c'est lui qui a conçu le système. On s'en serait douté, puisqu'il porte son empreinte, la passion – l'obsession – de bâtir en emboîtant. « Il faut se souvenir du contexte, entre deux chocs pétroliers, il y avait alors beaucoup d'argent », dit-il. Pour absorber ces pétrodollars au nom de la nomenklatura gabonaise et, en premier lieu, de la famille du Président, une PID (Provision pour investissements diversifiés) instaure une parafiscalité sur l'or noir : chaque année, deux pour cent du chiffre d'affaires d'Elf-Gabon sont retenus pour des investissements sur place. C'est une jolie hotte de cadeaux pour un pays aussi faiblement peuplé que le Gabon, vingt millions de dollars – sur la base d'un chiffre d'affaires d'un milliard de dollars – pour une population d'à peine un million d'habitants. « Puis, en 1975, si mes souvenirs sont bons, nous avons créé la SOFIPA et la CPIH, explique André Tarallo. La première était l'équivalent de la PID pour la France, la seconde son équivalent pour le reste du monde, d'où sa domiciliation au Luxembourg. » À chacun sa cagnotte...

Le vendredi 4 avril 1997, en début d'après-midi, un autre pan du « système Elf » est devenu justiciable, propulsant l'enquête dans les hautes sphères des relations d'État. Il ne s'agissait pas vraiment d'une découverte. Mais lorsque, apparemment usé par cinq semaines de détention préventive, André Guelfi, un « démarcheur » de grande envergure âgé de soixante-dix-huit ans, se mit à table dans le cabinet du juge d'instruction à Paris, Eva Joly obtenait pour la première fois des informations précises sur le versement d'une commission et, surtout, sur la rétrocession d'une partie de l'argent [10]. Pour rémunérer une intermédiation au Venezuela, où Elf cherchait à obtenir des permis d'exploitation, le groupe avait viré, en 1992, vingt millions de dollars sur un compte d'André Guelfi à la CBI-TDB, union bancaire privée, à Genève. Selon Elf, cet argent était destiné à une société d'intermédiaire du Panamá, elle-même gérée par une société fiduciaire de Lausanne, et devait parvenir à des hommes politiques vénézuéliens. Or, renseignements pris, sur le compte suisse de la société panaméenne n'avaient été encaissés que dix millions de dollars. Où était passée l'autre moitié de la somme ? Pièces comptables à l'appui, André Guelfi a expliqué à Éva Joly qu'après fractionnement en trois montants, cinq millions de dollars auraient été virés sur un compte numéroté d'Alfred Sirven, le bras droit de Loïk Le Floch-Prigent, 2,5 millions sur le compte d'André Tarallo, le Monsieur Afrique d'Elf, et le restant aurait été gardé par lui-même, afin d'être distribué « en partie » à d'autres intermédiaires. Toujours selon Guelfi, l'argent versé sur le compte suisse « TA Colette » d'André Tarallo – dont l'intitulé du compte reprend les initiales inversées et le prénom de son épouse, Colette Tarallo – était en fait destiné à Omar Bongo. Ce dernier dément formellement cette allégation, qui était faite alors que, le 27 mars 1997, malgré les protestations réitérées de l'intéressé, un compte du président gabonais à la filiale genevoise de la Canadian Imperial Bank of Commerce (CIBC) avait été mis sous séquestre par le juge d'instruction suisse Paul Perraudin, agissant sur commission rogatoire que sa collègue parisienne Éva Joly lui avait fait parvenir le 3 octobre 1996.

Peu importe, ici, la suite de cette affaire dans l'affaire. Peu importe, aussi, la pratique, somme toute banale, de rémunérer des intermédiaires pour avoir des entrées à la présidence, pour décrocher un contrat, pour obtenir des permis d'exploration ou d'exploitation. L'intérêt des commissions, le vrai, c'est qu'elles génèrent des flux d'argent arbitraires, laissés à l'appréciation des dirigeants de grandes entreprises comme Elf, des flux hors norme et hors contrôle budgétaires que l'on peut reverser, distribuer à l'échelle planétaire. À ce titre, l'aveu d'André Tarallo inscrit le 4 avril 1997 dans le dossier d'instruction – « Je joue, aussi, le rôle de gestionnaire de compte pour autrui. » Sous-entendu pour des responsables africains – est révélateur. Il indique que, chez les cadres dirigeants d'Elf, la fonction et la personne qui l'exerce ne se distinguent plus dans une zone grise, celle de la délinquance en col blanc, dont on finit par ne plus savoir, justement, si elle relève d'Elf ou de l'individu. En décembre 1996, Eva Joly avait tenté de prolonger la détention de Loïk Le Floch-Prigent en excipant de la circonstance aggravante d'infractions commises « en bande organisée ». Le parquet s'y était fermement opposé. Il est vrai qu'il faudrait parler de bandes organisées, au pluriel.

La scène se déroule un soir, fin mai 1996, au 44e étage, directorial, de la tour d'Elf à La Défense. Les bureaux sont déjà abandonnés, il n'y a plus grand monde. Depuis une heure, de plus en plus agacé, Marc Cossé attend. Son regard passe et repasse sur le mur où le nouveau P.-D.G., Philippe Jaffré, a fait accrocher les portraits de ses prédécesseurs, de Pierre Guillaumat à Loïk Le Floch-Prigent, en passant par Albin Chalandon et Michel Pecqueur. « Qu'est-ce qui a pris Jaffré de se mettre sous le nez cette galerie d'aïeux ? », s'étonne Marc Cossé, d'autant plus que la photo de Le Floch-Prigent est belle, avantageuse. « Il ne peut pas le blairer », pense-t-il. Marc Cossé partage ce sentiment. C'est ici même qu'il avait échangé des noms d'oiseaux avec l'ancien P.-D.G., au moment de son limogeage. À la suite de quoi, Alfred Sirven, évidemment en mission commandée, lui avait « conseillé » de « ne pas s'accrocher », ajoutant : « Vous savez Marc, la vie est courte. Elle peut aussi être écourtée. Il y a des gens qui sont payés pour faire cela. » Le visage empourpré de colère, il avait répliqué : « Vous êtes trop vieux pour que je vous casse la gueule »... Cependant, instruit par vingt-cinq ans de culture d'entreprise, il avait rapporté cette menace très explicite dans une lettre déposée chez son avocat, Me Prévôt, lequel a depuis gardé cette trace écrite de l'incident, de même qu'un jeu de « documents compromettants ». On n'est jamais trop prudent... Rétrospectivement, Marc Cossé s'est félicité d'avoir toujours exigé des reçus des destinataires de valises d'argent apportées pour le compte d'Elf. André Tarallo s'était souvent moqué de lui, mais il avait persisté. « André, voilà le reçu. Et sache que j'en ai gardé une photocopie », lui disait-il. Aujourd'hui, c'est bien utile. Tout comme la lettre enregistrée à l'époque, en 1991, par son avocat. Cinq ans plus tard, en avril 1996, sans qu'elle ait vu les documents compromettants, Éva Joly avait versé une copie de la lettre au dossier d'instruction, en même temps que sa déposition. Mauvaise affaire pour Loïk Le Floch-Prigent ?

Ce n'est pas si simple. Alors qu'il attend toujours au 44e étage de la tour d'Elf d'être enfin reçu par Philippe Jaffré, Marc Cossé rumine son sort peu banal. Après son « éviction » du groupe, ses anciens amis l'avaient évité, ses appels et ses invitations étaient devenus gênants pour eux. Qui avait envie, pour une histoire de fidélité en amitié, de déplaire à Le Floch-Prigent ? Marc Cossé avait très mal vécu ce rejet. Aussi, lorsque sonnait le glas de l'ère Mitterrand, il avait constitué un dossier très complet sur son « cas » et, afin que l'injustice soit réparée, l'avait adressé à Bernard de Montferrand, le conseiller diplomatique d'Édouard Balladur à Matignon. Quelques semaines plus tard, il avait été reçu par Édouard Balladur en personne. Le Premier ministre n'avait de toute évidence pas lu le dossier mais, après avoir cinq minutes agréablement devisé avec lui, il avait décidé de donner suite à la note de son cabinet, lui recommandant une intervention. Un mois plus tard, Marc Cossé était donc en face de Philippe Jaffré, le nouveau P.-D.G. balladurien, qui ne faisait aucun effort pour cacher qu'on lui avait forcé la main. « Allez voir Frédéric Izoart, il a des instructions », avait-il néanmoins dit en conclusion. Le directeur général des hydrocarbures lui avait alors proposé un contrat de consultant. Une pratique courante. Pour continuer à travailler avec des géologues ou des responsables de gestion atteints par la limite d'âge mais dont le groupe pétrolier ne voulait pas se passer, on leur établissait un contrat *off shore*, avec des émoluments versés par une société écran à l'étranger, en Suisse la plupart du temps [11]. Par ailleurs, on « récupérait » également des politiques ou leurs amis, comme ce fut le cas – du vivant de son père –

de Jean-Christophe Mitterrand, fils aîné et, pendant dix ans, conseiller à l'Élysée pour les Affaires africaines [12]. C'est le jour même de l'enterrement de son père qu'il a reçu sa lettre de licenciement... Marc Cossé, lui, a été rémunéré pendant deux ans. Sans contrepartie. Pour rien. Il n'y a jamais eu de consultation, d'étude ou de mission. Dans un premier temps, ce n'était pas faute d'avoir proposé ses services et, d'ailleurs, il avait manqué d'effectuer un voyage en Chine pour juger du bien-fondé d'y construire une raffinerie de pétrole. Mais à la dernière minute, la mission avait été annulée. Marc Cossé s'en était plaint, de nouveau, à Matignon. S'en était suivi un second entretien avec Philippe Jaffré qui, passablement irrité, lui avait expliqué : « Pour vous faire travailler, ce n'est pas facile. Toute la technostructure de la maison est contre vous. » Marc Cossé n'y a pas cru une seconde. Cependant, par la suite, il a perçu – « sans bouger, comme une pute de luxe » – l'argent d'Elf. Jusqu'au jour où, par simple lettre administrative, le groupe lui apprenait qu'il mettait fin à son contrat de consultant. Troublante coïncidence : Marc Cossé, convoqué comme témoin, venait d'être entendu par le juge d'instruction.

Un mois plus tard, fin mai 1996, l'ex-D.G. d'Elf-Gabon espère en avoir enfin le cœur net. C'est ainsi qu'il se retrouve, après en avoir fait le siège pour obtenir un rendez-vous, au 44e étage de la tour de la Défense. Où, finalement, Philippe Jaffré le reçoit. « Vous avez parlé à Éva Joly ? Vous salissez le groupe ? » lui lance-t-il d'entrée de jeu. Marc Cossé s'étrangle d'indignation. « Mais c'est vous qui avez ouvert le dossier contre Le Floch-Prigent ! C'est vous qui avez mis en marche la justice ! Moi, je n'ai fait que déférer à une convocation », se défend-il. Au terme d'une vive altercation, le P.-D.G. d'Elf et Marc Cossé, qui invoque son « honneur de fils et de petit-fils d'officier » et perd définitivement son

« emploi » de consultant, se séparent en mauvais termes, même si Philippe Jaffré raccompagne son hôte jusqu'à l'ascenseur et finit par lui présenter de vagues excuses pour s'être « emporté », prétendument à cause d'un « rhume ». Mais sur cette affaire, Philippe Jaffré semble être resté grippé. Malgré plusieurs demandes étalées sur six semaines, il n'a jamais voulu nous en donner sa version. Son attachée de presse de l'époque, Catherine Enck, s'est contentée d'expliquer, au sujet du contrat de Marc Cossé et de son annulation, qu'elle ne pouvait « ni confirmer ni démentir » nos informations.

En fait, Philippe Jaffré a bien rémunéré, pendant deux ans sans contrepartie visible, un dirigeant du groupe limogé par son prédécesseur et qui, pour avoir été menacé par l'homme lige de ce dernier et pour en avoir fait état au juge d'instruction, ne devait pas être étranger à la détention prolongée de Loïk Le Floch-Prigent. Or, du moment où Marc Cossé s'est expliqué à Éva Joly sur les pratiques d'Elf, en Afrique notamment, Philippe Jaffré l'a sanctionné à son tour en mettant un terme au contrat de son « consultant ». Ce qui resterait incompréhensible si de belles continuités n'éclairaient pas ces tribulations [13]. Entreprise d'État, comme du temps de Loïk Le Floch-Prigent, ou privatisée, depuis février 1994, Elf doit tenir compte des injonctions du gouvernement du moment. Tout logiquement, le groupe, divisé en clans, reproduit les clivages entre les formations politiques – les partis, ailes de parti ou « mouvances » personnelles – ayant exercé le pouvoir en France. De par sa puissance, Elf est à la fois un enjeu considérable de leur rivalité et partie prenante dans leurs luttes intestines. Cependant, au-delà des règlements de comptes politiques ou personnels, c'est la loi du silence. Parce que l'intérêt commun exige de préserver l'un des systèmes les plus lucratifs de financements occultes, profitable à tous et, en fait, indépendant des dirigeants d'Elf du moment. Derrière « l'affaire Bidermann-Le Floch-Prigent », avec ses facilités excessives consenties en échange d'avantages personnels, se cachait « l'affaire Elf », la ronde des cagnottes et des commissions rétrocédées en pots-de-vin. Au cœur de la comptabilité parallèle se trouve « Elf Africaine ».

Libreville, sur le front de mer, entre l'ambassade de France et le siège d'Elf-Gabon, non loin, aussi, de la présidence de la République gabonaise, située sur le trottoir en face. C'est le triangle d'or des pétrodollars. S'y élève un immeuble moderne à la façade vert-noir miroitante, Les Frangipaniers, qui abrite, outre l'ambassade d'Allemagne, SwissAir, divers bureaux et de nombreux appartements, la succursale d'une banque française, la FIBA. Ce sigle, marqué à l'entrée en lettres d'or sur un simple carton jaune, renvoie, à défaut de guichets directement accessibles au public, à des bureaux à l'étage. FIBA est l'acronyme du nom anglais – French Intercontinental Bank – de la Banque française intercontinentale. Mais ce n'est pas, il s'en faut, la seule curiosité de l'établissement. En poussant la porte au premier étage, on tombe, à droite derrière un comptoir, sur une dame d'accueil, gabonaise, à l'évidence estourbie de se retrouver nez à nez avec un client qu'elle ne connaît pas. En insistant beaucoup, le visiteur a le droit de remettre sa carte de visite et de se faire accompagner dans une salle d'attente, sur la gauche, sans fenêtre, violemment illuminée de néons, avec quelques magazines et des fleurs en plastique rouges sur une table basse. Ce n'est jamais long. Car, en dehors de la dame à l'accueil, ne travaillent ici que trois personnes, trois Français : un informaticien, une secrétaire et l'inamovible directeur de la succursale, M. Jean-Pierre Bize. « Il n'a pas le temps », dit, en laminant les syllabes, la dame à son retour. Le directeur de la FIBA ne rappellera pas non plus à l'hôtel. Et en repassant une ou deux fois à la banque, on n'obtient toujours pas le rendez-vous souhaité, mais on s'attire, à l'audience au Palais, une remarque du président de la République, en guise d'avertissement. « Pourquoi traînez-vous par là ? », demande Omar Bongo. « Qu'est-ce que vous allez chercher à la FIBA ? » Bonne question.

« La FIBA est le terminal des valises, des sacs et des cantines. » Un peu fruste, cette définition émane d'un proche collaborateur d'Omar Bongo à la présidence, qui affirme avoir lui-même participé à des « transbordements » dans le parking du sous-sol des Frangipaniers. Son témoignage est corroboré par plusieurs autres sources, dont de simples habitants de l'immeuble, tombés « par hasard » sur des remises de fonds en cours. Le collaborateur de la présidence affirme avoir donné en personne, sur ces lieux,« des sacs d'argent » au factotum d'un homme politique important en France. Il dit avoir également remis du liquide – « mais celui-là ne prend que des francs français » – à un journaliste parisien, spécialiste de l'Afrique et du Moyen Orient. Comme le confirment deux autres sources à Libreville, « celui-là passe au moins trois fois par an » dans la capitale gabonaise, où il « vend au Président des T.D. [télégrammes diplomatiques], des notes de la DGSE [Direction générale de la sécurité extérieure, le service d'espionnage français] et d'autres documents secrets ». Il n'est pas le seul. À chaque passage, il encaisserait « entre deux cent et cinq cent mille francs », prétend l'homme de la présidence, qui se dissipe facilement dans des détails techniques subalternes. « Cinquante millions de CFA sont impossibles à caser dans un porte-document. En revanche, cinq cent mille francs français entrent facilement »... Pour sortir du Gabon sans être inquiétés, les porteurs de valises ont des anges gardiens. Le colonel Simba, l'un des aides de camp d'Omar Bongo, ou

Ahmed Bana, un neveu du Président, les accompagnent à l'aéroport et les « font passer », comme ils le font pour les VIP. Ensuite, grâce au vol hebdomadaire de SwissAir, « ils rentrent en France en déposant dans un compte, au passage à Genève, le contenu de leur bagage »[14]. Évidemment, on aurait voulu questionner à ce propos le directeur de la FIBA, Jean-Pierre Bize. Mais faute d'avoir pu lui parler, nous avons seulement appris qu'il transpirerait « profusément malgré la surclimatisation de ses bureaux », et qu'il dirait tout le temps : « Ça va bien. » Maigre consolation : lorsque un haut fonctionnaire français, en poste sur place, avait demandé à sa hiérarchie parisienne l'autorisation d'enquêter sur cette « drôle de banque » dont il avait relevé les pratiques étonnantes », il eut en retour un « feu rouge foncé », assorti d'une phrase sibylline. « C'est l'affaire de la police française. » Lui aussi n'avait pas pu aller plus loin.

La FIBA existe depuis 1975, avec siège social à Paris, non loin de l'Étoile, au 30 avenue Georges-V, dans le VIIIe arrondissement. Elle ne dispose que de deux succursales à l'étranger, toutes deux en Afrique, l'une à Libreville et l'autre, d'implantation plus récente, dans la capitale congolaise, Brazzaville. « C'était l'idée d'Omar Bongo. Il voulait une banque », raconte un témoin de l'époque, associé à la création. « C'est feu le gouverneur Plas de la Banque européenne d'investissements, un haut dignitaire de la Grande Loge de France, qui en a été le premier président. C'est lui qui a permis à Bongo de réaliser son idée, c'est lui qui en est le père fondateur, ensemble avec Georges Rawiri ». Dotée d'un capital social de soixante millions de francs, la FIBA appartient à hauteur de 50,91 pour cent à des « privés gabonais », pour 42,54 pour cent au groupe Elf et, pour le restant, à la Banque Indosuez et d'autres partenaires très minoritaires. Par une disposition statutaire attribuant des droits de vote double aux administrateurs représentant le groupe Elf, la FIBA est placée sous le contrôle effectif du pétrolier français. L'essentiel de son capital gabonais appartient à la famille restreinte du président Omar Bongo. Ce dernier détient lui-même 15,19 pour cent et trois de ses enfants – Ali, Albertine et Pascaline, l'ex-ministre des Affaires étrangères, puis directrice du cabinet présidentiel et, toujours, vice-présidente d'Elf-Gabon – chacun 6,33 pour cent. Dans le conseil d'administration de la FIBA, qui comprend treize membres et se réunit deux fois par an, au printemps et à l'automne, siègent cinq Gabonais : Mme Jacqueline Rawiri, l'épouse de Georges ; Julien Mpouhot-Épigat, un neveu déjà cité d'Omar Bongo ; Jérôme Okinda, le « parent obamba » du Président, passé dans l'opposition, de même que, également administrateur, Jean-Pierre Lemboumba-Lepandou, ex-directeur du cabinet présidentiel et victime, le 7 janvier 1992, d'un attentat qui a failli lui être fatal et qu'il impute au capitaine Kawa, autre neveu de Bongo et membre de la Garde présidentielle ; enfin, Samuel Dossou-Aworet, le « Monsieur pétrole » de plusieurs présidences africaines, d'origine béninoise. Pierre Houdray, en tant qu'administrateur directeur général, la cheville ouvrière de la banque, a sa place attitrée au sein de ce conseil qu'a présidé, pendant longtemps, Jack Sigolet, l'ex-P.-D.G. de la FIBA [15]. Ayant quitté la banque le 1er mai 1996, contre son gré selon plusieurs témoins et tout juste à l'âge de soixante ans, ce financier spécialisé dans les préventes de pétrole, un temps directeur financier d'Elf en Iran, a été remplacé par Bernadette de Bonrepos, depuis la disgrâce de Geneviève Gomez, la collaboratrice la plus proche de Philippe Jaffré [16]. Fin 1995, le P.-D.G. d'Elf avait voulu se désengager de la FIBA en la vendant à la BNP. Mais pour des raisons connues de lui seul, il s'est ravisé et a placé à la tête de la FIBA – « comme gage personnel de sa loyauté envers les présidents africains », affirme un cadre dirigeant d'Elf – sa nouvelle égérie financière, qui occupe désormais le bureau à côté du sien.

Malgré notre insistance, Bernadette de Bonrepos a refusé de nous expliquer comment est organisée et fonctionne la FIBA, et à quelle fin. C'est pourtant à elle que nous avait renvoyés Pierre Houdray, lorsque le 3 janvier 1997, après maintes sollicitations, il a fini par nous prendre au téléphone. Pour nous dire qu'il ne pensait « pas du tout être le bon interlocuteur », parce qu'étant « lié par le secret professionnel ». Il ajoutait alors : « Nous ne faisons que ce que nous demandent nos actionnaires. Nous avons une présidente, Mme de Bonrepos, adressez-vous à elle. Ou, si vous voyez le président Bongo, posez-lui des questions. » Étonnante façon de communiquer pour une banque établie sur la place parisienne... Quand, le 25 février 1997, la directrice de la communication d'Elf, Catherine Enck, nous déclare au téléphone, « Je suis désolée, mais on ne parle pas de la FIBA », on comprend qu'il ne faut pas en vouloir vouloir à M. Jean-Pierre Bize ou M. Henri-Jean Resca, son *alter ego* tout aussi inaccessible à Brazzaville. En l'absence de moyen légal d'accéder à l'information, on aurait dû en rester là, si la Commission bancaire de l'Afrique centrale n'avait pas effectué pendant trois semaines, en juin 1994, une « enquête de vérification » auprès de la FIBA-Congo. Daté du 22 août, le rapport final de cette mission est édifiant et aurait dû inspirer les instances de contrôle bancaire en France. Ayant noté, en exorde, le « manque d'empressement manifesté par la direction générale de Paris pour accéder à certaines demandes de la mission », les rapporteurs relèvent « l'impératif de confidentialité absolue qui caractérise les opérations menées par cet établissement » et s'expliquent ainsi que l'équipement informatique de la FIBA-Congo soit « installé à la résidence du directeur », qui d'ailleurs « assure le pilotage informatique lui-même ». Le directeur est également seul habilité à établir les pièces comptables ayant trait « aux opérations de clients importants (Elf, hommes politiques...), aux opérations de la caisse réserve et aux opérations de fin d'exercice (amortissement, provisions et inventaire) ». Enfonçant le clou en notant, d'une part, que le directeur de la succursale est « à la fois chef de caisse, responsable des transports physiques et seul détenteur des clés et systèmes de sécurité (combinaison et horloge) » et, d'autre part, que « la FIBA-Congo n'a jamais été soumise à un contrôle de sa maison mère », les inspecteurs concluent qu'« il n'existe pas de structure de contrôle » et se demandent avec candeur, « si la direction générale à Paris en a une conscience suffisamment claire ». Il faut le supposer parce que Paris verse, par an, une « commission sur affaires » de l'ordre de cent millions de francs qui, selon le rapport, « s'apparente à une subvention d'exploitation ». Considérant cette « commission » comme « un produit exceptionnel, destiné essentiellement à redresser le compte de résultat de la succursale », les enquêteurs insistent sur le « profond écart entre les charges d'exploitation et la capacité de FIBA-Congo à générer des ressources par l'exercice de l'activité bancaire pour laquelle elle a été agréée ». En d'autres termes : pourquoi, au prix de cent millions de francs par an, la banque française tient-elle à avoir une succursale à Libreville qui, en parts de marché, ne représente que 1,6 pour cent de la collecte épargne et, encore plus insignifiant, 0,06 pour cent de l'activité crédit ? La réponse, la Commission bancaire de l'Afrique centrale la suggère en identifiant la clientèle de la succursale. « Sa clientèle cible, atteinte essentiellement par un jeu de relations tissées depuis Paris », relève le rapport, « est constituée d'entreprises de haut standing et d'hommes politiques dont la principale caractéristique commune est qu'ils recherchent confidentialité et sécurité de leurs opérations. La maison mère accorde à la sélection de la clientèle une attention si particulière que le directeur de la succursale ne peut ouvrir aucun compte clientèle sans son accord explicite ». On ne se privera pas de la conclusion du rapport, qui peine à trouver ce club, aussi sélect que secret, habilité à s'appeler une banque. « Au plan du respect de la réglementation bancaire, la FIBA-Congo est apparue solvable et liquide. La situation de la banque restera cependant précaire tant qu'elle ne saura pas développer, dans la transparence, des emplois lui permettant de justifier par elle-même de l'équilibre de son compte d'exploitation. Aussi, en dépit d'une structure financière saine, la succursale congolaise de la Banque française intercontinentale apparaît, à l'analyse, fragile au regard des critères qui fondent l'octroi d'un agrément de banque. Son activité s'apparente en effet plus à celle d'un bureau de représentation qu'à celle d'un établissement bancaire. » Et que faudrait-il dire, à Paris, du siège social de la FIBA ? Un cadre dirigeant d'Elf l'appelle « la tête de siphon ».

Brazzaville, présidence de la République, le samedi 21 septembre 1996. Calé au fond de son canapé Louis XV au bois doré, pour un entretien matinal en tête à tête, le président congolais Pascal Lissouba prévient vouloir « parler en Nègre », « en respirant avec le cœur ». Il rappelle son arrivée au pouvoir, élu fin août 1992, « après les longues années de dictature », qui l'avaient mené « de la prison en exil, d'abord à l'université et ensuite, pendant dix ans, à l'UNESCO, ce qui ne prédestine pas au bras de fer avec Elf ». Comme le rappellera plus tard sa directrice de cabinet, Claudine Munari, dès le 4 septembre 1992, le nouveau président reçoit à sa table le P.-D.G. d'Elf, Loïk Le Floch-Prigent. Pascal Lissouba doit faire face à quatre mois d'arriérés de salaires dans la fonction publique [17]. Il demande une rallonge, une avance, n'importe quoi pour préserver l'état de grâce sur le front social. Il veut « gager » le pétrole sous terre, hypothéquer les futures recettes, alors qu'elles le sont déjà jusqu'en l'an 2000, puisque cette pratique a déjà servi et resservi du temps de son prédécesseur au pouvoir, Denis Sassou Nguesso. Aussi Loïk Le Floch-Prigent sursaute-t-il. « Mais c'est idiot ! – Ah bon, je suis un idiot ? » s'offusque le professeur Lissouba, si fier de sa formation de généticien. « Ce n'est pas ce que j'ai voulu dire... », bredouille Le Floch-Prigent. Mais le mal est fait. Pascal Lissouba se met à chercher l'argent ailleurs, rêve d'infliger « une leçon » à Elf qu'il soupçonne d'avoir des nostalgies pour son prédécesseur, sinon d'être de connivence avec celui-ci. « J'arrive au pouvoir et je ne connais rien au pétrole », raconte le chef de l'État. « Alors (Omar) Bongo m'envoie (Samuel) Dossou. Ce n'est pas un souffleur. Avec lui, je ne suis pas un écolier. J'écoute et je prends ma décision. C'est moi qui fais les choix. » Dans la réalité, au jour le jour, c'est à la fois plus confus et plus compliqué. Lorsque Pascal Lissouba se rend pour la première fois à l'étranger, pour participer à un sommet sur le paludisme à Amsterdam, Samuel Dossou est déjà dans ses bagages. Une fois en Hollande, tard le soir dans une chambre d'hôtel, Claudine Munari tape elle-même à la machine son mandat de fondé de pouvoir, qu'elle appelle « son contrat de travail pour aller chercher l'argent ».

L'argent, Lissouba et les siens le trouveront, *in extremis*, le 1er mai 1993, un samedi, veille d'une élection législative anticipée qu'a provoquée la dissolution du parlement par le Président à la suite d'un vote de censure contre son gouvernement. Ce jour-là, le Trésor se met enfin à payer les fonctionnaires qui, entre-temps, en sont arrivés à cinq mois d'arriérés. L'argent – cent cinquante millions de dollars – provient d'Occidental

Petroleum (OXY), la huitième compagnie américaine, qui met ainsi les deux pieds sur les plates-bandes d'Elf au Congo. Non seulement en « préachetant » pour cent cinquante millions de dollars, soit deux dollars le baril qui se vend à l'époque à seize, soixante-quinze millions de tonnes de brut qu'OXY doit obtenir, à partir de 1996, du puits de Nkossa exploité par... Elf, mais, aussi, en négociant un statut spécial de « conseiller-consultant du Congo » en matière pétrolière. Bref, c'est la guerre. Elle durera six mois, de l'automne 1993 au printemps 1994, et seule l'ombre portée par les événements au Rwanda explique qu'on en ait si peu parlé, sinon sur le mode carnavalesque en mettant en scène la folie des miliciens « Ninjas », « Cobras » et « Zoulous », des combats factionnels et les quelque deux mille morts dans l'ancienne capitale de la France libre, cinquante ans après « l'appel de Brazzaville ». Pascal Lissouba dit avoir été « durement réprimé par Elf » et raconte comment, au plus fort de la crise, Philippe Loiseau, le consul honoraire du Congo à Bordeaux, qui se prévalait d'être dans les secrets du groupe pétrolier de la Défense, l'avait appelé au téléphone pour lui dire : « Le coup d'État n'aura pas lieu. » C'est alors que le Président avait laissé faire le général Mokoko, qui voulait enfermer toute la classe politique afin qu'elle prenne ses responsabilités. « Jusqu'à ce que sorte la fumée blanche », avait plaisanté Pascal Lissouba en guise d'adieu au général. Claudine Munari s'en était étonnée, avait même jugé très dangereuse cette carte blanche donnée à un militaire, réputé proche d'Elf et qu'elle soupçonnait de « vouloir faire un coup d'État, alors que (Bernard) Kolelas, de mèche avec lui, devait paralyser Brazzaville pour le justifier ». Mais ayant eu « des assurances par les commanditaires », Pascal Lissouba était convaincu que le général Mokoko n'allait pas le renverser. « Elf ne voulait pas ma peau, c'était l'essentiel. »

À la « guerre du pétrole » succède la pacification. Pascal Lissouba accepte « la raison du plus fort ». À la recherche d'un médiateur, il s'adresse de nouveau à Omar Bongo. « C'est lui qui m'a sorti des griffes d'Elf. Il m'a sauvé la vie. » Lui et, par la suite, André Tarallo. « À ma demande, Tarallo a mis en place le nouveau système », explique le président du Congo. Le nouveau système, c'est l'abandon des contrats concessionnaires et l'introduction, à la place, du partage de production assurant au Congo environ un tiers du profit *oil*. C'est, aussi la renégociation des contrats d'assurance et de réassurance auprès de compagnies locales ainsi que l'instauration d'un fonds d'investissements, une sorte de banque de développement que Pascal Lissouba appelle « la financière ». Il s'agit d'une PID à la gabonaise, instaurant une parafiscalité sur le pétrole « dans une fourchette de deux à trois pour cent du chiffre d'affaires ». En échange, le président congolais avait renoncé à un redressement fiscal auparavant chiffré à huit cent soixante millions de francs et s'était satisfait de deux cents millions. Son argument : « Qu'est-ce que l'on gagnerait à récupérer la différence ? Combien cela nous coûterait-il à l'arrivée ? Ils nous voleront toujours »... Pourtant, sur le Monsieur Afrique d'Elf qui, en 1970, comme directeur de la filiale congolaise nouvellement créée, avait commencé ici sa carrière, le chef de l'État ne tarit pas d'éloges. « Tarallo a le souci de la pérennité de l'alliance franco-africaine, de notre complicité de bon aloi. Il fallait regarder l'ancien système, identifier ce qui l'avait avili, enlever les scories et continuer à coopérer sur des bases nouvelles. » Un « souci » qui, apparemment, n'est pas des mieux partagés. Pascal Lissouba rappelle sa première entrevue « dans cette même pièce » avec Philippe Jaffré, « une machine à calculer », et comment celui-ci l'avait « envoyé paître », quand il lui avait parlé des bas-fonds marins qu'Exxon réclamait. « Je ne fais que ce que je peux faire », lui aurait sèchement répondu le P.-D.G. d'Elf. À son passage à Paris, Pascal Lissouba avait parlé à Jacques Chirac de « cette fin de non-recevoir », l'avertissant que « si les Américains prennent tout, ne vous en plaignez pas, ce n'est pas moi qui l'ai voulu ». Peu après, André Tarallo était venu à Brazzaville « pour rectifier la rigidité de son P.-D.G. », et « tout était rentré dans l'ordre ».

Mais de quel « ordre » s'agit-il ? Ce samedi 21 septembre 1996, Pascal Lissouba vient d'apprendre que, « pour divergences personnelles » comme il dit, Geneviève Gomez, jusque-là l'ombre fidèle de Philippe Jaffré, sa prêtresse d'orthodoxie financière chargée de mettre un terme aux diversifications douteuses, a quitté Elf « avec un joli pécule de départ ». Le président congolais ne cache pas sa satisfaction. « Elle s'est acharnée contre Tarallo, se lance-t-il, elle l'a persécuté soi-disant pour assainir. – N'était-elle pas en mission commandée ? – Bien sûr, mais Jaffré règle des comptes sous prétexte de mettre les comptes à zéro. – Et la lettre que le P.-D.G. d'Elf a écrite aux présidents africains, le 2 juillet 1996, à la veille de la première mise en examen d'André Tarallo, pour leur dire qu'il gardait à ce dernier " toute (sa) confiance, rejoignant ainsi les sentiments que vous lui portez " ? – C'est de l'hypocrisie, je n'y ai même pas répondu ! », s'exclame le président congolais. « C'est quand même Jaffré qui a allumé la mèche. Après, il a beau faire son *mea culpa*... S'il enlevait Tarallo, la coopération pétrolière entre la France et l'Afrique s'écroulerait. – Mais la raison d'État et l'argument de " l'homme indispensable " justifient-ils que ne soient pas sanctionnés, le cas échéant, l'éventuel enrichissement personnel d'André Tarallo ou les abus de biens sociaux imputés à Loïk Le Floch Prigent ? – Ces messieurs, dans le contexte mis en place, ont travaillé, certes, pour eux (on ne fait rien sans avoir ses propres intérêts) mais, surtout, pour la France, au nom de la France », répond Pascal Lissouba en invoquant « Vichy, Pétain, tout ce qui a été fait au nom de la France et, là encore, pas à titre individuel ». Il poursuit : « Aujourd'hui, la France juge ceux qui ont travaillé pour elle. Elle lâche sa justice sur ceux qui l'ont voulue grande. L'inculpation d'André Tarallo est une injure, une humiliation. Elle a brisé l'homme. Il a fait fleurir Elf, la maison était bien tenue. Maintenant, on s'en prend à lui. C'est cracher sur la tombe de de Gaulle. – Même si André Tarallo avait pris de l'argent pour lui ? » Le président congolais ne tient plus, ses phrases s'emballent. « Mais qu'on y envoie donc un saint ! À la place où il était, il a brassé des milliards ! Personne ne peut être un saint à cette place... Il s'est construit une maison, il y a eu enrichissement personnel, sans doute. Mais il aurait pu engranger dix fois plus sans dommage pour Elf et la France. Qu'on fiche donc la paix à Tarallo ! C'est un homme hors du commun, un bâtisseur d'empire. Jaffré et Le Floch ne sont que des jaloux. Ils feraient pire et, en plus, ils sont suffisants et méprisants à l'égard des Africains. Or, il n'y a pas de président d'un petit pays de rien du tout. Un président incarne la volonté du peuple et, en cela, il est toujours grand... On peut reprocher beaucoup de choses à Tarallo, mais ce n'est pas le problème. Tarallo s'est mis au niveau des gens en face, mais il a tenu compte de nos problèmes et des intérêts de son pays. C'est un peu comme Foccart, qui a fait ce qu'il a fait pour le général de Gaulle. Tarallo est le Foccart du pétrole. Il a grandi la France comme Foccart a essayé de préserver les liens entre l'Afrique et la France. »

À chacun de juger et, surtout, à la justice française de trancher [18]. Ce qui importe ici, après avoir compulsé l'épais dossier judiciaire, c'est seulement de savoir si

« Elf-Africaine » est un réseau ou un lobby. « Tarallo est le Foccart du pétrole », affirme Pascal Lissouba et, aussi contestable soit pour le reste son parti pris, c'est bien vu. Dans ses « confessions » publiées par *L'Express* le 12 décembre 1996, peu avant sa remise en liberté, Loïk Le Floch-Prigent a rappelé les trois objectifs ayant présidé à la naissance du groupe pétrolier. « 1) Les gaullistes voulaient un véritable bras séculier d'État, en particulier en Afrique. Total n'était pas obéissant. 2) Les gaullistes souhaitaient une sorte de ministère du Pétrole inamovible. 3) Les gaullistes souhaitaient disposer d'une sorte d'officine de renseignements dans les pays pétroliers. » Ces trois objectifs ont été atteints, indubitablement. Elf a été pour la France un instrument de puissance, notamment en Afrique, en même temps qu'un ministère du Pétrole dans la durée, affranchi des contingences et des vicissitudes de la politique politicienne au jour le jour. Enfin, Elf a été un service de renseignements, au sens anglais du terme, une « intelligence » combinant l'action secrète de la DGSE avec le jeu d'influence diplomatique du Quai d'Orsay. D'ailleurs, des divers « services » français – DGSE, DST, RG... –, aussi bien que du ministère des Affaires étrangères, de hauts cadres sont longtemps passés de plain-pied chez Elf, pour y rester ou pour réintégrer ensuite leur corps d'origine, comme s'ils avaient été simplement détachés [19]. Ce qui montre bien qu'Elf n'a été, longtemps, qu'une institution délocalisée de l'État français, son faux nez pétrolier.

Est-ce encore le cas ? On peut en douter. La privatisation d'Elf en 1994 n'a certes pas mis fin à la tutelle de l'État, d'autant que deux filiales africaines – Elf-Gabon et Elf-Congo – en ont été exceptées et sont restées des entreprises d'État couvertes, dans les pays hôtes, du large manteau de la souveraineté. Mais, même s'il reste en Afrique un « domaine réservé », qui contesterait que la tutelle de l'État français s'est allégée ? Sinon, d'ailleurs, il y a longtemps que Philippe Jaffré ne serait plus à la tête d'Elf... Or, même si « l'assainissement » n'est souvent que le slogan faussement moralisateur d'une nouvelle direction empressée de reprendre à ses prédécesseurs les leviers de commande, la CPIH, la SOFIPA et d'autres sociétés de portefeuilles douteuses ont été liquidées. Aussi, ne serait-ce qu'en raison de sa compromettante visibilité, on ne créerait plus aujourd'hui une FIBA, une banque familiale en association avec un président africain, en fait une « tontine pétrolière ». Seulement, comment rompre avec le passé, quand on est gentil organisateur au club africain des *happy few* de l'or noir ? C'est tout le problème de la transition en cours. Pour ce qui est d'Elf, elle est amorcée mais pas encore accomplie. Ce n'est évidemment pas par hasard que Philippe Jaffré a « nettoyé » d'une main et, de l'autre, remis au pot. Qu'il a d'abord commis Geneviève Gomez à « l'élagage », avant de la limoger et de demander à Bernardette de Bonrepos, qui lui a succédé, de prendre la présidence de la FIBA, cette banque de la maison dont il avait voulu se débarrasser pourtant.

Réseau ou lobby ? Sans conteste, Elf a été mis en place comme un réseau, et très longtemps fonctionné comme tel, logé au cœur de l'État tout en disposant d'une autonomie l'affranchissant des servitudes démocratiques de transparence, de contrôle et de responsabilité. Elf travaillait pour la France, il lui suffisait d'agiter le drapeau. Ce qui est encore vrai aujourd'hui, et le restera sans doute un temps, celui nécessaire aux changements des mentalités et des habitudes prises, tant aussi que de nombreuses passerelles entre l'État et « son » pétrolier continueront d'exister. Mais la relève d'une génération vieillissante, pour ne pas dire en voie de disparition, trace déjà l'horizon d'une nouvelle ère. Quelle que soit son importance et, partant, son influence, Elf ne sera alors plus qu'une compagnie pétrolière française au même titre qu'IBM ou General Motors sont des géants américains. Le poids d'Elf n'aura peut-être pas changé, ou sera même plus grand, mais il pèsera sur l'État de l'extérieur. Comme un lobby.

LES PATRONS

« Vous parlez au Premier ministre de la France ! » En répondant ainsi du tac au tac à Jacques Chirac qui venait de le traiter de « roquet », ce 24 octobre 1985, dans un débat télévisé précédant les élections législatives de 1986, Laurent Fabius a tout de suite su qu'il plongerait de quelques points dans les sondages du lendemain. Dans les coulisses, Michel Fichet, la bouche sèche, qui ne perdait pas une respiration du débat, réussit enfin à déglutir, avec soulagement. Lui qui avait participé à la préparation médiatique du leader du RPR glissait à son voisin que, pour une fois, le « Grand Jacques », habituellement si raide et si mauvais à la télé, s'était libéré la langue. Il avait poussé son adversaire à la faute. Et lui, son « entraîneur », n'était-il pas un peu le sorcier déclencheur de cette magie du verbe ?

Installé l'année suivante à Matignon, Jacques Chirac s'en rappellera et demandera à Michel Fichet ce qui lui ferait plaisir. « La direction de la CFDT », répond, sans l'ombre d'une hésitation, l'homme à la langue agile. Une pure formalité : le Premier ministre avait déjà été informé par Jacques Foccart que Michel Fichet, protégé du vieux conseiller Afrique, voulait devenir le patron, non pas du syndicat du même sigle, mais de la Compagnie française de développement des fibres textiles, l'autre CFDT : une société d'économie mixte dont l'État français est le principal actionnaire et qui gère l'ensemble des filières de coton de l'Afrique francophone. Pourquoi la direction d'une entreprise *a priori* si « technique » pour un passionné de politique comme Michel Fichet ? Parce que la CFDT est, au même titre qu'Elf-Aquitaine, au cœur de la présence française en Afrique. Si la compagnie pétrolière française est un « État dans l'État » dans des pays du Golfe de Guinée comme le Gabon où le Congo dont elle assure l'essentiel des revenus, la CFDT est dans la même position au Tchad où au Mali pour le coton. Si elle n'est pas encore privatisée comme la compagnie pétrolière, la CFDT quitte néanmoins peu à peu le giron public, même si son conseil d'administration ressemble encore à un conseil interministériel avec la présence d'une cohorte de hauts fonctionnaires de la Coopération, de l'Économie et des Finances, de l'Industrie, de l'Agriculture... La reine du coton n'arrive plus toutefois à faire jouer en Afrique francophone son « exception politique » dans des pays sous ajustement structurel du Fonds monétaire international et sous programme de privatisation de la Banque mondiale. Malgré l'appui du réseau Foccart au patron de la CFDT, la préférence française ne passe plus.

À l'époque du débat télévisé Chirac-Fabius, Michel Fichet, directeur des relations humaines chez Peugeot, n'était connu que de cercles politiques restreints comme un grand spécialiste de l'art oratoire. Il avait d'abord fait profiter de ses talents de débatteur ses camarades d'extrême droite, avant de former les formateurs du RPR. Ces derniers le recommandèrent plus tard à Jacques Chirac. Pourtant, ce communicateur-né, à l'humour décapant, ne paye pas de mine dans ses sombres costumes croisés style IIIe République. D'une très grande discrétion, abhorrant comme il se doit les journalistes – il ne renie pas ses convictions passées mais ne veut plus en entendre parler –, Michel Fichet est un homme de pouvoir qui allie la maîtrise du verbe à une autre passion : l'Afrique. Quelques mois avant la mort de Jacques Foccart, il avait même été pressenti pour prendre la direction de la cellule africaine de l'Élysée. Lui qui ne s'autorise comme signe extérieur de richesse qu'une Citroën XL de fonction avec chauffeur, avait jusqu'à présent bien caché ses amitiés politiques et ses relations étroites avec le réseau du vieil « Africain » du général de Gaulle.

Proche dans les années 70 des milieux activistes anticommunistes de George Albertini qui animait la revue *Est-Ouest*, Michel Fichet avait créé en 1976 un Institut d'études supérieures des affaires africaines, l'ISERAM. Financé par la banque Worms, dont George Albertini était fondé de pouvoir, l'ISERAM bénéficiait également de la protection financière et politique du président gabonais Omar Bongo et du président Ivoirien Félix Houphouët-Boigny. Deux chefs d'État amis de Jacques Foccart qui, chacun dans sa région, privilégiaient les attaches avec l'ancienne métropole et servaient de relais dans la lutte contre les régimes africains d'Angola, du Bénin, du Mozambique... soutenus par l'ex-URSS. Comme d'autres cercles d'études du même type, l'ISERAM fournissait des renseignements aussi bien aux cellules politiques « amies » qu'à des organismes officiels désignés par Jacques Foccart, même lorsqu'il n'était plus lui-même en poste au secrétariat général des Affaires africaines et malgaches à l'Élysée.

Nommé, le 17 juillet 1987, président de la CFDT par Jacques Chirac, Michel Fichet, 50 ans, diplômé de l'IEP, licencié en droit et en histoire et doté d'un DES de droit public, est donc déjà chez lui en terre africaine. Il n'est pas dépaysé en s'installant dans le discret immeuble de la rue Monceau, pas très loin des Champs-Élysées. Des bureaux plutôt austères pour une entreprise qui approche les trois milliards de francs de chiffre d'affaires et qui contrôle depuis quarante ans la totalité de la filière coton dans la zone franc, couvrant principalement les anciennes AOF (Afrique équatoriale française) et AEF (Afrique équatoriale française). Au moment des indépendances, le coton n'était pas encore un enjeu financier et son exploitation relevait des opérations classiques de développement rural menées par la coopération française. C'est seulement depuis quelques années que, les prix ayant flambé sur le marché mondial, le coton africain est devenu une origine recherchée. L'ensemble des pays de la zone franc sont aujourd'hui le 10ᵉ producteur mondial de coton et, surtout, le 3ᵉ exportateur après les États-Unis et l'Ouzbékistan. La CFDT est à la fois l'assistant technique, l'actionnaire de référence et le négociant de la dizaine de sociétés africaines de récolte du coton de la Zone. Une position en amont et en aval de la filière qui rend sa position difficile à tenir à l'heure du libéralisme et des privatisations. Elle assure de fait un monopole d'achat du coton et, en contrepartie, fournit les engrais et l'assistance nécessaire au bon fonctionnement de toute une filière qui constitue l'essentiel des revenus d'une dizaine de millions de personnes. L'impact de cette culture est d'autant plus politique qu'elle est régionale dans des pays aux unités nationales encore fragiles où le clivage Nord-Sud traverse souvent les champs de coton. En Côte d'Ivoire et au Cameroun, le coton est ainsi entre les mains des notables musulmans du Nord. Au Tchad, il est par contre contrôlé par les populations chrétiennes du Sud. Avec le système des filières et ses économies d'échelle, les régimes en place dans les capitales garantissent aux paysans un prix fixe. Idéal quand les prix sont bas sur le marché mondial et que des régions entières, sans ressources, risquent de se retourner contre les « hauts d'en haut » de la capitale, sans garantie de recettes. Lorsque les prix flambent, comme ces dernières années, les plus-values ne retombent cependant pas aussi bas qu'on l'imagine, au niveau des villages. En 1997, le paysan ne recevait ainsi pas plus de quarante pour cent du prix du coton sur le marché mondial. Il faut bien préfinancer le « parachute » de la filière CFDT si les prix replongeaient...

Même si sa participation dans le capital des sociétés cotonnières africaines ne dépasse pas les trente-cinq pour cent, la CFDT dispose en effet de la réalité du pouvoir. Par son savoir-faire et le soutien indéfectible de la Caisse française de développement, le bras financier de l'aide au développement de la France en Afrique, elle est encore un relais politique. Au Mali, la société locale, la CMDT (Compagnie malienne de développement des textiles) est ainsi l'antichambre du gouvernement. De nombreux ministres des Finances font d'abord les comptes du coton avant de faire ceux de l'État. Et avant les remaniements, au siège de la CFDT, rue Monceau, on a son mot à dire. D'une implantation ancienne, la CFDT et ses assistants techniques sont toujours politiquement les mieux informés sur ce qui se passe dans le pays profond. Un vrai service de renseignements pour la Coopération française. Jusqu'à la menace de privatisation, à Paris, de la maison mère et le démantèlement de ses filières en Afrique par la Banque mondiale, la CFDT était partie intégrante de la politique gaulliste menée en Afrique.

La production cotonnière est en effet inséparable de la pénétration coloniale avec les missionnaires, les militaires et les commerçants. Elle a par exemple servi à stabiliser et à encadrer dans le sud du Tchad les populations sara en butte aux rezzous des nomades du Nord qui résistaient à la colonisation. Avant même l'introduction de la monnaie, les populations payaient leurs impôts en journées de travail dans les champs de coton. Au moment des indépendances, le coton est devenu la principale culture de rente à grande échelle de la zone franc. Les cadres de la CFDT provenaient tout autant des organismes de recherche que de la Coopération, du Quai d'Orsay ou de la Caisse française de développement.

Pendant le long conflit du Tchad, entre factions rivales, c'étaient les agents de la CFDT établis au Cameroun qui convoyaient la paye des anciens combattants tchadiens. De petits avions de la compagnie s'envolaient du nord Cameroun pour le sud du Tchad avec des valises bourrées de francs CFA. Aux heures les plus difficiles dans ce pays menacé d'éclatement, les anciens des deux grandes guerres recevaient au village quelques billets usés, seuls liens maintenus avec l'ancienne métropole.

Au début des années 90, c'est le vent du nord qui souffle sur les toiles d'araignées des hangars africains de la CFDT. Le libéralisme et l'arrivée au pouvoir à Paris de gaullistes non orthodoxes, comme le Premier ministre Édouard Balladur, qui n'épousaient pas le « grand dessein » du Réseau en Afrique, a un double effet sur les champs de coton de la CFDT. L'un positif : la dévaluation en 1994 du franc CFA, qui a doublé la valeur des exportations du coton africain même si les engrais importés et le matériel d'exploitation coûtent évidemment désormais plus cher. L'autre négatif : les projets de privatisation des sociétés cotonnières imposée par la Banque mondiale qui tendent à l'éclatement du dispositif de contrôle, en aval et en amont, mis en place par la France. Difficile de résister pour Paris qui a globalement passé le relais du maternage économique et financier de ses anciennes colonies au Fonds monétaire international et à la Banque mondiale. Finies les protections dont les sociétés cotonnières africaines bénéficiaient depuis les années 60. Installée au Havre, la Compagnie cotonnière qui assurait autrefois l'essentiel du négoce du coton de ses filiales et associés africains ne contrôle plus aujourd'hui que cinquante à soixante pour cent du marché.

Pour défendre sa maison et ses filières africaines, Michel Fichet, de par sa culture politique, fait tout autant appel à des considérations économiques et sociales qu'à la République et au drapeau... Le patron de la CFDT, et également celui de la Compagnie cotonnière qui assure la commercialisation de l'or blanc, se bat contre « la privatisation-morcellement de ses filières au profit des “ grands commerçants informels ” et autres intermédiaires politico-affairistes qui rêvent depuis toujours de récupérer les activités les plus profitables (approvisionnement, égrenage, commercialisation), en se déchargeant des activités les plus contraignantes (encadrement, production organisation) ». Au ministère de la Coopération, il est activement soutenu par deux fils spirituels du réseau Foccart : les ministres Bernard Debré et Jacques Godfrain.

Entre-temps, de nouveaux barons négociants du coton se taillent en effet des empires dans les hangars de la CFDT. Ils négocient directement avec les chefs d'État qui surfent sur les vagues de la privatisation imposée par la Banque mondiale, mais toujours avec un bout de planche de la Compagnie cotonnière... Ancienne éminence grise financière de l'ex-président malien Moussa Traoré, Cheikna Kagnassy, un géant impressionnant, d'un grand charisme, est l'un de ces Attilas qui enfoncent les flancs de la compagnie française. En quelques années, il est devenu le principal négociant privé de coton de l'Afrique francophone. Sa société, L'Aiglon, qui a ses bureaux à Genève, ses comptes dans le Canton de Zug (Suisse) et son siège social dans la partie *offshore* de Dublin, contrôle aujourd'hui près de quatre-vingts pour cent de la commercialisation du coton du Bénin et du Togo, et en partie celles du Cameroun et de la Côte d'Ivoire. Il est « l'ami » des chefs d'État. Il a ainsi aidé le président togolais Gnassingbé Eyadéma, à un moment, crucial pour ce dernier, où les élections tournaient mal et où il était abandonné par la communauté internationale, à l'exception de la France... Après l'avoir combattu, la CFDT a essayé de trouver un *modus vivendi* avec lui. Mais Cheikna Kagnassy, qui joue auprès des présidents africains une carte ultra-nationaliste, a les dents longues et compte bien récupérer quelques beaux bijoux de la vieille dame de la rue Monceau, si elle venait à trépasser...

Au Cameroun, toujours de façon très politique, la CFDT s'est employée à contrer une opération de privatisation sauvage de son partenaire local : la Sodecoton. Remise à neuf après quatre cent trente millions de francs d'effacement de dettes par l'État, la société cotonnière camerounaise s'est présentée toute pimpante à la privatisation avec comme dot quatre cent cinquante millions de francs de chiffre d'affaires et un bénéfice net de soixante millions, après toilettage du bilan. Au Cameroun, où chacun revendique le contrôle des produits de sa région, c'est « tout naturellement » que les barons du nord du pays, regroupés autour du lamido de Rey-Bouba, seigneur de la région, revendiquent en 1994 le contrôle de leurs champs de coton. Par la plume du lamido, ils interviennent fin novembre 1994 auprès du président Paul Biya, pour racheter les soixante-dix pour cent d'actions détenues par l'État dans le capital de la Sodecoton. Une sorte de privatisation politique de gré à gré. Homme du sud du pays, toujours à la recherche d'appuis politiques dans le Nord, le président camerounais applaudit des deux mains à cette initiative. Par cette opération, il compte s'attacher encore un peu plus les baronnies du Nord. Le 15 janvier 1995, il notifie donc dans un message codé « Très urgent » au ministre de l'Économie et des Finances, Justin Ndioro, son accord pour la cession des parts de l'État dans la Sodecoton à la SMIC (Société mobilière d'investissement du Cameroun) créée par le lamido avec les notables du Nord. Le 9 février, le lamido se fend d'une lettre au président Biya, lui exprimant sa « profonde reconnaissance et les remerciements des populations du département du Mayo-Rey, pour l'aboutissement rapide de cette demande dont l'impact est très important pour leur survie économique ». La fin de la lettre est pleine de mots doux pour le Président et sa famille. C'est le nirvana cotonneux.

Il ne dure pas longtemps. Douche froide le 28 mars 1995 : la direction générale de la Sodecoton dénonce une opération de déstabilisation par les notables du Nord en critiquant tout à la fois cette vente de gré à gré et le détournement de milliers de tonnes de coton-graine camerounais par les Nigérians pour alimenter leurs propres usines d'égrenage et de filature. L'amalgame entre les deux informations peut laisser à penser que le lamido était devenu nigérian. C'est le but de la contre-offensive. Le lendemain, c'est le ministre des Finances Justin Ndioro qui enfonce le clou, en dénonçant également la vente au nom d'une autre directive du chef de l'État : les opérations de privatisation doivent faire appel à la concurrence sauf... dérogation exceptionnelle. C'est justement cette dérogation que ce sont « auto-appliqués » les notables du Nord. Depuis, l'affaire s'est enlisée dans des procés croisés interminables... Mais le véritable *deus ex machina* qui a empêché l'opération « Lamido de Rey-Bouba », c'est Michel Fichet, qui a fait monter au filet tous ses « amis » politiques à Paris et sur place pour contrer la décision présidentielle. Alors ministre de la Coopération, Bernard Debré s'est ainsi rendu au Cameroun au mois de mars 1995 pour évoquer ce seul dossier. Avec son successeur à la Coopération, Jacques Godfrain, la CFDT s'est trouvée un soutien encore plus convaincu. Les deux ministres agissaient ainsi en fidèles hommes du Réseau et discutaient régulièrement de ce dossier avec Jacques Foccart, dans son appartement parisien de la rue de Prony ou à la villa Charlotte à Luzarches. Toutefois, à Matignon, on chantait sur une autre partition : engagée par Édouard Balladur, la politique de banalisation des relations politiques privilégiées franco-africaines, sur lesquelles s'appuyaient la CFDT pour maintenir ses filières, était poursuivie par son successeur Alain Juppé et ses diplomates. La CFDT avait ainsi été mise sur la liste des sociétés privatisables. Après une forte pression du Réseau, elle en sera retirée en février 1996. Auparavant, « l'exception cotonnière » avait beaucoup œuvré à tous les niveaux, y compris ministériel.

Le 27 septembre 1995, lors d'une petite fête organisée rue Monceau, Jacques Godfrain était encore très mobilisé pour défendre ce dernier bastion encore « pur » de la France en Afrique : « L'avenir des filières coton est l'exemple d'une de nos principales divergences d'appréciation avec la Banque mondiale », expliquait le ministre, en affirmant, « nous ne laisserons pas détruire par des " apprentis sorciers " le résultat de dizaines d'années d'expérience, appuyées sur les résultats d'une recherche agricole de haut niveau. Cela étant, des évolutions sont probablement nécessaires pour améliorer les performances des filières coton africaines et asseoir plus durablement leur compétitivité ». Le ministre préconisait le maintien de l'État avec une participation minoritaire au capital et l'entrée des producteurs... Encadrés par la CFDT, bien évidemment. Passablement énervé par les « technocrates » de la Banque mondiale qui lui reprochaient de vouloir substituer un « monopole privé » à un « monopole public », Michel Fichet, qui rentrait de Washington, reprenait en écho que « les sociétés cotonnières ne veulent surtout pas être les cobayes d'une expérimentation idéologique qui, au nom du libre choix, libre choix du producteur de vendre son coton-graine à qui lui offrirait le meilleur prix, libre choix de l'égreneur d'acheter ou de ne pas acheter le coton-graine produit, serait une nouvelle illustration du renard dans le poulailler ». Fâché, le « Monsieur coton » de la Françafrique remerciait chaleureusement le ministre pour son soutien « actif, constant et vigilant » à « l'exception cotonnière » franco-africaine, qui méritait d'être défendue « sans complexe ».

Quelques mois plus tard, à l'initiative de Jacques Godfrain, Michel Fichet était promu chevalier de la Légion d'honneur. En l'absence d'un soutien sans faille d'un pan restant du réseau Foccart, la CFDT aurait-elle si bien tenu le coup ? Non, sans aucun doute. Difficile après de faire la leçon en Afrique. Les présidents africains « amis », les mêmes qui soutenaient à la fin des années 70 l'ISERAM de Michel Fichet, ont été invités à faire pression sur les députés et sénateurs des comités France-Afrique de Paris pour qu'ils interviennent partout, au Sénat et à l'Assemblée nationale française, contre le viol de la déesse du coton de la rue Monceau...

Si la bataille du Réseau pour le maintien de la filière cotonnière, au nom de la politique franco-africaine, est la plus symbolique, d'autres combats ont été menés ces dernières années pour conserver à la banane ou au cacao leur drapeau tricolore. En 1992, au Cameroun, le dossier chaud de l'année était celui de la banane, protégée comme celle des Antilles, par un système de quotas instauré sous de Gaulle, pour son accès privilégié au marché européen. Ami de Jean-Christophe Mitterrand, conseiller aux Affaires africaines à l'Élysée, Paul Dijoud, alors directeur des Affaires africaines et malgaches du Quai d'Orsay, intervenait personnellement au téléphone auprès des responsables de la Caisse française de développement, pour qu'ils règlent les conflits locaux entre propriétaires et gestionnaires des plantations de la Compagnie fruitière de Robert Fabre. Paul Dijoud avait lui-même sympathisé avec Robert Fabre lorsqu'il était secrétaire d'État aux DOM-TOM dans le gouvernement Barre. Plus tard, la Compagnie fruitière laissera entrer dans son capital le groupe américain Dole, deuxième producteur mondial de bananes derrière Chiquita. La défense du drapeau ne se justifiait plus. Les interventions politiques en faveur des actionnaires « privés » des plantations de bananes, comme Robert Mbella Mbappe, ministre camerounais de l'Éducation nationale, ou Damase Omgba, l'âme damnée du président Biya, ont alors relevé du simple lobbying.

En Côte d'Ivoire également, on peut suivre l'éclatement du Réseau et de ses appuis en Afrique à travers la privatisation du secteur de la banane. Du temps du président Félix Houphouët-Boigny, la banane était totalement liée au groupe Rivaud, lui-même au cœur de la galaxie gaulliste en Afrique. Nous avons raconté dans le premier tome de *Ces messieurs Afrique* comment Vincent Bolloré, le jeune Breton à la mèche sage de premier communiant, avait repris le patrimoine des vieux nobles du groupe Rivaud : les comtes Jean de Beaumont et Édouard de Ribes. C'était il y a cinq ans. Aujourd'hui, avec une stratégie de banquier d'affaires, Vincent Bolloré n'en finit pas de sortir des placards les vieux manteaux et les vieux vestons, de bonne facture, des comtes du groupe Rivaud, pour les vendre, une fois dépoussiérés. En septembre 1996, Vincent Bolloré était lui-même allé annoncer, en tête à tête, au président ivoirien Henri Konan Bédié, son projet de vendre la banane de la SCB (Société de développement de la culture bananière), fleuron de Rivaud. La négociation a été longue : c'est seulement en juin 1997 que la reprise de la SCB par la Compagnie fruitère, toujours dans l'orbite de l'américain Dole, a été officialisée. Pour bien comprendre qu'un nouveau pan du Réseau s'écroulait avec cette opération, il faut savoir que, quelques années auparavant, la Compagnie fruitière avait raté une première tentative d'entrée en Côte d'Ivoire, conduite par son conseiller politique, Jean-Christophe Heidsieck, par ailleurs ambassadeur de l'ordre de Malte au Cameroun. La résistance du côté Rivaud avait été organisée, directement auprès de la présidence ivoirienne, par Michel Aurillac, ancien ministre de la Coopération et avocat du groupe.

En 1996, des proches de Jacques Foccart avaient également tenté de préserver une filière franco-ivoirienne du cacao au moment de la vente du groupe Cacao Barry, qui achète vingt-cinq pour cent de ses approvisionnements en fèves de cacao en Côte d'Ivoire pour les transformer en chocolat dans ses usines africaines. Déjà très investi dans l'hévéa au point d'avoir repris en amont, l'ancien groupe français SIPH (Société indochinoise de plantations d'hévéas), François Bakou, qui est chargé, par la famille Houphouët-Boigny, de gérer une partie de la fortune de l'ancien président, avait ainsi le soutien « politique » de l'Élysée pour racheter Cacao Barry. Mais François Bakou n'avait que 1,6 milliard de francs dans sa tirelire alors que les offres des groupes concurrents dépassaient les deux milliards. Et après les aventures financières des banques françaises comme le Crédit lyonnais, toute nouvelle opération politico-financière était vouée à l'échec. Le 20 mai 1996, François Bakou, employeur de Marion Dupuch, fille du conseiller pour l'Afrique de Jacques Chirac, fut néanmoins invité à l'Élysée, à la table du président lors du déjeuner offert en l'honneur du président Henri Konan Bédié. Mais la méthode Coué ne suffira pas. Paris n'a plus les moyens d'une politique de pré carré : Cacao Barry finira dans les bras du holding zurichois Klaus Jacob qui a mis 2,1 milliards de francs sur la table. L'année suivante, c'est le groupe américain Cargill, premier négociant mondial, qui entrera à son tour dans le capital d'une grande société ivoirienne de cacao, là où ne régnaient auparavant que les maisons de commerce françaises.

Depuis la dévaluation en 1994 du franc CFA, le secteur privé français est sur la défensive. La fin de la guerre froide a également entraîné la fin des chasses gardées et il n'y a pas seulement dans les secteurs des télécommunications, du pétrole et des mines que les entreprises françaises sont confrontées à fortes parties – de chasse – anglo-saxonnes. Si les anciens comptoirs, comme SCOA, CFAO ou Optorg, ont changé de main et ont été réduits à l'état de département de plus grosses entités, une petite centaine de grands groupes et leur millier de filiales conservent de « beaux restes » dans des pays comme la Côte d'Ivoire et le Gabon. Pour le commerce extérieur français, l'Afrique représentait encore en 1996 plus de quatre-vingts milliards de francs d'exportations, à comparer avec vingt-six milliards de francs seulement vers l'Amérique latine et trente milliards vers la Chine... Et en plus, c'est l'Afrique des plus pauvres qui rapporte gros car elle exporte moins : l'excédent de la France avec l'Afrique subsaharienne approche les quinze milliards de francs. Un des meilleurs de la balance commerciale française !

Si on ne rencontre pas beaucoup de nouvelles générations d'hommes d'affaires, passionnés d'Afrique, dans les capitales les plus actives du pré carré français, les « investis », ceux qui occupent la place depuis plusieurs décennies, disposent encore, pour défendre leurs intérêts, d'un dispositif « politique » moins obsolète que la plupart de leurs machines. Et la bataille pour la survie se mène autant à Paris que sur le terrain. À chaque visite d'un responsable africain en France, les comités Afrique des trois organisations patronales se livrent à une bataille feutrée pour être la puissance « accueillante » de la délégation. Quand ils ne peuvent pas faire autrement, ils s'allient en grinçant les dents autour de plans de table, dix fois bouleversés jusqu'à ce que leur invité lève son verre pour le toast. La plus riche, mais la moins présente en Afrique – sa clientèle étant plus composée par les PME que par les grands groupes – est la Chambre de commerce et d'industrie de Paris (CCIP), qui reçoit dans son bel hôtel particulier avec jardin à hortensias roses et bleus de l'avenue Friedland. Le comité Afrique du CNPF (Conseil national du patronat français), présidé par le très politique Michel Roussin, ancien ministre de la Coopération et directeur général de SAE International (Eiffage), a un autre rituel : il organise d'abord un petit séminaire d'information dans la salle Chaillot de son siège, avenue Pierre-Ier-de-Serbie, avant le traditionnel « déjeuner-débat » au George-V où au Prince-de-Galles. La cruauté des temps oblige toutefois souvent à transformer cette prestation de luxe en un petit déjeuner plus frugal au pavillon Gabriel, près des Champs-Élysées. L'atout du CNPF est d'être l'organisme officiel, contacté systématiquement par le Quai d'Orsay dès qu'une délégation étrangère – africaine ou non – désire rencontrer des hommes d'affaires français. Successeur à la présidence du comité Afrique du CNPF de Jean-Louis Vilgrain, patron du groupe agro-alimentaire Somdiaa, Michel Roussin a vite su jouer de cette nouvelle casquette. Reçu, peu après sa nomination, en audience à Dakar par le président sénégalais Abdou Diouf, il était accompagné d'autres patrons de filiales du groupe Eiffage, comme François Huguenin, président de Fougerolle International, intéressé par plusieurs grands projets hydrauliques. Du côté sénégalais, pour « faire plaisir » à une autre casquette de l'ancien ministre – celle de maire adjoint de Paris, chargé de la francophonie –, étaient présents non seulement les ministres de l'Équipement, des Transports, de l'Urbanisme, de l'Habitat... mais également les représentants sénégalais de la francophonie : Édouard Valantin, représentant personnel d'Abdou Diouf au Conseil permanent de la francophonie, et Mamadou Mané, secrétaire général de la Commission nationale pour la francophonie.

Le CIAN (Conseil des investisseurs en Afrique) défend de son côté les intérêts des groupes « investis », c'est-à-dire établis dans les anciennes colonies, souvent même avant l'indépendance. Le noyau dur des membres du CIAN est constitué par les groupes français dominants sur place dans les secteurs du commerce courant, des produits tropicaux et des travaux publics. Fonctionnant comme un club privé avec, comme membres privilégiés, les « Messieurs Afrique » des cent grands groupes qui ont encore plus d'un millier de filiales en activité dans une vingtaine de pays du continent, le CIAN organise ses déjeuners restreints au Pavillon Dauphine ou, de plus en plus, au Cercle militaire de la place Saint-Augustin. Présidé par Jean-Pierre Prouteau, ancien ministre de Giscard d'Estaing et ancien grand maître du Grand Orient de France, qui est l'un de nos « Messieurs Afrique » du tome I, le CIAN a une équipe d'animation totalement composée d'hommes aux connexions relationnelles africaines affirmées. Son délégué général, Jean-Louis Castelnau, est l'ancien patron Afrique-Moyen-Orient de l'Air liquide et son chargé de mission, Jean-Pierre Ranchon, un ancien directeur de la CFAO, « grand comptoir » repris par le groupe Pinault. Surtout préoccupé de l'environnement financier et fiscal de ses membres sur le terrain, le CIAN publie une enquête annuelle sur l'activité de ses entreprises, qui sert de viatique, toute l'année, pour les opérations de lobbying auprès des pouvoirs publics.

Sa force réside à la fois dans ses entrées auprès des présidences africaines et ses appuis politiques à Paris. Les présidents africains ne sont pas les derniers à savoir utiliser cet « écho des savanes » du secteur privé à l'Élysée et dans les administrations françaises. Surtout pour les « grands doyens » de petits pays. Invité le 11 mai 1995 à un déjeuner-débat du CIAN, à l'Hôtel Meurice, son hôtel préféré, le président togolais Gnassingbé Eyadéma appelait ainsi les entreprises françaises à venir rapidement : « Nous avons reçu des entreprises américaines, mais nous préférons discuter avec nos amis traditionnels », expliquait le chef de l'État togolais. En difficulté, Gnassingbé Eyadéma cherchait surtout à sortir du collimateur en offrant une « place privilégiée » aux entreprises françaises en échange de quelques entorses aux règles démocratiques de base.

Ses « amis » entrepreneurs l'ont d'ailleurs sérieusement aidé. Dans l'équipe de direction du comité du CIAN, s'activent des personnalités bien introduites dans les cercles du pouvoir franco-africain, comme Claude de Peyron et Jacques Rossignol. Conseiller de Thomson International, le premier, cousin de Chaban-Delmas, est très proche de Jacques Foccart depuis près d'un demi-siècle. Pas une seule manifestion « africaine » officielle à Paris où il ne soit présent. À la fin des agapes, s'il se trouve qu'il n'a pas été placé à portée de voix du ministre, sa silhouette longiligne distinguée et sa crinière blanche zigzaguent à la vitesse de l'éclair, à la rencontre du puissant « ami » : « Bravo Jacques, donc c'est d'accord, on dîne ensemble la semaine prochaine avec Jean-Marc. » Ce 24 avril 1996, à ce déjeuner du CIAN, « Jacques » était Jacques Godfrain, ministre de la Coopération, et « Jean-Marc », Jean-Marc Simon, son directeur de cabinet, aujourd'hui ambassadeur en Centrafrique. Autant être « ami » avec tous les responsables des dossiers...

Le second est sans doute l'homme d'affaires français le plus influent à la présidence de la Côte d'Ivoire. Lorsque Henri Konan Bédié, chef de l'État ivoirien, est à Paris, on peut souvent croiser le « fidèle » Jacques Rossignol dans l'ascenseur de l'immeuble de la rue Beethoven, où réside le Président. Patron d'un groupe textile et de plusieurs grandes entreprises françaises, Jacques Rossignol est incontournable.

Après des années de lobbying, le secteur privé français a réussi à participer aux commissions mixtes franco-africaines. Un comité de concertation secteur privé a par ailleurs été créé au ministère de la Coopération. Moins officiel et plus discrète, la véritable influence du CIAN se mesure surtout auprès de la CFD. Proparco, une filiale de la CFD, suit plus particulièrement les projets du secteur privé. Plusieurs entreprises et institutions du CIAN participaient à son capital, mais la Cour des comptes a estimé en 1996 que cette présence dans un établissement bénéficiant de subventions n'était pas vraiment compatible... Un club financier très « cosy », créé par Proparc, réunit régulièrement les principaux « clients » de la Caisse, tels que les groupes Accor, Bouygues, DMC, Spie, Castel, Thomson... avec les hauts fonctionnaires de l'établissement. Le verre de whisky à la main, enveloppé d'une petite serviette en papier, on parle du « pays » et des dossiers. En 1993, le club financier était présidé par Bernard Westercamps, l'éminence « africaine » du groupe hôtelier Accor, qui était cette année le principal bénéficiaire des prêts accordés par Proparco. Le CIAN a toujours « soigné » ses correspondants dans la maison et intervient dans les coulisses, par des canaux politiques, pour coopter, à tous les postes sensibles qui le concernent dans les ministères, des fonctionnaires « avertis ». Seul le commerce extérieur n'a, pour l'instant, pas succombé au feeling africain « vaporisé » par le CIAN.

Tout comme la CFDT ou Elf-Aquitaine, qui devait dans l'idée du général de Gaulle servir d'abord le « drapeau » pour assurer l'approvisonnement de la France en coton et en hydrocarbures, le patronat français en Afrique a été très lié, pendant plusieurs décennies, à l'appareil d'État et au réseau de Jacques Foccart. Aujourd'hui, la normalisation des relations entre le secteur privé français en Afrique et tous les intervenants publics est lié au désengagement politique de la France dans ses anciennes colonies. « L'exception africaine » a déjà été laminée du simple fait qu'il y a de moins en moins de groupes français dont l'activité sur le continent soit stratégique. Le coton, la banane et le pétrole « politique » aux couleurs du village franco-africain vivent leurs derniers combats.

LES CONSULTANTS

À deux pas de l'Élysée, au coin de la rue d'Anjou et du bas du boulevard Malesherbes, deux où trois voitures à plaque diplomatique bloquent constamment le passage. Les visiteurs africains, qui viennent chercher de l'assistance au bureau BK2F de « stratégie et communication », sont d'emblée impressionnés. Mais dès qu'ils s'engouffrent sous le porche du 19, pour découvrir dans le jardin « l'Hôtel d'Anjou », siège du grand communicateur Alexis Beresnikoff, avec deux « 2 F » comme son sigle, c'est la déception : non seulement les diplomates ne font pas la queue dans l'antichambre – ils se rendent en fait en face, à l'annexe de l'ambassade britannique qui délivre les visas – mais l'hôtel particulier annoncé est, au fond de la cour, une modeste mais sympathique petite maison de banlieue.

L'accueil est d'ailleurs chaleureux. Le « faiseur d'image » a déjà soigné la sienne : il travaille seul avec une secrétaire. Rien à voir avec la plaquette de promotion couleur BK2F, où l'on voit une kyrielle de jeunes experts dans un studio plus proche d'un centre opérationnel des armées que d'une agence de communication. Ces « sentinelles des médias » sont supposées traquer l'information sensible du client sur « cinquante-six chaînes de télévision, vingt stations de radio et trois agences de presse », comme l'assure le stratège, qui monte lui-même le scénario : « Un concurrent, une filiale, vous-même peut-être, venez d'être l'objet des médias ? Il faut réagir vite, immédiatement, pour que la déclaration ne vous plonge pas dans la crise redoutée. » BK2F se vante d'être cette « force d'intervention rapide spécialisée, arme stratégique du XXIe siècle », qui va permettre au client de reprendre l'initiative. Là est tout l'art du « faiseur d'image ». Ancien capitaine de vaisseau, Russe blanc descendant de Nicolas II, Alexis Beresnikoff, dont le père fut, sous le pseudonyme de « Corvisard », le bras droit du colonel Passy aux côtés du général de Gaulle à Londres, est devenu l'un de ses conseillers en communication pour président africain en mal d'image de bon gouvernant.

Dans son bureau de vingt mètres carrés, sa vie professionnelle et personnelle est accrochée sur chaque pan de mur : la noblesse avec une grande tapisserie d'Aubusson derrière son bureau, la Russie avec l'arbre généalogique de la dynastie des Romanov, l'Afrique avec une peau de léopard dont la tête est remplacée par un masque encore poussiéreux et, sur le quatrième pan de mur, un portrait du stratège chinois Sun Tzu, le maître à penser de Beresnikoff qui lui a consacré un mémoire. L'une des profondes pensées de Sun Tzu sert presque d'emblème aux dépliants du consultant : « Il faut être rapide comme le vent, posé comme la forêt, surprenant comme la foudre » (Sun Tzu, Ve siècle av. J.-C.). En avant toute vers les marchés africains. Mais, même avec l'aide de Sun Tzu, Alexis Beresnikoff a du mal à trouver une place assise entre deux « collègues », dans les salles d'attente des palais de l'Afrique au sud du Sahara.

Sous la double pression de lois de plus en plus restrictives sur le financement des campagnes électorales et d'affaires en cours d'instruction, la communication politique en France se fait pauvre. Il n'y a plus guère que dans l'armoire des fonds secrets de Matignon que les chefs de cabinet des ministres de la République peuvent venir encore puiser, en toute légalité, de grosses sommes d'argent liquide. Mais même là, ils repartent aujourd'hui avec de moins en moins de piles de plaquettes de cinq cents francs, gaiement colorées. Plus d'un ne s'en est jamais remis. La débauche de moyens des campagnes électorales des années 80 n'est plus qu'une nostalgie chez les conseillers des gouvernants. Alors pourquoi pas l'Afrique... ? Pour les équipes de « communicateurs » politiques d'Euro RSCG ou des vieux routiers médiatisés en France par des années de « lucarne » télévisuelle comme Michel Bongrand, Thierry Saussez, Claude Marti..., le continent noir n'est d'ailleurs pas seulement un marché d'appoint. Les relations étroites qu'entretiennent encore des hommes politiques français et des milieux d'affaires avec certaines présidences africaines permettent à ces « faiseurs d'image » un retour non négligeable dans l'Hexagone sur investissement africain. Leur ambition non avouée : devenir un incontournable « Monsieur Afrique » dans l'un ou l'autre des palais africains. Ils espèrent ainsi être tout à la fois le conseiller en communication interne et externe, le *missi dominici* auprès d'autres chefs d'État, l'apporteur d'affaires, le commissionnaire obligé des investisseurs... Ils ne deviennent en fait jamais cet homme-orchestre de rêve sous l'Équateur. L'époque du vrai marabout blanc, sorcier unique aux côtés du chef, est terminée. Les présidents africains pianotent désormais sur plusieurs registres et ont appris de Jacques Foccart, l'ancien chef du réseau franco-africain, à cloisonner. À travers plusieurs conseillers, ils sont tous branchés en stéréo sur Paris avec plusieurs sons de cloche partisans. En 1995, ils ont même su jongler, au sein du RPR, entre leurs amis chiraquiens et balladuriens qui s'affrontaient dans leurs capitales pour le vote des Français de l'étranger.

Toujours soucieux de maintenir des contacts privilégiés avec le personnel politique d'une France qui s'européanise et ne cherche plus, à l'exception du pétrole et du coton, les fruits de sa croissance dans ses anciennes colonies, les chefs d'État restent cependant très demandeurs de ces conseillers multicontacts qui prétendent porter leur casaque dans l'ancienne métropole. Ils pensent ainsi garder une oreille dans les cabinets ministériels et l'administration française. Savoir ce qui se passe à Paris reste, pour les plus anciens d'entre eux, la question du jour. Comme le réseau Foccart s'est étiolé, ils comptent sur le lobbying de consultants pour continuer à exister, rive droite et rive gauche, dans l'environnement de la tour Eiffel. Aux professionnels de la communication politique, toutes sortes de conseillers issus des milieux les plus divers sont également venus s'agréger pour exercer leurs talents dans les présidences africaines.

Alexis Beresnikoff est l'un de ces outsiders. Il est entré dans le circuit après avoir travaillé il y a quelques années avec les équipes africaines d'Euro RSCG dont le patron fut d'abord Jacques Séguéla avant de passer entre les mains d'Havas en 1993. C'est au début des années 80 que « l'homme de la force tranquille », le slogan de la campagne Mitterrand, avait monté une cellule africaine dans laquelle officiaient Marc Van Ghelder, Michel Aveline, Marc Osanno et Claude Bekok. De son côté, Alexis Beresnikoff œuvrait dans une filiale baptisée RSCG Crises. Pour ces experts du conseil à chefs d'État, c'était le temps béni de la « Paristroïka » et des inquiétudes suscitées dans les palais par quelques mots sur la démocratie prononcés par François Mitterrand au sommet franco-africain de La Baule. Après la vente fin 1990 de RSCG, les anciens de la cellule africaine monteront leur propre cabinet et finiront par se fâcher avec l'ami devenu concurrent. De par son pedigree professionnel où politique, chacun a ses spécialités. Beresnikoff fait jouer ses galons d'officier de marine et ses relations dans l'armée auprès des « frères d'armes » africains. Il a ainsi participé en 1996 à la campagne présidentielle de l'amiral Didier Ratsiraka surnommé, pendant la guerre froide, l'Amiral rouge, et qui a fait un retour inattendu au pouvoir. Mais il y a souvent loin de la coupe aux lèvres. Les communicateurs doivent souvent se rendre utiles à leur poulain, à fonds perdus, avant de toucher le jackpot une fois ce dernier installé au Palais.

La concurrence est rude. Pour survivre, il faut se positionner sur plusieurs pays. C'est une question d'économies d'échelle : il suffit de changer le nom du président au bas des propositions de contrat et de prestations.... Les plus gros consommateurs de conseillers ne sont pas toujours ceux que l'on imagine. En Afrique francophone, le plus réceptif aux marabouts blancs est le général-président togolais Gnassingbé Eyadéma. En très fort déficit d'image, il est un client rêvé. Et en 1986, Alexis Beresnikoff avait rêvé...

Petit pays de plus de trois millions d'habitants, en forme de doigt de gant coincé entre le Ghana et le Bénin, le Togo est dirigé par un général-président qui est, après la chute de Mobutu, l'un des derniers dinosaures de la « Françafrique ». Après avoir tué de sa propre gâchette, mais sur ordre, le premier président togolais Sylvanus Olympio en janvier 1963 et renversé quelques années plus tard le « civil » Nicolas Grunitzky, qu'il avait contribué à installer au pouvoir, Gnassingbé Eyadéma a toujours été dépité de ne pas être reconnu à Paris comme le meilleur défenseur des intérêts de la France en Afrique. Ancien sous-officier de l'armée française en Algérie, le président togolais, qui a fêté le 13 janvier 1997 ses trente ans de pouvoir, aspire aujourd'hui à être le doyen de l'Afrique francophone. Massif, cet homme du nord du pays, passionné de lutte traditionnelle et de parties de chasse – il a la réputation de chasser la baleine en hélicoptère –, dont l'un des principaux amis fut longtemps Franz Josef Strauss, le « prince » de la Bavière, a de tout temps eu comme principal défenseur à Paris Jacques Foccart. Il a été toutefois profondément meurtri quand ce dernier a raconté dans le premier tome de ses mémoires les commentaires du général de Gaulle après l'assassinat de Sylvanus Olympio : « Ils y passeront tous. Le tour d'Houphouët-Boigny viendra, le tour de Senghor... C'est leur faute : ils n'ont pas voulu de la Communauté, se privant du concours de l'armée française. » Par la suite, tous ces pays signeront avec la France des accords de défense, incluant, pour certains d'entre eux, des clauses secrètes pour des interventions françaises en cas de troubles intérieurs.

Dans le second tome de ses mémoires, Jacques Foccart rectifiera un peu « le tir », si l'on ose dire : « À sa façon qui est autoritaire, Eyadéma se comporte en chef d'État. Et il ne manque pas de mérite à rester francophile, car le gouvernement français, s'il continue à aider le Togo, n'est pas d'une grande amabilité envers son président. » Avec Jacques Foccart et l'ancien ministre de la Coopération, Bernard Debré, le seul soutien indéfectible d'Eyadéma en France reste Charles Pasqua. L'ancien ministre d'État se rendra ainsi à Lomé en décembre 1992, en pleine grève et en plein exode d'une partie de sa population, déclenchée par les exactions des militaires. « Pasqua éprouve, je ne sais pourquoi, une attirance particulière pour le Togo. Mais il ne rend pas service à Eyadéma en lui promettant alors qu'un nouveau gouvernement de cohabitation le soutiendra à fond », explique alors Jacques Foccart. Le 13 janvier 1997, pour fêter le trentième anniversaire de son arrivée au pouvoir, le chef de l'État togolais, qui a invité tous azimuts ses amis français, devra subir un nouvel affront : pas un ministre de la République ne fera le déplacement...

On comprend alors qu'il soit prêt à « cadeauter » tous les conseillers français qui sont à même de lui vendre à Paris de la « belle image » du Togo et, surtout, de son président. Il est également recommandé de faire venir des journalistes et des hommes d'affaires pour remplir les trois cent soixante-huit chambres climatisées de l'hôtel surdimmensionné du « 2 Février », dont cent quatre suites. Le contrat ne serait pas tout à fait rempli sans quelques informations de première main sur ce qui se passe à Paris dans les coulisses du pouvoir.

En septembre 1996, Alexis Beresnikoff a bien cru avoir pris une longueur d'avance dans le cercle étroit des lobbyistes de la communication africaine au Togo. Il s'est associé à Arnauld de Poligny, alias Jean Campion, un aventurier qui avait trouvé un filon : une émission pour présidents africains à l'ego à plat : *« Good morning Mr President ! »* Empruntant beaucoup à des émissions existantes aux États-Unis, ce magazine décrit par son fondateur comme « la seule émission présentant les leaders de la planète d'une façon conviviale, positive et apolitique à une audience aussi large », doit bien sûr être préfinancé par le président lui-même. La seule réelle difficulté pour les promoteurs de l'émission est de trouver des chaînes qui acceptent par la suite de le diffuser afin d'assurer au président-client l'audience planétaire promise : plus de cent millions de téléspectateurs dans plus de cent pays. Digne du concours de l'Eurovision ! Et les télévisions pressenties n'offrent, au mieux, comme Euronews, que quarante mille francs pour les treize minutes, au pire, comme la télévision suisse romande, qu'une poignée de main : « Nous acceptons de diffuser les émissions *" Good morning Mr President ! "*

d'une durée de treize minutes fournies par vous – sans contrepartie financière de notre part – et à la condition que ces films respectent notre ligne éditoriale », répond ainsi, le 8 avril 1996, le directeur des programmes d'Euronews à une proposition d'Arnauld de Poligny. Bref, c'est bien de la publicité, puisque c'est le client-président qui doit payer. Le « concept » de l'émission est de présenter l'homme dans son intimité, avec son album photos de la naissance à l'adolescence, d'illustrer sa popularité par des mini-interviews auprès des chauffeurs, valets, cuisiniers, femmes de chambre..., sans oublier ses voitures, vêtements, objets préférés, et, en final, les plus belles images de son pays. Comment refuser ?

Le général Eyadéma devait ainsi « passer à la casserole ». Alexis Beresnikoff avait intégré l'émission d'Arnauld de Poligny pour un montant de un million cent cinquante mille francs français dans un contrat global – annuel – de quatre millions huit cent mille francs, à sortir de la cassette d'Eyadéma. Reçu par ce dernier début septembre dans la résidence présidentielle de Paris, Alexis Beresnikoff lui propose le 23 septembre « une stratégie de communication tous azimuts capable de donner de votre pays une image rassurante et attirante pour les investisseurs potentiels du monde entier. Le défi que vous avez relevé est d'autant plus important pour vous que son succès conditionne peut-être votre réelection en 1998 », glisse à la fin le communicateur blanc, tout juste avant de présenter l'expression de sa très haute considération. Pour justifier les tarifs, il avait auparavant précisé que « rien n'était gagné d'avance », l'image du pays « n'étant pas brillante ».

Un simple contrat de communication ? Pas vraiment. Le document de présentation de cette « stratégie tous azimuts » propose des prestations qui sont très éloignées de la communication, comme « obtenir rapidement toute information sur une société ou une personnalité, tester discrètement et “ non officiellement ” pour le compte du gouvernement togolais les réactions de tel ou tel partenaire étranger avant de prendre une décision délicate ». Et ce n’est que le premier volet pour « bâtir une nouvelle image sûre et fiable du Togo ». Déjà BK2F anticipe sur le contrat potentiel suivant pour la campagne électorale du Général-Président : « Le cabinet pourra aussi, le moment venu, proposer une stratégie plus ciblée sur les prochaines élections avec, en particulier, une stratégie et un programme d’action qui assurent au parti au pouvoir non seulement une assise et une organisation nationale, type RPR en France, mais aussi une dimension internationale. »

Vous avez dit RPR ? Dès le lendemain, 24 septembre 1996, Alexis Beresnikoff signait une reconnaissance anticipée de dette à Arnauld de Poligny d’un montant d’un million cent cinquante mille francs français correspondant « aux frais de réalisation de l’émission *“ Good morning, Mr President ! ”* (huit cent mille francs) et à une commission (trois cent cinquante mille francs, dont dix pour cent du montant final revenant au cabinet BK2F), dans la mesure où le contrat proposé au président de la République du Togo sera intégralement honoré pour un montant total de quatre millions huit cent mille francs. Les versements se feront au prorata des encaissements du cabinet BK2F ». Et comment obtenir la signature de ce contrat par le général-président Eyadéma ? Grâce à un petit coup de pouce de Charles Pasqua, l’homme qui à Paris « a une attirance particulière pour le Togo », comme le dit si bien Jacques Foccart. Sur la reconnaissance de dette, Alexis Beresnikoff va ainsi prévoir, de la plume de son propre stylo : « Pour l’association Demain la France, dix pour cent du budget total, soit quatre cent quatre vingt mille francs, au prorata des versements » ! Le président Eyadéma a-t-il « intégralement honoré » le contrat permettant à Demain la France, l'association de Charles Pasqua, de toucher sa dîme ? Difficile de contrôler l'argent liquide. Et pour ses contrats en cours visant à ripoliner le look du président Didier Ratsiraka à Madagascar et de l'ex-président Denis Sassou-Nguesso au Congo, quel parrain politique Alexis Beresnikoff a-t-il été obligé de « cadeauter » ? Le « faiseur d'image » reste évasif, explique qu'il reste « un commis de l'État », parle de « pacte d'officiers », « d'amitiés anciennes » et regrette que la France en Afrique « ne se mouille que sous sa douche [1] ». On n'en saura pas plus.

« Je ne suis jamais parti en Afrique sur ordre, ni pour porter des messages [2] », se vante pour sa part Claude Marti, lui aussi appelé au chevet médiatique du général-président Gnassingbé Eyadéma. C'est à la veille de Noël 1996 que le président togolais lui a envoyé son avion personnel pour bénéficier « de quelques conseils » dont l'objectif final est toujours de se faire aimer à Paris d'une presse plutôt incrédule sur sa conversion aux règles démocratiques de base. Au mois d'avril 1997, Claude Marti revendiquait, comme au moins deux à trois autres marabouts blancs consultés, quelques « bons papiers » dans *Le Figaro* sur le Togo et son président. Non seulement l'ancien publicitaire, auteur des *Trompettes de la renommée*, conseiller en communication de François Mitterrand et de Michel Rocard, n'a pas d'états d'âme mais il estime que « la démocratie au Togo est l'affaire du peuple togolais » et se sent plus proche de la vision africaine de Jacques Foccart que de celle des chantres de la démocratie version La Baule.

Père, avec Jacques Séguéla, du marketing politique présidentiel de gauche, Claude Marti reste un passionné d'Afrique pour des motivations plus personnelles que professionnelles. Il aime rappeller que lui, le « wébérien protestant d'origine suisse » est marié à une « Noire tunisienne musulmane ». La famille élargie, il connaît. Est-ce pour cette raison que la fortune ne lui a pas souri en Afrique ? Trop de voyages et de travail jamais rémunérés ? Installé rue de Lisbonne, dans le VIIIe arrondissement de Paris, dans un grand appartement-bureau au mobilier déjà bien patiné, portant beau, comme un vieil acteur de cinéma, ses soixante et onze ans, sa voie rauque et sa moustache poivre et sel sur un sourire éternel, Claude Marti est plus « un homme à paradoxes qu'un homme à préjugés », selon sa propre définition. Avant de fréquenter les palais, il a commencé sa carrière dans les savonnettes. Né publicitaire, il assure déjà en Afrique dans les années 50 la promotion des produits de Shell et des Brasseries et glacières internationales. La communication politique ne le poussera sur le devant de la scène que dans les années 80, après l'installation de « la force tranquille » mitterrandienne à l'Élysée. En avril 1984, il sera chargé de sortir, autant sur le plan physique que médiatique, le président camerounais Paul Biya de son bunker, après une tentative de coup d'État, et de l'aider à reprendre « la parole ». Apeuré, le président camerounais avait en effet beaucoup de difficultés à réaffirmer sa légitimité alors que tout danger sécuritaire était écarté. « Monsieur Marti, vous avez sauvé mon pays », lui aurait alors dit le président camerounais. Paul Biya aurait pu ajouter : « Et mon fauteuil présidentiel »...

Par une simple opération de « communication externe » ? Peu crédible. Les présidents africains se choisissent surtout des conseillers blancs qui ont des relais, non seulement dans les médias, mais dans la classe politique française – voire américaine quand ils ont besoin de conclure des accords avec les organismes financiers internationaux. En 1984, le président camerounais était persuadé que le coup d'État tenté contre lui par des proches de son prédécesseur Ahmadou Ahidjo avait le soutien d'hommes politiques français, sinon de l'État lui-même. Claude Marti a dû faire passer quelques messages de réconfort de l'Élysée. Du simple lobbying ? En tout cas, l'année suivante, le président camerounais remplacera Claude Marti, surtout l'ami de Michel Rocard, par un homme carrément installé à l'Élysée, au cœur du pouvoir : Jean-Pierre Fleury. Ami d'enfance de Jean-Christophe Mitterrand, conseiller pour les Affaires africaines de son père, Jean-Pierre Fleury est alors totalement intégré à l'appareil d'État. Comme nous l'avons raconté dans le premier tome de *Ces Messieurs Afrique*, patron de la société ADEFI-International, Jean-Pierre Fleury accompagne Jean-Christophe Mitterrand dans les présidences africaines, à bord des Falcon du GLAM. À la clé, des contrats au Togo, au Congo, en Côte d'Ivoire... « On ne peut pas se fâcher avec Fleury si on veut rester en bons termes avec l'Élysée », expliquera ainsi un proche de l'ancien président congolais Denis Sassou-Nguesso.

Si tous ces consultants sont avant tout des lobbyistes, leurs connexions dans l'appareil d'État en France importent souvent plus pour les présidents africains que leur talent de communicateurs. Parfois, certains marabouts blancs en viennent à dépasser la ligne rouge entre conseiller privé et conseiller officiel. C'est ainsi arrivé à Bernard Vatrican, un homme placé en 1984 par Claude Marti auprès du président guinéen Lansana Conté et qui s'est senti investi d'une mission qui n'avait plus grand-chose de commun avec la communication. Il entendait exercer à plein son rôle de marabout blanc donnant presque des ordres à l'ambassadeur de France, au nom de son maître. Après son éviction du Cameroun et ses déboires en Guinée, Claude Marti effectuera quelques « piges » au Gabon. Il sera rémunéré deux cent mille francs que lui apportera en billets, dans une valise, un conseiller personnel du président Omar Bongo. « Je lui ai remis un reçu », s'empresse de préciser Claude Marti. Il interviendra également en Centrafrique auprès de l'ancien président Kolingba et au Bénin pour un bilan-diagnostic de l'échec du président Nicéphore Soglo à sa propre succession en 1996. Au Niger, CMC (Claude Marti Communication) abandonnera la même année la communication de l'ancien président Mahamane Ousmane pour celle du putschiste Ibrahim Baré Maïnassara, surnommé « IBM » qui, par la suite, laissera son uniforme au vestiaire pour rebondir en « président civilisé » aux termes d'élections contestées.

Claude Marti prendrait-il goût à la communication des galonnés en voie de légalisation ? Officier de la légion d'honneur, l'homme qui assure toujours tenir compte « des intérêts de la France » n'a en tout cas pas peur d'agir en franc-tireur. Depuis de longues années, Claude Marti est ainsi, à Paris, l'un des contacts du colonel Kadhafi. Sur les murs de son bureau un poster reprend l'une des unes du *Nouveau Quotidien de Lausanne* : « Le colonel Kadhafi engage un Suisse pour faire sa pub » et Claude Marti ne cache pas que le tapis foulé aux pieds par le visiteur lui a été offert par Abdesselam Senoussi, le propre beau-frère du colonel Kadhafi. Abdesselam Senoussi est « cité » par le juge Jean-Louis Bruguière dans l'affaire de l'attentat du DC 10 d'UTA. Dans cette affaire, Claude Marti avait facilité la venue à Tripoli de journalistes français auprès du colonel Kadhafi. Il pousse toutefois le bouchon un peu loin lorsqu'il affirme que c'est lui qui a persuadé le journaliste Pierre Péan de publier, en mai 1992, son livre *UT 772 : contre-enquête sur un attentat attribué à Kadhafi*[3]. Un ouvrage qui défend la thèse selon laquelle un autre pays que la Libye était le commanditaire de l'attentat contre le DC 10 d'UTA. Claude Marti affirme en avoir la preuve, mais que les autorités libyennes refuseraient d'accuser un État ami... Le conseiller en communication a en tout cas été l'objet d'écoutes téléphoniques dans le cadre de l'enquête du juge Jean-Louis Bruguière sur cette affaire. Pour le compte de ses clients, il a lui-même acheté deux cents exemplaires de cet ouvrage. À la suite de cette opération de « commercialisation », Pierre Péan, furieux de la tentative de récupération de son enquête, s'est fâché avec Claude Marti. Déjà, pour *Affaires africaines*[4], il avait dû repousser les avances du « conseiller politique » qui se disait en mission commandée du président François Mitterrand afin qu'il renonce à sa publication. Le « communicateur », qui reconnaît les faits, explique de son côté qu'il n'y avait là rien de déshonorant puisque le *« deal »* avec le président Omar Bongo, anti-héros du livre, portait sur la libération de prisonniers politiques et non sur une mallette de billets...

Coïncidence ? Dans le même immeuble de la rue de Lisbonne s'est installé un autre grand communicateur : Thierry Saussez. Bronzé toute l'année, cet *aficionado* des petits déjeuners de l'Hôtel Bristol n'est pas encore « Saussez l'Africain », mais il est en bonne voie de totémisation dans les présidences. Il est vrai qu'avant de créer son propre groupe, Image & Stratégie, cet ami de Nicolas Sarkozy et maire adjoint de Rueil-Malmaison aux côtés de Jacques Baumel fut pendant plus de dix ans (1972-1982) directeur de la société Michel Bongrand SA. Ce dernier était un vieux copain de Jacques Foccart qui raconte dans ses mémoires qu'il fut l'un des membres, dans la Résistance à Londres, du premier commando chargé de mener des opérations dans les camps de déportés avant l'arrivée des alliés. Par la suite, le secrétaire général des Affaires africaines et malgaches recommanda Michel Bongrand aux présidents qui se plaignaient d'être méconnus, donc maltraités par la presse. En 1994, lors d'un dîner officiel à Paris du général-président Eyadéma présidé, du côté français, par Michel Roussin, alors ministre de la Coopération, Michel Bongrand, conseiller en communication du président togolais depuis un an, avait trouvé amusant d'être présenté sur le plan de table comme « fonctionnaire de la coopération ». Deux ans plus tard, il sera vivement encouragé à s'occuper du président comorien Mohamed Taki, parrainé par Jacques Foccart. Ce n'est plus la grande famille des communicants politiques mais un vrai phalanstère. La plupart de ces stars de la langue agile sont par ailleurs francs-maçons, souvent dans des loges du Grand Orient de France, ce qui n'empêche pas parfois de solides mésententes fraternelles.

Thierry Saussez débarque d'abord, en 1996, en Côte d'Ivoire, sur la recommandation de Dominique André, conseiller national d'une association de coopération du RPR et beau-frère de Michel Roussin. Il y a déjà à la présidence, comme on le verra plus tard, un discret communicateur : Marc Vanghelder. Mais ce dernier ne traite « que » le Président. Le fleuron de la présence française en Afrique, premier producteur mondial de cacao, peut s'offrir plusieurs « ventriloques », selon la propre expression du messager Saussez. Image & Stratégie remporte, après appel d'offres, un premier contrat de trois millions de francs avec le ministère ivoirien de la Communication pour redorer la perception du pays dans la presse européenne. Premier bénéficiaire : le restaurant Chez Edgar, rue Marbeuf, qui accueille régulièrement de grandes tablées de journalistes autour de ministres ivoiriens, puis par la suite congolais, malgaches et togolais, au gré des contrats d'Image & Stratégie. La presse économique est particulièrement choyée. L'homme de terrain de Thierry Saussez, qui mène ses opérations africaines, est François Blanchard, un homme chaleureux dont la propre fille reconnaît les talents oratoires – « Papa, ta langue, c'est ton crayon » –

et qui a fait ses écoles chez Villeroy et Boch à l'âge de dix-neuf ans en vendant de la faïencerie. En matière de communication politique, il se fera plus tard les dents dans l'entourage de Marie-France Garaud... Plutôt acérées. Également attaché, comme Thierry Saussez, à Jacques Baumel – il est le troisième adjoint à la mairie de Rueil-Malmaison –, François Blanchard, n'a pas son pareil pour brancher, à l'heure H, un candidat-président africain sur un journaliste parisien. Il connaît sur le bout des doigts les heures de bouclage et les goûts culinaires de la petite poignée de journalistes rubricards de l'Afrique dans la presse d'opinion. Un grand maître. Une petite interview gracieuse en bas de page dans la presse française la veille d'une échéance électorale à Madagascar peut parfois déboucher sur un gros contrat du nouvel élu. C'est du moins le but de la manœuvre. Mais toujours, à l'origine, il y a une impulsion politique de l'État ou d'un lobby, et parfois des deux, pour pousser un communicant dans le Palais.

Mai 1997 en Angola : la France, et surtout sa compagnie pétrolière Elf, est dans une position difficile. Elle a perdu la main au Zaïre en tenant trop longtemps celle du maréchal Mobutu. Ce dernier était, dans l'Angola voisin, le principal soutien de Jonas Savimbi, le chef rebelle de l'Unita, ancien chevalier blanc des occidentaux contre le gouvernement marxiste installé à Luanda avec l'appui des Russes et des Cubains. Depuis la fin de la guerre froide, Washington a non seulement laissé tomber Mobutu au Zaïre mais également Jonas Savimbi en Angola. Paris a fait exactement l'inverse. Deuxième producteur de pétrole du continent derrière le Nigeria, l'Angola est devenu un bastion stratégique dans le jeu de go que se jouent les compagnies pétrolières internationales. Elf a découvert dans ce pays le plus important gisement opéré par la compagnie dans le monde. La firme française aimerait bien obtenir les permis voisins en eaux profondes qui jouxtent ce gisement. Par l'intermédiaire de plusieurs *missi dominici*, les Américains, dont les compagnies Exxon et Chevron sont sur le coup, conseillent vivement au gouvernement angolais de ne pas mettre ses œufs dans le même panier en accordant aux Français ces nouveaux permis. D'autant, ajoutent les mêmes, que dans les coulisses, les Français sont désormais les seuls à défendre l'Unita de Jonas Savimbi. Ils accompagnent même cette remarque de quelques listes de militaires français supposés se trouver dans l'entourage de l'ex-chef rebelle...

Pour détendre l'atmosphère, le président Jacques Chirac reçoit en novembre 1996 le Premier ministre angolais à l'Élysée et envoie la semaine suivante le ministre français des Affaires étrangères, Hervé de Charette, auprès du président José Eduardo dos Santos. Le patron d'Elf, Philippe Jaffré, descend lui-même à plusieurs reprises dans la capitale angolaise. Mais la bataille se joue également sur le plan médiatique. Le gouvernement angolais a signé un contrat de communication avec Herman Cohen, ancien secrétaire d'État américain aux Affaires africaines qui s'est associé à James Wood, ancien secrétaire d'État à la Défense au sein du cabinet Cohen & Wood. Soutenu par les compagnies pétrolières, ce lobby est très efficace à Washington, qui n'est plus l'horrible capitale de l'impérialisme aux yeux des Angolais. Paris a de moins en moins d'écoute à Luanda. Jacques Godfrain, le ministre de la Coopération, doit aller lui-même faire des amabilités en Angola avec une cohorte de chefs d'entreprise français, mais sans trop de succès. Les Angolais font la mauvaise tête. Ils refusent en particulier de rembourser une petite dette de soixante millions de francs à la Caisse française de développement, bras financier de la coopération française. Une cacahuète comparée aux revenus pétroliers. Mais qui bloque de nouveaux prêts d'un montant supérieur à cinq cents millions pour des projets intéressant des entreprises françaises qui s'impatientent et mettent l'Administration sous pression. C'est alors qu'Alain Belais, le chef de cabinet de Jacques Godfrain, conseille à Thierry Saussez d'aller faire des offres de service de communicant à Luanda pour relayer l'effort de présence politique de la France. Pour entrer au palais du président angolais, il faut toutefois une bonne introduction. On lui conseillera de se rapprocher de Jacques Rigaud. Cet ancien conseiller commercial français à Luanda est passé au privé. Il a créé France International Services, qui est l'entreprise la mieux introduite sur place.

Le parrainage dans le village n'est pas seulement conseillé mais obligatoire. Hors de la cooptation, point de salut. Politique, familial ou maçonnique, le lien doit être solide pour crédibiliser le « parent » ou le « frère » présenté à la porte du Palais.

Quand Henri Konan Bédié s'ouvre fin 1994 au nouveau ministre de la Coopération, Bernard Debré, de ses problèmes « d'image », l'urologue préféré des chefs d'État, autant africains que français, le fils de Michel Debré, un ancien Premier ministre du général de Gaulle, ne peut rien refuser au président ivoirien. La Côte d'Ivoire, où il a fait ses classes en 1964, est devenue avec le Togo et le Gabon l'une de ses destinations professionnelles et de vacances préférées. Président en France du Centre international de la famille, il était à nouveau le 16 avril 1997 à Abidjan pour fêter le premier anniversaire de l'association humanitaire Servir d'Henriette Konan Bédié, épouse du chef de l'État. Il s'est proposé de former en France des membres de cette association et de susciter des fonds en sa faveur. De la communication humanitaire...

Pour le volet professionnel, Bernard Debré va demander à son cousin, Alain de Pouzilhac, patron d'Euro

RSCG depuis 1993, de lui trouver un conseiller afin de ciseler l'image du candidat Henri Konan Bédié pour les présidentielles d'août 1995. Arrivé au pouvoir en décembre 1993, à la mort du président Houphouët-Boigny, en vertu de l'article 11 de la Constitution ivoirienne qui ouvre les portes du Palais au président de l'Assemblée nationale pour assurer l'intérim, Henri Konan Bédié a besoin de se faire légitimer. Alain de Pouzilhac envoie au président ivoirien Marc Vanghelder, un ancien de l'équipe « Afrique » d'Euro RSCG, qui officie désormais dans la société affiliée : Leader et Opinions. Installé boulevard de Latour-Maubourg, ce passionné de bolides – ses propres Jaguar et Ferrari sont en photo grand format dans son bureau – et de Napoléon commencera ainsi à gérer l'image du président ivoirien entre deux coups de fil pour aider ses amis politiques de la majorité dans le sud de la France.

Une fois Henri Konan Bédié élu, Marc Vanghelder bénéficiera d'un autre contact pour « travailler » l'image du Président auprès de la presse française. Longtemps resté au fond du bois, dans l'ombre du président Félix Houphouët-Boigny, le président ivoirien a été habitué à être aussi loquace que Bouddha, dont il a également épousé les formes. À l'initiative de Marc Vanghelder et de son collaborateur Jean-Marie Guilbert, Henri Konan Bédié passera fin 1996 plusieurs semaines en thalassothérapie à Biarritz et perdra une bonne dizaine de kilos... Par contre, toujours aucune disposition pour rencontrer des journalistes. Un « client » comme Bédié étant délicat à traiter, le « faiseur d'image » aura tout intérêt à avoir dans l'entourage présidentiel une porte d'entrée sûre. Pour Marc Vanghelder, c'est Georges Ouegnin, l'incontournable directeur du protocole qui était déjà présent du temps du prédécesseur, Félix Houphouët-Boigny. Personnalité connue et souvent crainte du village franco-africain, Georges Ouegnin, qui tutoie

Jacques Chirac, lequel lui a accordé la nationalité française, a un frère médecin, George Armand, qui a fait ses études à Paris dans le service de Bernard Debré. On est en famille.

L'équipe de Thierry Saussez s'appuie de son côté, à la présidence, sur Alain Dewé, un Français ami de Bédié dans la période de traversée du désert du chef de l'État. Ancien directeur de l'entreprise Jean Lefebvre en Côte d'Ivoire, du temps des belles années où le bitume coulait à flots, Alain Dewé joue, comme conseiller personnel, sur plusieurs registres auprès du Président. Le matin apporteur d'affaires, il se fait l'interface obligée entre les entreprises françaises et les responsables ivoiriens. L'après-midi, communicateur, il peut tout aussi bien monter des opérations de communication avec la presse spécialisée sur l'Afrique à Paris. Franc-maçon, homme-passerelle, Alain Dewé, qui se disait très proche de Jacques Foccart, a pour abri fétiche de son travail relationnel à Paris l'Hôtel Raphaël. Dès que les portiers voient, sortant du bar, la silhouette d'Alain Dewé, le cigarillo aux lèvres, la mine toujours bronzée sous une mèche étudiée et le manteau beige en cashmere négligemment posé sur les épaules, ils foncent chercher la Mercedes rutilante de « Monsieur Dewé »... C'est seulement à Abidjan qu'il a droit à un respectueux « Monsieur le Conseiller ». Dire que l'harmonie règne à la présidence dans les opérations de communication entre l'équipe Vanghelder-Ouegnin et Saussez-Dewé serait mentir. Avec la disparition de Jacques Foccart, les relations entre Paris et Abidjan se sont atomisées, chaque lobby cherchant des points d'appui dans les deux capitales pour assurer la pérennité de ses affaires.

Si, en Côte d'Ivoire, seuls Thierry Saussez et Marc Vanghelder se mènent une concurrence sauvage, au Congo-Brazzaville, c'est un vrai feu d'artifice dans le village des communicateurs autour de deux « frères » ennemis qui s'affrontent à mort pour le pouvoir. Le premier est le président, Pascal Lissouba. Le second est son prédécesseur, Denis Sassou-Nguesso. Autrefois alliés, les deux hommes sont devenus des « frères » ennemis dans tous les sens du terme : Pascal Lissouba a été initié au Grand Orient à Besançon alors que Denis Sassou-Nguesso est entré en maçonnerie dans une loge sénégalaise affiliée à la Grande loge nationale française. Pascal Lissouba est un compagnon de fraîche date alors que Denis Sassou-Nguesso est un maître un peu plus vieux. Avant d'entrer en guerre en mai 1997 et de mettre la capitale du pays, Brazzaville, à feu et à sang, chacun d'eux s'était offert des « communicateurs » pour mener à Paris la bataille médiatique. Du côté de Sassou-Nguesso, on retrouve plusieurs de nos « faiseurs d'image » rencontrés dans d'autres pays, comme Alexis Beresnikoff (BK2F) ou Thierry Saussez et son homme de terrain. Jeannette Dewitte, une vieille amie de l'ancien président, est aussi sur le front, avec Jean-Paul Pigasse, ancien directeur de *Jeune Afrique*. Ancien assistant parlementaire d'Anne-Marie Couderc et neveu de Gaston Leduc, Alain Olivier-Rémond a également rejoint les marabouts blancs de Sassou-Nguesso.

Du côté de Pascal Lissouba, c'est surtout Michel Aveline qui a raflé la mise avec le soutien du ministre-directeur de cabinet Claudine Munari, « l'homme fort » du Palais. À travers la société Mazarin, où il était associé à l'origine avec Stéphane Fouks et Marc Osanno, ses anciens copains d'Euro RSCG, Michel Aveline, qui avait déjà remporté en 1994 le contrat pour la campagne des législatives, a monté le journal de la présidence et assure également la « promo » du ministre de l'Économie et des Finances, Moungounga-Nkombo-Nguila, l'homme qui tient solidement la « caisse »... Mazarin avait évalué le budget de la campagne 1994 à six cent mille francs, par tête de candidat. Étaient facturées : des affichettes personnalisées et des clips audio, sans oublier les bons conseils de la société de « com »... Sur ce budget, Michel Aveline précise de sa main que c'est « le coût Mazarin sans frais commerciaux pour les " intéressés ". À eux de faire leur budget. »

Avant le déclenchement de la guerre à Brazzaville, le 5 juin 1997, Michel Aveline avait vu grand pour la campagne présidentielle de Lissouba, qui devait se dérouler fin juillet : importation de matériel d'infographie, audiovisuel, logistique des meetings... Il avait un nouveau contrat en poche – avoué – de l'ordre de cinq millions de francs, entièrement pour Mazarin [5]. Afin de sensibiliser à Paris les journalistes d'influence, le candidat-président Lissouba dispose également d'autres communicateurs comme Marc Vanghelder, que l'on a déjà vu à l'œuvre en Côte d'Ivoire, ou de « plumes » comme celle de Daniel Trinquet, un éditeur plutôt classé à droite de la droite (Première ligne, Odilon Média).

Mais une fois encore, l'essentiel n'est pas là. Il est surtout dans la capacité des marabouts blancs d'influer sur la politique des grandes capitales du Nord à l'égard du client-président. Dans l'article 4 de son contrat, le cabinet Mazarin se proposait ainsi de « monter des opérations de lobbying à Washington, à Bruxelles et à Paris, pour débloquer des fonds et faire avancer les dossiers congolais ». Car il n'y pas que Paris. Avoir des « amis » à Washington, qui pèsent sur les organisations financières internationales comme la Banque mondiale et le Fonds monétaire international, est devenu déterminant. Plus le pays a mauvaise réputation outre-Atlantique, plus le lobbyiste devra être intégré dans l'appareil d'État du pays.

En mars 1994, le président gabonais Omar Bongo avait ainsi « loué les services » de l'ancien secrétaire d'État aux Affaires africaines, Herman J. Cohen. Dans un projet en matière de relations gouvernementales et publiques, ce dernier avait proposé un contrat de quatre millions de francs au gouvernement gabonais, en expliquant en particulier dans un mémorandum de trente pages que « le Gabon est considéré par quelques investisseurs comme un pays où la corruption rend difficile la bonne marche des affaires ». Pour « améliorer l'image de marque du Gabon » aux États-Unis, Herman Cohen ne bénéficiera finalement « que » d'un contrat d'un million et demi de francs par an pour notamment « propager des articles en faveur du président Bongo et du Gabon dans les médias américains ». L'ancien secrétaire d'État américain explique dans ce mémorandum qu'il compte parmi ses relations les plus hauts chefs d'État et hommes d'affaires africains, qu'il est connu de tous, aussi bien aux États-Unis qu'en Europe, et qu'il peut « rapidement s'entretenir avec de hauts dignitaires qui s'intéressent aux Affaires africaines tant au niveau gouvernemental que commercial ». Aux États-Unis, poursuit l'ambassadeur Cohen dans son autobiographie, « il entretient de solides relations avec les membres du Congrès et leurs personnels qui travaillent sur des projets de loi touchant à l'Afrique. De plus, il a un parfait accès à toutes les différentes agences gouvernementales traitant des affaires étrangères, du commerce international et des services secrets ». Herman Cohen souligne également la présence dans son équipe de Ray Scott, qui réside à Little Rock dans l'Arkansas, où « il travaille en qualité de conseiller des défenseurs du président Clinton qu'il connaît depuis des années en tant que partenaire politique ».

SECONDE PARTIE

LES FRANCS-MAÇONS

Les yeux un peu bouffis par d'incessants vols de nuit et des agapes toujours trop arrosées, Guy Penne, le nouveau conseiller pour les Affaires africaines de l'Élysée, est introduit au Palais, à Cotonou, dans le bureau du président Mathieu Kérékou. C'est l'été 1981 : depuis quelques mois, la gauche s'est installée au pouvoir en France. Alors marxiste-léniniste affiché, le président béninois n'en regarde pas moins d'un air soupçonneux le conseiller français s'avancer vers lui, le veston un peu froissé. En 1975, Paris avait donné son feu vert à une tentative de coup d'État au Bénin, opérée par Bob Denard et ses mercenaires. Plus tard, à l'issue d'élections, Mathieu Kérékou perdra le pouvoir. Après quelques années de traversée du désert, il reviendra en 1996 transformé en « président-caméléon », transi de libéralisme et de ferveur religieuse, une bible sur son bureau, la faucille et le marteau dans le placard. Mais quinze ans plus tôt, en 1981, Kérékou avait une paranoïa justifiée et n'était pas un interlocuteur facile pour le tout nouveau chargé des Affaires africaines de la France « impérialiste ». Au début de la conversation, Guy Penne n'était d'ailleurs pas très à l'aise face au « camarade révolutionnaire ».

Après avoir tripoté sa cravate au motif de chaînes symboliques, il se jette à l'eau :

« À propos, monsieur le Président, je voulais vous prévenir que cet après-midi, on va se réunir avec mes amis francs-maçons.

– Ah ! parce que vous êtes franc-maçon ? » feint de s'étonner Mathieu Kérékou, au large visage mâtiné d'ingénuité.

« Oui, monsieur le Président.

– Et le président François Mitterrand le sait ?

– Bien sûr, monsieur le Président.

– Qui me dit que vos amis béninois ne complotent pas contre moi ?

– Je puis vous assurer du contraire, monsieur le Président. Ils vous ont d'ailleurs demandé l'autorisation de se réunir, mais vous n'avez toujours rien signé. Je préfère en tout cas vous dire moi-même que je vais participer à cette réunion, avant que l'un de vos policiers ne vienne vous raconter je ne sais quelle histoire. »

Dignitaire du Grand Orient de France, Guy Penne passera ainsi son après-midi à une « tenue » de la Grande Loge du Bénin. Il fera lui-même signer un peu plus tard au président béninois une autorisation de réunions régulières pour ses « fraters ». Il disposera ainsi dans tous les pays africains d'un ou deux vénérables pour quelques renseignements confidentiels, autres que ceux des circuits officiels. Le plus connu de ces « frères » sur lequel il s'appuiera dans les capitales africaines, est au Cameroun l'avocat Gérard Wolber. Avant le Parti socialiste, il a déjà passé de chaleureux moments avec ce dernier à la MNEF (Mutuelle nationale des étudiants de France), où les deux responsables échafaudaient chaque soir les stratégies meurtrières des réunions du lendemain. Rien de tel que la politique syndicale diurne qui se termine dans les agapes des loges pour former les hommes de pouvoir. L'un des seuls Blancs inscrits au barreau de Yaoundé, Gérard Wolber, analyste hors pair de l'ethnopolitique locale, sera l'antenne du « frère » Penne. Secret pour secret, celui de la maçonnerie vaut largement le chiffrement des télégrammes de l'ambassade. Plus d'une fois le conseiller de l'Élysée laissera le « frère » Wolber un peu décontenancé sur le tarmac de l'aéroport de Yaoundé, en redécollant immédiatement avec un Falcon non immatriculé. Pas même une équerre et un compas sur l'aile...

Dans l'Afrique des totems et tabous, où l'initiation est la base commune de la vie au village, la franc-maçonnerie, cette « sorcellerie blanche » de tous les rites, qui s'est formalisée dans la froide Angleterre du XVIIIe siècle pour éviter aux princes de s'étriper pour le trône, ne pouvait que susciter de l'intérêt. Les frères maçons français ont su très vite utiliser ce ressort de pouvoir pour coopter les futurs dirigeants des anciennes colonies. Après le passage dans les écoles religieuses, les temples attendaient les meilleurs. Du moins, les francophiles qui avaient bien assimilé l'esprit tour Eiffel. Ancien ministre de la France d'outre-mer, François Mitterrand, qui a veillé un temps sur « les colonies » avant de devenir, trente ans plus tard, président de la République française, n'avait pas choisi par hasard, en 1981, Guy Penne, chirurgien-dentiste de profession, pour s'occuper de l'Afrique. Dans ses mémoires [1], Jacques Foccart, interrogé sur le choix de Guy Penne par Mitterrand pour contrer son réseau, explique : « Beaucoup de gens se sont donné beaucoup de mal pour démolir des réseaux qui n'existaient pas. L'objectif de Penne était différent. La gauche, éloignée du pouvoir depuis plus de vingt ans, trouvait un vide autour d'elle, pas seulement en Afrique. Les nouveaux gouvernants cherchaient des hommes sur lesquels ils allaient pouvoir s'appuyer. Assez naturellement, Guy Penne s'est mis en quête de ce genre d'appui auprès de ses amis francs-maçons. Les réseaux francs-maçons avaient le mérite d'exister, et la gauche y a toujours été bien introduite. Le premier Africain qui a été associé à cette opération est Omar Bongo. Je ne crois pas que Penne ait été de ceux qui fantasmaient sur " les réseaux Foccart ". Il a voulu tisser des liens d'amitié et de camaraderie semblables à ceux que j'entretenais depuis plus de trente ans. Je ne peux pas lui en vouloir d'avoir noué de bonnes relations avec des hommes qui étaient et restaient mes amis. »

Si le conseiller Afrique de trois présidents gaullistes a toujours eu du mal à avouer être le chef opérationnel du réseau franco-africain, il ne fait apparemment aucune doute dans son esprit qu'il y ait eu des « réseaux francmaçons » activés par Guy Penne depuis l'Élysée. Dans le Paris-village africain, les hommes de pouvoir se sont en fait toujours définis selon deux appartenances : francmaçon ou missionnaire. Jacques Foccart, qui longeait à toute heure dans sa maison de Luzarches, une grande fresque du père Charles de Foucault avant de rentrer dans son bureau sous les combles – sa « case à fétiches » –, était plutôt tendance Vatican. Les renseignements les plus solides qui lui remontaient du continent noir venaient directement des évêques africains et des télégrammes diplomatiques des nonces apostoliques. Des informations soigneusement recoupées par celles des congrégations religieuses de terrain : jésuites, Opus Dei, Compagnie de Jésus, Pères Blancs... Cela n'empêchait pas Foccart d'avoir de nombreux francs-maçons parmi ses amis.

Quand Foccart parle de la gauche « bien introduite en franc-maçonnerie », il fait référence au Grand Orient de France (GOF), une obédience dont le principe de base n'est pas, contrairement aux autres présentes en Afrique, plus conservatrices, comme la Grande Loge nationale française (GNLF) ou la Grande Loge de

France (GLF), la croyance en un Dieu, créateur et Grand Architecte de l'Univers. Le Grand Orient de France se définit par son attachement aux valeurs de la République – Liberté, Égalité, Fraternité –, adoptées en 1848 par la IIe République et fêtées avec rituel dans les loges. Dans la mouvance SFIO des années 50 et 60, dont le secrétaire général était Guy Mollet, le Grand Orient s'était implanté dans plusieurs pays africains avec l'étendard de l'école laïque de Jules Ferry et d'une France égalitariste et républicaine : « Il faut traiter d'égal à égal avec l'Africain », assurait le convent du Grand Orient, l'Assemblée législative souveraine. En Afrique, les anciens gouverneurs de la France d'outre-mer, la plupart maçons, avaient fait des émules. Ils s'employaient à « émanciper » les peuples noirs libérés de l'esclavage par le « frère » Victor Schoelcher – dont le nom orna tant de temples. Les loges « africaines » étaient autrefois réservées aux Blancs... En 1922, le Sénégalais Blaise Diagne, né sur l'île de Gorée d'où partaient les esclaves, fut le premier franc-maçon de couleur à accéder au Conseil de l'ordre du Grand Orient.

Alors qu'aujourd'hui prolifèrent les loges africaines, « l'indépendance » des *fraters* de l'Afrique subsaharienne ne suivit pas si facilement la décolonisation. Il y eut quelques retours d'épées flamboyantes et d'équerres autour des colonnes des temples. Les problèmes ethniques et la « complotite » locale ont causé, à la fin des années 70, quelques soucis aux Grands Maîtres émancipateurs. Dans sa revue *Humanisme*, le Grand Orient de France écrivait ainsi en 1973 : « Le Conseil de l'ordre avait cru de son devoir de favoriser, au moment de l'indépendance, l'éclosion de maçonneries nationales. Partout cela fut un échec, sinon un fiasco. Tandis que les Loges du Grand Orient de France continuaient l'œuvre traditionnelle de la franc-maçonnerie, travaillaient au perfectionnement intellectuel et social de l'humanité, les loges des obédiences nationales, au Cameroun, au Dahomey, à Madagascar, semblaient ne pas pouvoir s'élever au-dessus des problèmes de l'heure, ni empêcher que les préoccupations immédiates ne trouvent un prolongement à l'intérieur des temples. Elles ne pouvaient alors que péricliter [2]. » Un peu gêné aux entournures par cette volte-face, le Grand Orient s'en prend à la Franc-maçonnerie anglo-saxonne qui se targue de ses liens avec des millions d'autres maçons dans le monde, mais oublie de mentionner que parmi ces derniers, il y a ceux de l'Afrique du Sud, « pratiquant l'apartheid » et ceux des États-Unis, « dont les loges se composent exclusivement de Blancs ». Dans la foulée, le Grand Orient rappelle l'existence d'une obédience noire " Prince Hall ", la seule qui, aux États-Unis, reconnaisse le Grand Orient français. Vingt ans plus tard, non seulement la guérilla en Afrique entre le Grand Orient et la GNLF, de " tendance anglaise ", ne s'est pas apaisée, mais depuis deux à trois ans, elle a pris un nouvel essor avec la perte par la France de sa science africaine, y compris maçonne, et la montée en puissance du libéralisme anglo-saxon. Plusieurs chefs d'État de l'Afrique francophone ont ainsi été initiés depuis 1994 à la GNLF, alors que les « doyens » étaient plus Grand Orient.

Pour comprendre les enjeux des influences politiques entre le Grand Orient et la GNLF, il faut un minimum « d'initiation » historique. Ordre initiatique artisanal, issu des confraternités des bâtisseurs de cathédrale du Moyen Âge, la franc-maçonnerie s'est d'abord développée, dans sa forme actuelle, en 1717 en Grande-Bretagne, avec la création de la Grande Loge de Londres. Elle a pris une forme constitutionnelle en 1723 avec la rédaction par le pasteur James Anderson d'un *Livre des Constitutions* contenant à la fois l'histoire légendaire de la Fraternité et les Obligations des francs-maçons. L'article 1 de ces « Obligations » stipule qu'« un maçon est obligé, par son titre, d'obéir à la loi morale et s'il comprend bien l'art, il ne sera jamais un athée stupide, ni un libertin irreligieux ». L'initié doit ainsi jurer sur la Bible. En Angleterre, la monarchie est en effet à la fois à la tête de l'Église et la grande protectrice de Grande Loge unie. Les Grands Maîtres sont toujours des membres de la famille royale et les loges aussi masculines que les clubs.

Une fois passée la Manche, les loges quittèrent un peu les châteaux pour s'aventurer chez les philosophes des Lumières. À partir de 1800 commencèrent des conflits incessants entre le Grand Orient de France et les loges de son obédience, fidèles au Rite écossais de la Grande Loge unie d'Angleterre. Napoléon Ier fut le grand protecteur des loges et Napoléon III se réserva par décret la nomination du Grand Maître de « l'ordre maçonnique » de France. En 1878, la Grande Loge unie d'Angleterre rompt avec le Grand Orient de France et ne reconnaît plus, depuis 1913, que la Grande Loge nationale indépendante et régulière pour la France et les colonies françaises. Elle prend en 1948 le titre de Grande Loge nationale française (GNLF). Depuis, le « schisme » ne s'est pas arrangé : la GNLF se veut strictement spirituelle et s'interdit toute discussion d'ordre politique ou religieux – tout en faisant obligation à ses membres de croire en un Dieu –, tandis que le Grand Orient, plus engagé et politisé, se veut une « institution essentiellement philosophique et progressiste avec une liberté absolue de conscience ». Ses membres sont invités à « rechercher la vérité, étudier la morale et pratiquer la solidarité ». Entre la France et l'Afrique, les frères ont semble-t-il surtout retenu la « solidarité »...

Il y a sept millions d'adeptes de la franc-maçonnerie dans le monde, dont la très grande majorité, environ cinq millions aux États-Unis et un million en Grande-

Bretagne, reste « traditionnelle ». En France, qui compterait environ cent mille frères, la maçonnerie engagée du Grand Orient rassemblerait environ trente-cinq mille adhérents dans six cents loges, la Grande Loge de France, vingt trois mille initiés dans plus de trois cents loges et la Grande Loge nationale française, dix-sept mille membres dans cinq cents loges. Ces obédiences sont aussi masculines que les Rotary Club où les Lion's Club qui comptent également de nombreux frères. Seul le Droit Humain, créé en 1893 par Maria Deraisme, militante féministe, républicaine et anticléricale, est mixte avec douze mille membres dans cent cinquante loges. Réservée aux femmes, la Grande Loge féminine, proche de la Grande Loge de France, compte neuf mille sœurs dans cent quatre-vingt-quinze loges. Les anciennes puissances coloniales dont les relations avec l'Afrique pour les affaires et la diplomatie secrète passent souvent par les loges n'ont toutefois pas toujours réussi à apporter la « lumière ».

Parmi les institutions léguées par l'Amérique à ses anciens esclaves affranchis – un Parlement bicaméral, une Cour suprême, une presse indépendante, bref les apparences d'une démocratie –, figure la franc-maçonnerie. Lorsque, en 1822, plusieurs milliers de *freemen* débarquent sur les côtes du Liberia, l'ancienne côte des Graines, ils doivent s'affirmer par rapport aux *natives*, qu'ils soumettront d'autant plus facilement que leurs loges leur permettent d'arbitrer, entre eux et dans le secret des temples maçonniques, leurs conflits internes, tout en faisant croire à une force occulte, une société secrète plus puissante que celle des « léopards », au cœur des croyances et angoisses des « tribus de l'intérieur ». Les *natives* libériens partagent, avec tous les autres peuples du golfe de Guinée, la crainte des fétiches, appelés *juju* et, surtout, traditionnellement destinés à contrer les esprits maléfiques de la forêt, les *gboyo*. Mais, surtout dans le nord limitrophe de la Guinée forestière, il existe aussi des classes d'âge initiatiques particulièrement importantes et développées : les garçons restent sept ans et les filles deux ans dans la forêt sacrée, avant de réintégrer leur village comme membres à part entière. La circoncision des garçons et l'excision des filles, appelées à leur retour les « exquises », sont les signes extérieurs de leur passage à l'âge adulte sous forme de meurtres rituels transitoires.

Dans ce contexte socioculturel, la franc-maçonnerie devient un moyen efficace de domination des *freemen*, qui s'autodésignent congos ou « Afro-Libériens », face aux *natives*, citoyens de seconde zone, s'ils ne sont pas littéralement réduits à l'esclavage. En 1930, près d'un siècle après la proclamation de la République indépendante du Liberia en 1847, le président King va jusqu'à vendre de jeunes indigènes aux Espagnols comme main-d'œuvre pour des plantations sur l'île de Fernando Po. Accusé d'esclavagisme devant la Société des Nations, menacé d'être transformé en un protectorat franco-britannique, le chef de la colonie « afro-libérienne » doit démissionner. Mais, jusqu'en 1938, il reste l'homme fort du régime en sa qualité de Grand Vénérable des francs-maçons libériens.

Dans chaque ville côtière, souvent édifiée sur un promontoire visible de loin, un temple maçonnique incarnait le pouvoir occulte de l'élite « afro-libérienne ». C'est le cas, par exemple, de Harper, la capitale du Maryland américain transposé, d'où était originaire le président William Tolbert, qui a succédé à Kiny, avant de trouver la mort assassiné d'une rafale dans sa chambre à coucher de la présidence, lors du putsch des sergents – seize « sans-grade » autour de Samuel Doe, alors âgé de vingt-neuf ans – dans la nuit du 12 avril 1980. C'est alors la revanche historique et la vengeance sanglante des autochtones de l'intérieur, les « gens du bush » qui, le lendemain du putsch, dans une orgie populaire qui a tout d'un exorcisme collectif, prennent d'assaut le temple maçonnique de la capitale, en haut d'une colline sur Benson Street, une imposante bâtisse aux entablements de marbre, ornée du compas, de l'équerre, et d'un grand œil inquisiteur, juste en face de l'ambassade de France. Le temple est ravagé mais, par la suite, évité et délaissé dans son état dévasté. À peine une semaine après le putsch, qui avait déjà coûté la vie, outre au président Tolbert, à vingt-sept dignitaires de son régime, une centaine d'autres personnalités, ligotées à des poteaux, sont publiquement passées par les armes sur la plage de Monrovia. Les nombreuses photos de cette « cérémonie » montrent de jeunes soldats en postures de Rambo avec leurs fusils d'assaut, d'abord devant des vieux messieurs en caleçon, le pantalon baissé, puis une botte victorieusement appuyée sur la nuque d'un cadavre criblé de balles et ensanglanté.

L'un d'eux était James A. Pierre, sexagénaire président de la Cour suprême et « Vénérable » de la franc-maçonnerie, dont le successeur, répondant au nom typiquement congo de Philippe J. Lysandas Brumskin, est d'abord resté dans la clandestinité, pendant les premières années – orageuses et vengeresses – du régime Doe. Puis, à partir de 1986, il s'est affiché au grand jour comme chef des francs-maçons, toujours interdits de réunion publique. Installé dans un grand bureau au premier étage d'un immeuble situé sur Center Street, au-dessus du comptoir d'un diamantaire libanais, « l'honorable » Brumskin a fini par se faire élire – avec l'appui de Doe – président de la Cour suprême du Liberia. Fin 1989, il était en train de négocier avec le Président, non seulement la restauration du temple maçonnique, mais l'adhésion de Samuel Doe à la franc-maçonnerie. Sentant son régime partir à vau-l'eau, le premier président *native* estimait en effet urgent de reconstruire le sanctuaire de la caste au pouvoir qu'il avait renversée, de se concilier les faveurs du *juju* le plus puissant des Congos... Mais avant qu'il y parvienne, la rébellion lancée par Charles Taylor depuis la Côte d'Ivoire et le nord-est du Liberia a balayé son régime. Samuel Doe, affreusement torturé, est mort en août 1990.

Si la franc-maçonnerie avait été élevée au rang d'institution au Liberia, il n'en a jamais été ainsi dans les pays d'Afrique francophone. Là, les fils de la lumière constituent sans doute le lobby le plus influent entre Paris et ses anciennes colonies, mais le secret règne. Aussi est-il toujours délicat d'aller à la « chasse aux frères » dans le village franco-africain. Le petit-fils de l'un de ces dignitaires francs-maçons, très introduit dans les milieux d'affaires au Gabon, n'a ainsi appris l'appartenance de son grand-père à la grande fratrie que le jour de sa mort, par la typographie particulière de sa nécrologie dans *Le Figaro*. Pourtant, si l'on ne retient que les « officiels » qui sont sortis des temples pour des raisons professionnelles ou judiciaires, on constate qu'ils sont souvent présents aux postes clefs des relations franco-africaines. On se rappellera tout d'abord Michel Baroin, ancien patron de la GMF (Garantie mutuelle des fonctionnaires), mort dans un accident d'avion en Afrique en 1985. Il rentrait du Congo, où la GMF avait acheté d'impressionnantes exploitations forestières qu'elle a par la suite revendues au groupe Elf. Michel Baroin s'était longuement entretenu avant de prendre l'avion avec l'ancien président congolais Denis Sassou-Nguesso qui sera initié... à la GNLF le 16 janvier 1993.

Dans les milieux d'affaires, le président du Conseil des investisseurs en Afrique (CIAN) n'est autre que Jean-Pierre Prouteau, un ancien Grand Maître du Grand Orient. D'abord mendésiste, il a par la suite été ministre des PME-PMI sous Raymond Barre, à la demande de Valéry Giscard d'Estaing, à l'époque où ce dernier courtisait les francs-maçons. L'ancien président avait lui-même voulu se faire initier – au Palais – par l'intermédiaire de son trésorier-payeur général, Victor Chapot, qui est resté une éminence grise en Afrique. Dans ces milieux, la franc-maçonnerie est très active et sert de « liant » au même titre que le Rotary Club avec le business africain. Ce que dénoncent les plus « traditionnalistes » des *fraters*. D'autant que plusieurs affaires judiciaires de financement de partis politiques en France ou d'enrichissement personnel avec des volets africains ont mis en lumière, sans mauvais jeu de mots, des dignitaires de la franc-maçonnerie. Souvent avec une hiérarchie inversée entre vie « spirituelle » et vie profane : Yves Chalier, chef de cabinet et « maître » de son ministre Christian Nucci, dans l'affaire Carrefour du développement et Alfred Sirven, « maître » de Loïk Le Floch-Prigent dans l'affaire Elf et ses multiples bretelles de financements occultes.

De simples frères égarés dans les temples ? En Afrique, ils ont en tout cas du mal à marcher sous les mêmes voûtes étoilées. Début février 1997, la cinquième « Rencontre humanitaire, fraternelle, africaine et malgache » (REHFRAM) à laquelle ont participé plus de cinq cents francs-maçons venus d'Afrique, d'Amérique et d'Europe, a bien failli tourner au pugilat entre Grand Orient et GNLF. Le Grand Orient a de l'ancienneté dans des pays comme la Côte d'Ivoire, le Sénégal ou le Gabon. Ses membres sont bien sûr recrutés parmi les élites locales mais à tous les niveaux. Par contre, la GNLF est plus sélective et a entrepris d'approcher tous les présidents et Premiers ministres, encore profanes... Blaise Compaoré du Burkina Faso et Idriss Déby au Tchad sont ainsi de récents initiés de la GNLF. Refusé à une certaine époque au Grand Orient, le président camerounais Paul Biya, déjà rosicrucien, serait prêt à entrer à la GNLF, affirme une source au palais d'Etoudi où réside le chef de l'État. À Madagascar, le Grand Maître de la GNLF, Claude Charbonniaud, a lui-même été « rallumer les feux », en mars 1996, dans une Grande île où œuvrait surtout le Grand Rite malgache (GRM), plutôt proche du Grand Orient.

Souvent un peu désorientés par une politique africaine sur la défensive à Paris, les chefs d'État qui craignent de ne plus avoir personne au bout du fil dans l'ancienne métropole se cherchent de nouveaux interlocuteurs. À travers les réseaux maçonniques, ils espèrent s'assurer en France des soutiens solides et pérennes. Une « assurance tous risques » d'autant plus « naturelle » que la plupart des responsables français chargés des Affaires africaines sont maçons. De droite comme de gauche. Au ministère de la Coopération, Jacques Godfrain et son chef de cabinet, Alain Belais, tous deux à la GNLF, formaient un couple maçonnique qui n'était pas sans rappeler le duo Chalier-Nucci, les affaires en moins. Fernand Wibaux, l'adjoint de Jacques Foccart, est un maçon d'un très haut grade ainsi que pratiquement tous les sénateurs des Français de l'étranger, comme Guy Penne et Pierre Biarnès... Entre autres habitués des cercles franco-africains du pouvoir.

Quand on interroge tous ces compagnons, maîtres ou Grands Maîtres, ils affirment en chœur que la franc-maçonnerie est « spéculative » et non « opérative », bref de pure spiritualité. Pourtant, la plupart d'entre eux sont toujours à la recherche de jeunes Africains à initier, et de préférence ceux qui sont appelés à une position de pouvoir dans les milieux dirigeants de leur pays. D'abord la question rituelle : « Il me semble que l'on se connaît ? » Le profane qui voit pour la première fois cet étranger répondra par la négative alors que le maçon se fera reconnaître par des signes qui changent tous les six mois. « Je travaillais dans une société de cosmétiques qui vendait beaucoup de produits sur l'Afrique et c'est mon propre patron, aujourd'hui passé à l'Orient éternel, qui m'a fait initier à la GNLF », raconte ce cadre africain, que nous appellerons Koffi, car il préfère garder l'anonymat. « Il m'a un jour reçu dans la grande bibliothèque de son appartement, m'a demandé si je croyais en Dieu et a expliqué qu'il allait m'ouvrir une porte », poursuit-il. « Il a longuement parlé de la tige de la rose avec ses épines et la fleur au bout, et qu'il allait compliquer ma vie mais que j'atteindrai cette fleur. Je ne comprenais pas la moitié de ce qu'il disait », reconnaît le futur apprenti aujourd'hui dignitaire. Ensuite, ce fut la période des interrogatoires : le premier sur sa vie profane, le second sur sa vie sprituelle, le troisième sur son éducation. À chaque fois, un « frère » inquisiteur différent le convoque. Le troisième, un responsable de la Caisse française de développement, l'accompagna jusqu'à la porte du temple de la rue Bineau, le jour de son initiation. Avant de retrouver ses futurs frères pour le rituel de son initiation vers la lumière, Koffi passa une heure dans le noir complet après avoir écrit son testament. L'une des plus dures épreuves de sa vie, confie-t-il. Ensuite, le jeune apprenti restera deux ans dans le silence à écouter ses frères « plancher » sur des sujets « spirituels » avant de passer au grade de compagnon et participer aux travaux. Mais tout aussi important seront pour lui les « agapes » qui suivent les tenues des loges au cours desquelles il se fera des relations. Par la suite, il pourra toujours téléphoner à un dignitaire de son obédience pour un coup de pouce sur un poste qu'il convoite. Il aura toujours la priorité sur un profane. À peine a-t-il encore aujourd'hui quelques difficultés à finir d'un trait son verre de vin rouge, quand le frère assis en bout de table, et dont c'est la tâche, demande que l'on « remplisse les colonnes » de vin...

La mise sur orbite des futurs cadres du village franco-africain démarre souvent de bonne heure. Deux exemples. Délégué national des clubs 89 (groupes de réflexion du RPR présidés par le ministre de la Justice Jacques Toubon), Roland d'Adhemar de Panat a ainsi encouragé, en novembre 1996, l'initiation à la GNLF de la rue Bineau de Marc Mapingou, un des conseillers du président congolais Pascal Lissouba, lui-même au Grand Orient. Le jeune apprenti est dans « la loge 107 des compagnons de saint Jean », dans laquelle vient également assister aux tenues, quand il est en visite à Paris, le Grand Maître Omar Bongo, président du Gabon. De même, Charles M'Ba, un brillant cadre expert-comptable gabonais qui fait ses classes dans le groupe Elf avant de prendre de hautes fonctions dans son pays, a-t-il été initié au Grand Orient avec la bénédiction de son « tuteur » spirituel : André Tarallo. « J'étais maçon avant de rentrer à Elf, note toutefois Charles M'Ba. Mais j'ai remarqué que mon appartenance maçonnique a changé mes relations avec les proches du pouvoir. J'ai été approché à plusieurs reprises par le secrétaire permanent de la GNLF qui m'expliquait qu'il fallait mieux être de cette obédience où sont tous les amis français de Bongo. Quand à André Tarallo, on n'a jamais parlé de franc-maçonnerie ensemble, mais il me salue comme un frère. »

Mais au Gabon, qui n'est pas maçon ? Chef de l'État de ce petit émirat pétrolier d'Afrique centrale, Omar Bongo, habile sorcier animiste, a toujours su jouer avec la religion, la démocratie... et la maçonnerie des Blancs. Le catholique Albert-Bernard est devenu le musulman « Omar », et le frère de la SFIO du Grand Orient fréquente surtout aujourd'hui les loges de la GNLF. Dans son propre temple, Omar Bongo a opéré un parfait syncrétisme : le Grand Orient et la GNLF ont été fusionnés en un GRE, Grand Rite équatorial. Mais il n'a pas osé, comme le propose le Grand Maître Jean-Pierre Prouteau [3], créer chez lui une vraie alchimie en instituant une hiérarchie et des grades africains avec des maîtres de la Côte, de la Brousse, de la Forêt... et de la Parole. Omar Bongo est cependant lui-même Grand Maître d'honneur de toutes les loges gabonaises tandis que le Grand Maître opérationnel est le numéro deux du régime, Georges Rawiri, aujourd'hui président du Sénat. Dignitaire de la GNLF, ce dernier est, depuis la construction du chemin de fer transgabonais, l'un des plus formidables chantiers du pays dont il était le *deus ex machina*, le passage obligé des relations d'affaires entre la France et le Gabon. Homme discret, sinon secret, Georges Rawiri organise souvent dans son appartement parisien, des dîners privés de « haute tenue » entre frères français et gabonais. C'est chez lui que le président Bongo a dîné en octobre 1996 avec le ministre de la Coopération Jacques Godfrain, l'éminence « africaine » d'Elf, André Tarallo, ainsi que Pierre Fabre, des laboratoires du même nom, qui ambitionnent de monter une usine pharmaceutique à Libreville. Ils ne sont pas les seuls à être invités chez le Grand Maître Rawiri. C'est en particulier chez lui que devait dîner, le 7 avril 1994, François de Grossouvre, le conseiller du président Mitterrand. Le soir de son suicide...

Au Gabon, tout membre « sérieux » de la nomenklatura possède son tablier maçonnique et ses écharpes de maître. Tous les vendredis soir, il est en tenue à la « Loge bleue ». Le Premier ministre gabonais Paulin Obame Nguéma est, bien sûr, maçon, ainsi que la grande majorité des ministres. Tout le monde veut rencontrer le Président au temple et pendant les agapes... L'opposition la plus radicale manie également l'épée flamboyante. Peu après la réélection en décembre 1993 d'Omar Bongo à la suite d'un scrutin contesté, un dirigeant de l'opposition avait suggéré, lors d'une réunion du Haut Conseil de la Résistance, d'aller brûler le temple du Grand Rite équatorial, au carrefour des Charbonnages, à Libreville, ainsi que celui de la Grande Loge nationale gabonaise à l'Okoumé Palace, selon lui à l'origine de tous les maux du pays. Silence dans la salle. Puis, Pierre-André Kombila, numéro deux du RNB (Rassemblement nationale des bûcherons), le premier parti de l'opposition, et alors vice-président de ce Haut Conseil, s'est levé et a déclaré : « Si vous brûlez les temples, il faudra me brûler aussi. » Un autre s'est dressé en disant : « Moi aussi. » Un autre, puis un autre. Bref, il était plus que temps d'initier ce profane aveugle...

De son côté, Omar Bongo n'utilise pas son réseau maçonnique que pour la gestion intérieure. Il mène avec « ses » Grands Maîtres une diplomatie parallèle dans toute l'Afrique centrale, mais qui n'est pas toujours couronnée de succès. Au Congo voisin, futur émirat pétrolier comme le Gabon, Omar Bongo a tenté de conduire les Grands Maîtres à entreprendre une tentative de réconciliation entre le président Pascal Lissouba et son prédécesseur, Denis Sassou-Nguesso, en conflit ouvert pour le pouvoir. Une violente opposition entre les deux hommes dont s'était également occupé l'ancien patron d'Elf, Loïk Le Floch-Prigent. Dans une lettre écrite en prison sur ses activités africaines, Loïk Le Floch-Prigent – après avoir souligné qu'il avait lui-même trouvé « un *modus vivendi* » sur le continent avec « Tarallo-Sirven-Penne » – précise : « J'étais chargé de maintenir le Congo dans ses liens avec la France. D'où mes voyages fréquents à Brazzaville, le soutien d'Elf avec des prêts ou des avances au régime congolais, et le soutien à Lissouba au moment de l'élection. Lissouba étant considéré comme un “ frère ” pour Bongo, qui l'avait fait échapper de prison et sauvé lors de l'établissement du régime marxiste à Brazzaville. Malheureusement, Bongo n'a pu faire s'entendre Lissouba et son beau-père Sassou-Nguesso, ancien président, car Lissouba considère que c'est Sassou-Nguesso, alors marxiste, qui a failli le tuer en prison. L'instabilité au Congo viendra de cette antipathie et de la difficulté de Bongo à choisir entre son " frère " et son " beau-père ". » C'est toute la différence entre un frère affectif et un frater.

La bagarre entre les deux hommes s'est alimentée de la nouvelle guerre souterraine en Afrique entre le Grand Orient et la GNLF. À peine installé à la présidence en 1992, Pascal Lissouba s'est fait initier au Grand Orient dans une loge à Besançon sous la double influence de l'un de ses parents, Alphonse Niangoula, qui sera récompensé par une nomination d'ambassadeur à Paris, et de Nzanga, un autre parent, qui deviendra conseiller à la présidence pour les Hydrocarbures. « Tu ne peux pas être un homme de pouvoir et reconnu dans les milieux politiques en France sans être maçon », lui avaient-ils expliqué. Pascal Lissouba étant « poursuivi » depuis 1965 par de vieilles rumeurs sur l'assassinat de personnalités alors qu'il était Premier ministre, cette initiation devait également, dans l'esprit de ses promoteurs, permettre au chef de l'État congolais de balayer à jamais le passé. Un homme qui a du sang sur les mains peut-il être initié ? D'apprenti, Pascal Lissouba devient ainsi vite compagnon, le grade au-dessus... Sa femme « Jocelyne », d'origine antillaise, était déjà membre du Droit humain. Sa directrice de cabinet, Claudine Munari, véritable numéro deux du régime, s'est fait initier en décembre 1996 à la Grande Loge féminine ainsi que son attachée de presse Arlette Nonault. Affiliée au Grand Orient, la Grande Loge féminine n'avait jusqu'à présent qu'un « triangle » au Congo, liée à la loge parisienne de la Rose des vents. Pour Marie-France Coquard, Grande Maîtresse de la Grande Loge féminine de France, « c'est incontestablement en Afrique, et plus particulièrement en Afrique francophone, que le développement de la Grande Loge féminine de France a été particulièrement rapide et de qualité. La création de la première loge de la Grande Loge féminine en Afrique date du 9 février 1981, à Lomé, au Togo. Depuis, trois loges ont vu le jour au Cameroun, à Abidjan et, plus récemment, au Gabon. Des projets sont en cours de finalisation au Congo, au Sénégal, au Bénin ». déclarait-elle en novembre 1995 [4].

De son côté, l'ancien président Denis Sassou-Nguesso se faisait initier le 16 janvier 1993 par le Grand Maître Armand Agboba, de la Grande Loge indépendante du Sénégal, affiliée à la GNLF. Le président Bongo aurait conseillé à son gendre de se faire plutôt initier par la « tendance anglaise », ne serait-ce que pour bénéficier, comme lui-même, de la protection des « frères » de la commission Afrique du Congrès américain. Une première tentative de réconciliation entre les deux « frères » congolais avait été organisée le 13 janvier 1993 par le président Bongo. Six Grands Maîtres avaient pris place à Libreville dans le Grumann présidentiel pour se rendre à Brazzaville. Trois grosses Mercedes noires attendaient les « frères » au bas de l'échelle de coupée. Ils s'entretinrent avec les deux protagonistes ainsi qu'avec l'ancien Premier ministre Yhomby-Opango, lui-même membre de la GNLF, et plusieurs autres maçons de l'opposition. Mais pas d'embrassades dans les temples, les Grands Maîtres étaient rentrés bredouilles à Libreville.

Au mois d'août 1996, une nouvelle tentative fut conduite par Jacques Lafouge, le Grand Maître du Grand Orient de France à l'occasion de l'intronisation d'un nouveau Grand Maître local : Jean-Pierre Manoukou. Ce dernier succédait à l'ancienne loge mixte locale (Grand Orient et loges associées du Congo) qui était animée par Edmée Bru, Gilles Quentin, Roger Maysonable et J.-P. Bechemin. Cette deuxième tentative qui avait également rassemblé des Grands Maîtres du Cameroun, Protais Ayangma, et du Sénégal, Armand Agboba, s'est révélée contre-productive. Passé assistant Grand Maître, l'ancien président Sassou a accusé Samuel Badinga, un dignitaire de la GNLF, qui avait monté l'opération avec Jean-Pierre Manoukou, de favoriser l'implantation du Grand Orient au détriment de la GNLF et a voulu le faire sanctionner. Depuis, le sang a coulé sur les épées.

Si les « frères » du Congo n'ont pas réussi à se réconcilier sous la protection du grand frère gabonais et de ses amis français, un autre chef d'État africain, maçon de fraîche date, doit beaucoup aux compas, aux équerres et aux colonnes des temples. Le 27 janvier 1996, après des mois de blocage politique et institutionnel au Niger, le colonel Ibrahim Baré Maïnassara, surnommé « IBM », fait un coup d'État. Un remake des années 70 qui paraît immédiatement décalé depuis la chute du mur de Berlin et la Paristroïka du sommet franco-africain de la Baule, qui a mis les anciennes colonies françaises à l'heure des urnes. Le nostalgique colonel est immédiatement dénoncé par l'ensemble de la communauté internationale, y compris la France. Les « frères d'armes » d'IBM ainsi que des « frères maçons », qui sont souvent les mêmes, vont se mobiliser en sa faveur. À Niamey, c'est un directeur de la Banque centrale des États de l'Afrique de l'Ouest (BCEAO) qui mobilise les vénérables de la région avec ce langage initié : « Nous sommes tous aujourd'hui des habitants du village planétaire, voisins de plus en plus proches au sein de ce village. Il est légitime de s'interroger sur notre apport de maçons et sur notre contribution au progrès général du peuple nigérien. » Le premier à répondre à l'appel est le président burkinabé Blaise Compaoré, un initié de la GNLF.

Les « frères » sont toutefois encore loin d'avoir remporté la partie. À L'Élysée, le conseiller Afrique de la cellule officielle, Michel Dupuch, maintient la même ligne que celle des États-Unis et de l'Union européenne : le boycott du nouveau régime jusqu'au retour de la légalité constitutionnelle. En revanche, Fernand Wibaux, un maçon de longue date, installé dans la cellule de Jacques Foccart, au 14, rue de l'Élysée, incite Jacques Chirac à accepter cette « remise en ordre » et à normaliser les relations avec le nouvel homme fort de Niamey. Disciple de Jacques Foccart, le nouveau ministre de la Coopération, le « frère » Godfrain, un peu déstabilisé par les communiqués très fermes contre le coup d'État du ministère des Affaires étrangères, dont il relève en tant que « ministre délégué », ne sait plus vraiment quelle attitude adopter. Il s'adresse alors directement à Jacques Chirac pour lui demander ce qu'il convient de faire. Sa note revient très vite de l'Élysée avec, en marge : « Rapprochez-vous de M. Wibaux. Il est, avec nos autres amis, de très bon conseil. » Les autres amis ne sont pas seulement Jacques Foccart, mais également le président Bongo et ses réseaux maçonniques.

L'un des dignitaires maçonniques les plus actifs et les plus méconnus de l'Afrique francophone est Maxime Guenkou, un *missi dominici* congolais qui a des contacts dans les milieux financiers internationaux. Il est également l'un des douze dignitaires qui ont formulé les dix-neuf questions « humanistes » auxquelles a répondu, en janvier 1995, le candidat Jacques Chirac à la magistrature suprême[5]. Petit, très effacé, ce Batéké d'une soixantaine d'années qui parle toujours de façon très indirecte et sibylline, a des contacts très diversifiés : des « frères » londoniens de Lonrho pour intervenir en Afrique du Sud, au maire de Tel-Aviv Shlomo Lahat pour aider les « frères » africains à retrouver le chemin de Jérusalem.

Le 2 mars 1996, Maxime Guenkou effectue un premier voyage à Niamey et procède à l'interrogatoire du « frater IBM » qui a, pour mission initiale, « d'ouvrir une parenthèse militaire dans le tumultueux processus démocratique nigérien et de la refermer après avoir rétabli l'ordre et instauré la confiance ». Bref : *« Ordo ab Chao »*, l'ordre sorti du chaos... Plus tard, le colonel rangera son uniforme au placard pour se présenter, en civil, devant les urnes. Mais début 1996, il est plutôt en mauvaise position. Maxime Guenkou fait alors le tour des loges des grands officiers maçons, en particulier celle de Clotaire Coffie, à Abidjan. Du Gabon, soutien de la première heure, il revient avec une lettre du président Omar Bongo, datée du 20 mars 1996 et ainsi libellée : « Monsieur le Président du Conseil du salut national et cher frère. C'est avec un grand plaisir et un intérêt réel que j'ai reçu le message que vous m'avez adressé par notre frère Maxime Guenkou. Au cours de l'audience que je lui ai accordée, nous avons passé en revue les problèmes liés à l'évolution de la situation politique dans votre pays et examiné les possibilités d'aide que vous souhaitez obtenir de ma part. Tout en marquant mon accord de principe sur mon entière disponibilité quant au traitement de toutes ces questions, je souhaiterais néanmoins que vous receviez d'abord notre frère, M. Maxime Guenkou, qui vous fera rapport de nos entretiens. C'est au terme de votre rencontre avec M. Guenkou que nous pourrions aborder de vive voix d'autres sujets si vous le désirez. Croyez-moi, je ne peux rester indifférent aux difficultés que traverse un pays frère. Je vous prie d'agréer, Monsieur le Président du Conseil du salut national et cher frère, les assurances de ma très haute considération. » Suit la signature du président Bongo avec, au centre trois points d'exclamation – ! ! ! –, trois petites colonnes très maçonniques.

Si la lettre elle-même est plutôt de l'ordre du symbolique, le vrai message est verbal. Maxime Guenkou rentre à Niamey avec un canevas serré pour qu'« IBM » aille aux urnes, une invitation à se rendre à Libreville (ce qu'il fera quelques mois plus tard), un appui politique auprès de Paris, une aide financière et un parrainage maçonnique. Pas mal pour un simple apprenti... Si, à l'origine, le coup d'État ne s'est pas réellement préparé dans les loges, la « civilisation » du colonel et le soutien de sa candidature dans le village franco-africain doivent beaucoup aux vénérables aux tabliers doublés et bordés de bleu. Ils sont toutefois plusieurs à s'être étranglés quelques mois plus tard avec leurs sautoirs quand le « frère » Ibrahim Baré Maïnassara a enfermé tous les leaders de l'opposition qui contestaient les élections. Peut-être que la « pierre brute » n'était pas encore suffisamment taillée ?

La peur du complot maçonnique n'a pas épargné la Côte d'Ivoire. Le vieux président Houphouët-Boigny, plutôt tendance Vatican, comme Jacques Foccart, avait enfermé en 1960 tous les dignitaires maçons qui, assurait-il, complotaient contre lui. Il avait suffi qu'un policier de niveau moyen rapporte qu'il avait vu un soir, près de Grand Bassam, toutes ces personnalités s'agiter avec de grandes épées – en réalité une tenue de loge des dignitaires francs-maçons, l'« épée flamboyante » à la main – pour que le président ivoirien prenne peur. Ou du moins le fera-t-il croire et écartera-t-il ainsi des compagnons de la première heure qui auraient pu un jour lui causer quelques soucis. Du jour au lendemain, il démettra ainsi, dès 1959, le vice-Premier ministre chargé de l'Intérieur, Jean-Baptiste Mockey, dans le dernier gouvernement de la Côte d'Ivoire de l'Union française. Félix Houphouët-Boigny accusera Jean-Baptiste Mockey d'avoir voulu « le rendre impuisssant, puis finalement lui ôter la vie ». Ce fut le complot du Chat noir car, comme le racontera Samba Diarra [6], « les incriminés sont accusés d'avoir introduit des fétiches dans la valise de son épouse Thérèse, au 20 avenue Mac-Mahon à Paris, où habite le couple Houphouët-Boigny, et dans la demeure du Président à Yamoussoukro. Les fétiches introduits sont un gri-gri à Paris, et la tête d'un chat portant dans sa gueule une corne de bœuf, à Yamoussoukro ». Comme tous les accusés, Jean-Baptiste Mockey fait partie du Grand Orient. En 1963, nouveau prétendu complot : Houphouët-Boigny jette en prison une dizaine de barons du régime dont Charles Donwahi, Mathieu Ekra, Germain Coffi Gadeau, Jean-Konan Banny et le président de la Cour suprême, Ernest Boka. Ce dernier y perdra la vie dans la nuit du 5 au 6 avril. Il s'est « suicidé », affirme le pouvoir. Il « a été suicidé », a toujours soutenu sa famille et ses proches qui ont relevé des traces de coups sur son corps. Après le « grand pardon », ils seront tous libérés quelques années plus tard... à l'exception, bien évidemment, d'Ernest Boka. Félix Houphouët-Boigny reconnaîtra qu'il avait été trompé par sa police. Ils retrouveront tous des fonctions ministérielles.

Lui-même initié au Grand Orient, en janvier 1994, son sucesseur, le président Henri Konan Bédié, ira « réparer » début 1997, en allant construire un mausolée dans le village d'Ernest Boka. Comme dans la plupart des capitales africaines, le pouvoir ivoirien vit maintenant à l'heure des loges. Marginalisée sous le régime du président Houphouët-Boigny, la franc-maçonnerie est devenue le ciment du régime. De nombreux conseillers de la présidence et des ministres sont maçons. Si, dans les milieux d'affaires français qui opèrent sur l'Afrique, c'est surtout le Grand Orient de France qui domine, la GNLF monte en puissance dans les coulisses du pouvoir. Les *fraters* du Grand Orient se retrouvent dans un temple situé au sein de l'immeuble du CCIA et ceux de la GNLF, à l'Hôtel Ibis du Plateau. L'ami intime d'Henri Konan Bédié, Ahoua Nguetta, surnommé le « Vice-président », est très introduit dans les loges anglo-saxonnes. Il est temps qu'Henri Konan Bédié se crée un Grand Rite de la côte ouest-africaine pour bénéficier de la double « protection » des frères des deux mondes, francophone et anglophone. Pour les nouveaux investisseurs qui comptent se rendre en Afrique, il est par ailleurs recommandé de se munir du dernier guide de « la symbolique maçonnique », de son tablier et de ses gants blancs. Une devise pour le voyage : « Fais ce que dois, advienne que pourra. »

LES CORSES

Octobre 1988. Dans la petite ville savoyarde d'Annemasse, située à seulement sept kilomètres de Genève, sur les bords de l'Arve, l'ouverture prochaine d'un casino trouble la quiétude des citoyens. D'un côté, le maire, Robert Borrel, qui plaide en faveur du « développement », assure avoir « recueilli tous les renseignements » et argue que, de toute façon, « les précautions ont été prises pour ne rien engager de la ville ». À l'en croire, au pire, ce sera « un coup nul ». Mais en face, des voix s'élèvent pour reprocher à « l'ancien député mais toujours maire d'Annemasse », sinon une certaine folie des grandeurs, du moins des imprudences. Fallait-il bétonner, pour créer une zone piétonnière, le parvis de la mairie, elle-même déjà entièrement rénovée à l'intérieur, avec des chromos impressionnistes, du mobilier à tubulures et, dans la salle des mariages, du Louis XV douteux mais une vraie galerie des glaces ? Dans ce débat naissant, *Le Faucigny*, le journal régional tenant les Chroniques des pays de Savoie, prend résolument position. Contre le casino.

Le 22 octobre 1988, sous le titre « Le tapis vert blanchira-t-il l'argent noir ? », Pierre Plancher rapporte, sur trois colonnes à la une, la conférence de presse qu'ont donnée, la veille à la mairie, les « investisseurs » pressentis. Leur chef de file, Toussaint Luciani, n'a pas l'heur de plaire au journaliste. « Dire que ce “ manager ” a l'air d'un milord serait peut-être exagéré », note-t-il ironiquement, au-dessous d'une photo montrant l'intéressé en costume, calé dans une bergère, la tête aussi ronde que chauve, les jambes croisées, les mains sagement jointes dans le giron. « Les cinéphiles lui trouveraient plutôt un air de famille avec André Pousse. Et on sent que sa culture générale ne doit rien ignorer des pronostics quotidiens de *Paris-Turf*. Pourtant, il ne faut pas se fier qu'aux apparences. Le “ manager ” revendique une formation d'ingénieur des ponts et chaussées. » Pierre Plancher et une vingtaine d'autres journalistes locaux ont apparemment beaucoup de mal à extirper de Toussaint Luciani qui, en définitive, il représente. Finalement, l'homme qui se dit « coopérant technique au Gabon » lâche un premier nom : Jacques Bonnefoy, directeur de la loterie nationale – une entreprise privée – à Djibouti. Commentaires du *Faucigny* : « Après avoir monté une tombola pour les Afars et les Issas, ce bienfaiteur voudrait installer une roulette et des jackpots pour faire jouer les Allobroges et les Helvètes. »

Deux autres noms sont jetés en pâture aux journalistes. Celui d'un homme d'affaires allemand « dans l'uranium et le charbon », un certain Herr Furth. Puis, un dénommé Santelles, gérant d'une « entreprise de pêche » au Congo. De nouveau, le journaliste du *Faucigny* tique : « Comment un honnête gérant de loterie de Djibouti peut-il entrer en relation avec un honorable pêcheur congolais, pour monter un casino sur les bords de l'Arve ? » se demande-t-il. Réponse : « Ce sont les mystères de l'Afrique mystérieuse. » Encore plus difficile à comprendre est le montage financier d'une Société civile immobilière (SCI) d'un capital de deux millions de francs, qui contrôle quatre-vingt-quatorze pour cent des parts d'une société d'exploitation du casino, une SA dotée, elle, d'un capital de cinq millions, laquelle pilote à son tour un investissement de cent cinquante millions de francs – cinquante-cinq millions pour le casino, soixante-dix pour un hôtel de cent chambres, plus une « galerie marchande de luxe » – pour engranger un chiffre d'affaires annuel prévisionnel de deux cents millions de francs... « Une superbe poupée gigogne ! » s'exclame le journaliste du *Faucigny*. Qui, au demeurant, sait faire autre chose que de gloser sur des noms qui « fleurent bon la Corse et les frères de la Côte ». Fruits d'une belle enquête, Pierre Plancher révèle que Toussaint Luciani a été conseiller général du Parti socialiste dans le canton de Petreto Bicchisano, en Corse du Sud, maire de Moca-Croce et, sur le plan des affaires, directeur d'Elf-Corse et administrateur de la SOGABEN, la Société gabonaise d'études nucléaires. Cette dernière, dissoute depuis dans le scandale, est alors présidée par la propre fille du chef de l'État gabonais, Pascaline Mferri Bongo, et compte dans son conseil d'administration un autre Corse influent, Noël Pantalucci, et Jacques Bonnefoy qui, visiblement, ne gagne pas seulement de gros lots au pays des Afars et des Issas. Enfin, ce jour-là, dans les Chroniques des pays de Savoie, on apprend également que Toussaint Luciani travaille la main dans la main avec Luciano Spada au Congo, avec le « peintre » Pierre Graziani en Afrique centrale et, sur l'ensemble du continent, avec André Tarallo, le « Monsieur Afrique » d'Elf-Aquitaine. Riche mise sur le tapis vert annemassien...

Mars 1995. Dans le très chic hôtel de la Trémoille, dans le VIIIe arrondissement de Paris, c'est le dos au mur, à la table de coin la plus éloignée de l'entrée du restaurant, que s'est installé Robert Feliciaggi. Inutile de faire les présentations. Non pas parce qu'il serait seul – il est accompagné d'un « associé et ami depuis vingt ans » – ou qu'il aurait l'habitude de voir des journalistes, bien au contraire. Mais, tout simplement, parce que, sans détour par la loge de maquillage, Robert Feliciaggi pourrait jouer « le parrain » : quinquagénaire, le geste lent, le verbe rocailleux et pesé, la chemise jaune largement ouverte sur une poitrine velue, barrée d'une chaîne en or et, surtout, le visage empâté d'un homme qui a vécu, qui en a trop vu de ses yeux sombres et enfoncés comme des écubiers, lourdement cernés. Robert Feliciaggi sait parfaitement qu'il correspond au portrait type de « l'affreux » riche et puissant, irréductible à la respectabilité bienséante. Pourtant, la France au cœur du continent africain, c'était largement lui et les siens.

« Aujourd'hui, ils disent que nous n'avons été que des... intermédiaires » s'énerve, en lâchant le mot comme une insulte, son associé, ami et accompagnateur. « Hier, ils ont failli nous donner la légion d'honneur ! » Robert Feliciaggi lève la main, pour le faire taire immédiatement. De toute évidence, il n'aime pas le déballage sentimental. « Dans les années 80 », reprend-il calmement, « il n'y avait pas de contrat au Congo qu'une entreprise française, publique ou privée, n'ait obtenu sans nous. Tout le monde venait nous solliciter : “ Il faut absolument que la France décroche ce contrat. ” Eh bien, nous avons fait le nécessaire. » C'était l'époque où le président marxiste, le « Colonel rouge », Denis Sassou-Nguesso, faisait encore peur à Paris mais où, déjà, l'Eldorado pétrolier qu'est le Congo suscitait des envies difficiles à réprimer. Dans le silence qui s'installe à la petite table entre deux bouffées denses de cohiba, on s'imagine voir défiler des VRP rapaces et, plus gêné, l'ambassadeur de France. « Il faut en parler aux Feliciaggi. Eux, ils sont bien placés. »

Bien placés, les Feliciaggi l'étaient au Congo, leur pays d'accueil depuis trois générations. Fonctionnaire à l'époque coloniale, directeur des postes et télécommunications à Pointe-Noire, la seconde ville congolaise sur l'océan, le père de Robert y est resté affecté pendant trente ans. Puis ses enfants sont nés, Charles dit « Charly » et – le 15 mai 1942 au Cap, en Afrique du Sud, parce qu'une épidémie faisait des ravages à Pointe-Noire – Jérôme Henri Robert. Sa mère ayant perdu un enfant qui devait s'appeler Jérôme, il en portait le nom mais, « par superstition », était appelé Robert. Les frères Feliciaggi ont fait fortune au Congo, dans la pêche, dans l'import-export, comme gérants de l'hôtel Olympic qui appartient au gouvernement. Il n'y a pas de secret, même si cette vérité heurte des oreilles délicates : en Afrique, nul ne fait d'affaires sans haute protection. Les Feliciaggi, « amis depuis toujours » avec « tonton » Tarallo, le responsable de l'Afrique chez Elf, étaient au mieux avec l'ex-président congolais Sassou-Nguesso. Plus tard, ils composeront avec son successeur, Pascal Lissouba, et vice versa. Mais en mars 1995, ils comptaient également sur un « frère », Daniel Léandri, installé place Beauvau dans le bureau jouxtant celui du ministre de l'Intérieur, Charles Pasqua. Depuis deux ans, depuis le début de la seconde cohabitation avec François Mitterrand, et encore pendant deux mois, jusqu'à l'élection de Jacques Chirac et le départ du gouvernement de Charles Pasqua, cela va faire toute la différence : celle qui sépare une amicale tribale – « les Corses en Afrique » – d'un réseau puissant au service d'un homme politique corse qui, exerçant de hautes fonctions à Paris, l'ancre au cœur de l'État et le couvre du large manteau de « la France ». L'intérêt, pour Robert Feliciaggi, est évident : « En Afrique, quand vous êtes faible, vous vous faites bouffer. » C'est aussi simple que ça.

La rencontre entre, d'un côté, Toussaint Luciani, Noël Pantalucci, les frères Feliciaggi, André Tarallo, et, de l'autre, Daniel Léandri, Jean-Charles Marchiani et Charles Pasqua est-elle aussi surréaliste, parce que fortuite, que celle d'un parapluie et d'une machine à coudre sur une table d'opération ? La première réponse, évidente, est négative. Car le hasard n'est pas pur, tous ces acteurs étant corses ou, du moins, se reconnaissant comme tels. Ainsi, malgré sa naissance à Grasse, dans les Alpes-Maritimes, et une enfance entièrement provençale, Charles Pasqua se sent-il de fortes attaches corses. Et son fils unique, Pierre-Philippe, se reconnaît également une solidarité particulière avec l'île de Beauté bien que, sa mère étant canadienne, il ne soit en fait qu'un quarteron corse au regard de son pedigree ethnique. « Elle mériterait d'être corse », dit cependant la famille de Ghisonnaccia en parlant de Jeanne Pasqua, né Joly, l'épouse de Charles [1]. Ce qui montre bien qu'on est en présence d'un phénomène courant en Afrique : la « construction ethnique », la « tribu inventée » ou le « tribalisme » au sens politique. Parce qu'un groupe se reconnaît des intérêts communs pour s'opposer à un autre groupe, tel que les Hutus aux Tutsis, ou pour s'imposer à d'autres groupes, tels que les Zaghawas au Tchad ou les commerçants bamilekes au Cameroun, cette communauté « naturalise » ses liens de solidarité comme étant d'origine raciale. En ce sens, à la négritude naguère revendiquée sur le continent africain correspond une « corsitude » des originaires de l'île de Beauté. Lors d'un entretien à Paris, le 24 mars 1995, Noël Pantalucci, au centre de la toile corse qu'avait tissée autour de lui Charles Pasqua, employait d'ailleurs, spontanément, le terme. Pour ajouter : « La corsitude est un système de valeurs tellement complexes, familiales et amicales, qu'elle est difficile à comprendre de l'extérieur. »

Ce qui est peut-être moins difficile à comprendre, en tout cas sans recours à des intuitions ataviques, c'est l'ascension de Charles Pasqua et sa propension à mêler clandestinité et action publique. Né le 18 avril 1927, fils d'un fonctionnaire marié à Françoise Rinaldi, il s'engage dès l'âge de dix-sept ans dans la Résistance avant de faire, dans l'après-guerre, carrière au sein de la société Ricard, successivement comme VRP, inspecteur, directeur régional et, enfin, directeur général des ventes France et exportations. « Ce terrible M. Pasqua », comme aimait à dire avec, finalement, plus de connivence que d'appréhension, François Mitterrand, était en même temps l'un des vice-présidents du Service d'action civique (SAC), l'association des gros bras du gaullisme militant [2]. À ce titre, il avait tôt fait la connaissance de Jacques Foccart, l'âme damnée du général de Gaulle, l'irréfragable chef du SAC et « l'aîné » qu'il ne cessera de croiser, par la suite, en Afrique. Aussi, longtemps avant de former son cabinet officiel place Beauvau, Charles Pasqua a-t-il disposé d'un « cabinet noir », d'un entourage fidèle à toute épreuve, totalement dévoué et, presque exclusivement, corse. Chaque fois qu'il passe à la tête du ministère de l'Intérieur, ces deux entourages – l'un officiel, l'autre « tribal » – se fondent sans se confondre, comme le jour et la nuit. Pour ce qui est de l'Afrique, trois hommes du « cabinet noir » ont joué un rôle important : Jean-Charles Marchiani, Daniel Léandri et, le moins connu de tous, Pierre-Philippe Pasqua, le fils unique.

On ne reviendra pas ici sur la vie passablement mouvementée de l'ancien agent du SDECE, un temps secrétaire général des hôtels Méridiens et, aujourd'hui, préfet du Var, Jean-Charles Marchiani. Le nom de cet homme râblé est mêlé, de façon controversée, à la libération de divers otages français, du trio Carton-Fontaine-Kauffmann au Liban en passant par les « fillettes Valente », détenues en Libye et libérées à Beyrouth, jusqu'aux pilotes français abattus, l'été 1995, par des Serbes. *Missi dominici* plus branché Afrique du Nord et monde arabe, Jean-Charles Marchiani, alias Alexandre Stephani, est « un négociateur-né, du moins dans un genre particulier qui se pratique entre gens " de parole ", où l'on ne s'embarrasse jamais de traces écrites, où la vie est faite de services échangés, d'intérêts croisés, et où, quand on " manque " à quelqu'un, cela ne se règle pas vraiment devant les tribunaux judiciaires [3] ». Sur l'Afrique noire et pendant la période qui nous intéresse en particulier, le temps de la seconde cohabitation, il avait déjà passé le flambeau à Daniel Léandri. Fidèle parmi les fidèles de Charles Pasqua depuis plus d'un quart de siècle, né à Sartène, ancien brigadier-chef de la police nationale, puis garde du corps du « Patron », fonction dans laquelle – fait peu connu – lui a succédé son propre fils, entre 1993 et 1995, chargé de la sécurité rapprochée du ministre de l'Intérieur, Daniel Léandri est le vrai Monsieur Afrique pasquaïen. À tel point qu'un homme politique tchadien, Lol Mahamat Choua, éphémère président de son pays entre avril et novembre 1979, ancien maire de N'Djamena et président du parlement de transition, est sorti d'un entretien avec lui, le 4 décembre 1994 place Beauvau, en s'énervant : « Mais c'est ce Léandri qui gère le dossier tchadien en France ! » Jugement excessif, « Daniel » n'ayant rien d'un Talleyrand. Mais, qu'il s'agisse des pays africains ou, très liés à ceux-ci, de la maison de négoce Sucres et Denrées (Sucden) ou du groupe pétrolier Elf-Aquitaine, partout Daniel Léandri sert de « passerelle ».

Et Pierre-Philippe Pasqua, le troisième homme ? « Marchand de biens à Grasse », selon l'hebdomadaire *Le Point*, « agent immobilier et conseiller du groupe agroalimentaire [français] Mimran au Sénégal », selon le *Canard enchaîné* du 27 janvier 1993, « chargé d'un programme de logements sociaux au Cameroun », selon une lettre confidentielle [4], il est curieusement le moins connu des hommes de l'ombre de son père. C'est pourtant lui qui, à en croire *Le Canard enchaîné* du 28 décembre 1994, a « fourni » à Charles Pasqua les locaux abritant son « cabinet noir », rue Clément-Marot, dans le VIIIe arrondissement de Paris. C'est lui, aussi, que l'on croise dans les antichambres des cabinets présidentiels en Afrique, quand son père veut faire passer des messages indiciblement confidentiels. Et c'est encore lui qui, comme on verra plus loin, s'est impliqué personnellement, signature à l'appui, lorsqu'il s'est agi de couronner le système mis en place par le « réseau corse » sur le continent africain.

Mais avant de plonger dans l'univers des jeux de hasard, de voir comment les « bandits manchots » passent la main aux casinos et comment ceux-ci déroulent le tapis vert pour le PMU et les courses de chevaux, il faut revenir sur la lutte pour le « réseau Foccart ». Peu après son premier passage à la tête du ministère de l'Intérieur, précisément le 4 juillet 1988, Charles Pasqua a fondé, avec Pierre Messmer qui en assumait la présidence, l'assocation France Afrique Orient (FAO). Domiciliée au 3 boulevard de Latour-Maubourg, dans le VIIe arrondissement, cette association au sigle alimentaire – la Food and Agricultural Organisation (FAO) est l'opérateur nutritionnel des Nations unies – était censée « gérer le relationnel africain des deux promoteurs de l'opération ». Mais le 12 octobre 1992, Jacques Chirac en personne a pris sa plume pour rappeler à tous les dirigeants du RPR que ses « rapports personnels avec les chefs d'État africains » relevaient du seul ressort de Jacques Foccart et de l'ambassadeur Fernand Wibaux, précisant que tout membre du mouvement gaulliste désireux de prendre une initiative en Afrique devait « en référer » aux deux mandataires de la rue Martignac où était installée, à l'époque, la « cellule africaine » du maire de Paris. Cette lettre, doublée d'une note formelle adressée à Alain Juppé en sa qualité de secrétaire général du RPR, visait en premier lieu Charles Pasqua. Bien avant de redevenir ministre de l'Intérieur et de finalement « tomber », à l'approche de la présidentielle de 1995, du côté d'Édouard Balladur, le président du conseil général des Hauts-de-Seine s'était en effet employé à récupérer des pans entiers du réseau gaulliste en Afrique. Vers la fin, son allié de circonstance fut le « Robocop » Michel Roussin, ancien directeur de cabinet d'Alexandre de Marenches au SDECE, puis de Jacques Chirac à la mairie de Paris et enfin, corps et âme, ministre de la Coopération d'Édouard Balladur. Mais déjà auparavant, dans un subtil jeu d'attraction et de répulsion, Charles Pasqua était devenu, dans les affaires africaines, « l'allié objectif » de François Mitterrand. Tous deux essayant de contrer les réseaux chiraquiens, ils pactisaient notamment au sein d'Elf, la pompe Afrique de la France : Alfred Sirven, proche de Pasqua, aidait « Pink Floch », Loïk Le Floch-Prigent, l'ancien patron d'Elf nommé par François Mitterrand, pour supplanter André Tarallo. Peu importe, ici, que cette tentative ait finalement échoué. Car elle montre tout de même que, lorsque des intérêts supérieurs sont en jeu, et c'est souvent une question de chiffre, la « corsitude » n'est plus qu'une breloque folklorique. Au sein d'Elf, Charles Pasqua a joué contre Jacques Chirac et, donc, contre André Tarallo, énarque de la même promotion que l'actuel chef de l'État mais, aussi, Corse originaire de Centuri...

Que font les Corses en Afrique ? Des affaires de toutes sortes en se serrant les coudes, un peu comme les Libanais. Par exemple « Charly » Feliciaggi, à la tête de la SOCIMPEX, fait partir ses bateaux de pêche du Congo, dépourvu d'eaux poissonneuses, pour exploiter les riches fonds marins de l'Angola ou de Sao Tomé et de Principe, l'archipel au large du Gabon. Il est à tu et à toi avec André Tarallo, le Monsieur Afrique d'Elf qui, aujourd'hui encore, extrait les deux tiers de son brut dans le golfe de Guinée, principalement au Gabon, au Congo, en Angola et au Nigeria. Le frère cadet de « Charly », Robert Feliciaggi, a son « domaine » en Corse à cent mètres à peine de la maison familiale des Pantalucci. Il connaît donc Noël Pantalucci qu'il présente à André Tarallo et à Denis Sassou-Nguesso, lorsque ce dernier est encore le président congolais. Noël Pantallucci, un ancien de la CEGOS, l'un des plus grands bureaux d'études français, fait ainsi des affaires au Congo, comme conseiller personnel d'un ancien ministre du Plan ou, par exemple, en initiant des projets d'Agricongo. Associé au sein d'une petite société, dont il reconnaît qu'elle n'est qu'une « coquille vide », avec Toussaint Luciani, lequel se trouve être un cousin des frères Feliciaggi, il finit par reprendre, en tandem avec Luciani, la distribution de carburant d'Elf-Corse. « Le directeur continental d'Elf-Corse avait des problèmes avec son personnel », explique délicatement Noël Pantalucci. « Donc, il est apparu utile de, si l'on peut dire, " corser " la filiale d'Elf sur l'île et, dans ce but, on nous a confié en 1987-1988, en location-gérance, la distribution du carburant. » Un contrat en or pour Pétrocorse, qui rapporte bon an mal an entre cinq cents et six cents millions de francs en chiffre d'affaires et, après impôt, toujours entre trois cents et quatre cents millions de francs de bénéfices. Inutile de dire qu'il n'y a plus eu de « problèmes » avec les employés corses.

« Oui, c'est vrai, André Tarallo que je connais bien m'a fait avoir certains contrats, aussi en Afrique », reconnaît Noël Pantalucci. Et vice versa ? Sans doute, si, par extraordinaire, le pétrolier avait besoin d'un « relais » à la présidence dans tel ou tel pays. Auquel cas, avec Pantalucci, Luciani et les Feliciaggi, il était à coup sûr bien introduit. D'autant plus que Daniel Léandri, le Corse chevillé au corps de Charles Pasqua, est « un ami de toujours » de Robert Feliciaggi et « un ami de jeunesse » de Noël Pantalucci qu'il a connu à la fac. On voit bien comment, à l'arrivée de Charles Pasqua place Beauvau, l'amicale corse en Afrique a pu, presque spontanément, se « politiser » et devenir – au sens fort de notre terminologie – un réseau par et pour le ministre d'État. Mais on n'est pas encore là. Car les jeux sont – presque – faits, avant que Charles Pasqua ne devienne, pour la seconde fois, le ministre de la Loi et de l'Ordre en France.

En Afrique, la loi et l'ordre sont aussi fragiles que les États issus de la colonisation. Sans grands problèmes, à la fin des années 80, les promoteurs de machines à sous, dont des Corses, trouvent ainsi des « ouvertures » pour installer des salles de jeu, par exemple au Congo et au Cameroun. Celles de Robert Feliciaggi – « Charly » n'a jamais touché aux jeux, et Robert s'insurge à juste titre contre « la fâcheuse habitude de parler toujours des “ frères Feliciaggi ”, parce que ça fait tout de suite mafieux » – s'appellent Fortune's Club et ont pour emblème une corne d'abondance d'où s'écoulent des pièces d'or. Puis, installés par des Corses mais, aussi, des Libanais, des Franco-Syriens, « le clan des Marseillais » ou celui de Bordeaux, les premiers casinos s'ouvrent, souvent adossés à un grand hôtel et interdits aux originaires du pays hôte. Enfin, l'idée, *a priori* folle, de faire miser les Africains sur des chevaux courant à Vincennes, Chantilly ou Longchamp, fait naître sur le continent des PMU. Acculturation pleinement réussie ou dernier degré de l'aliénation, le fait est qu'en dehors de toute culture hippique et malgré l'interdit de l'Islam, formellement opposé aux jeux de hasard, l'esprit parieur sera là et fera tourner les tables. Seule constante : à la caisse, là où l'on gagne à tous les coups, c'est toujours un « Blanc » qui est assis.

« Un jour, Sassou m'a demandé de mettre de l'argent dans la Congolaise de gestion de loterie, la COGELO. Ce jour-là, j'ai mis une croix sur soixante millions de francs CFA », à l'époque l'équivalent de 1,2 million de francs lourds, raconte Robert Feliciaggi. « Puis, quand il avait presque tout bouffé, le directeur de la COGELO est venu me voir pour me parler du PMU au Sénégal. D'après lui, ça marchait très, très fort. Alors, je lui ai payé le billet pour Dakar, qu'il aille là-bas se renseigner. Il est revenu avec trois Sénégalais qui nous ont initiés. C'est comme ça que tout est parti. » Miraculeusement, même si ce conte de fées fait l'impasse sur des épisodes plus difficiles à romancer : l'obtention des autorisations, la guerre des clans, le partage des gains avec les divers « protecteurs ». Mais il est vrai que, dès 1986, quelques malins au Sénégal ont tout simplement « piraté » le PMU parisien. Sur le plan légal, rien ne les obligeait à payer des royalties. « Nos relations avec les Français sont excellentes », déclarait à l'époque le très juvénile directeur du PMU dakarois, Sarr Niang, ajoutant avec un brin de componction : « Nous respectons beaucoup leur savoir-faire séculaire. » « Comment ? » s'indignait en face André Cormier, alors directeur du PMU français, « voilà des gens qui sont venus nous voir pour nous extorquer nos secrets de fabrication, qui veulent tout avoir sans rien payer ! » La vérité, c'est que l'Afrique noire n'a fait qu'enfoncer une porte déjà largement entrouverte. Car, les premiers à « piller » les Français en toute légalité ont été les bookmakers belges, marocains, puis tunisiens.

Novembre 1994. Une bien curieuse lettre entre dans les archives de l'ambassade de France à N'Djamena, la capitale tchadienne. Barrée du mot « confidentiel », elle décrit les « déboires d'une société privée avec un ministre », en l'occurrence ceux de la Société tchadienne de loisirs et de jeux avec le ministre de l'Intérieur de l'époque, Abderrahman Izzo Miskine. Ce dernier, pour avoir fermé pendant six mois les salles de jeu et pour avoir exigé le versement « en espèces » de l'équivalent de cent mille francs, est accusé de racket – « d'intimidations destinées à obtenir des sommes trop importantes eu égard aux revenus de la société » – par le Français Thierry Miallier, gérant de la Tchadienne de loisirs et de jeux, qui est présentée, dès la première phrase, comme « filiale du groupe Feliciaggi (proche du ministre français Pasqua) ». Passons, ici, sur les péripéties d'une histoire que le groupe Feliciaggi, après avoir versé au ministre cinquante mille francs en pure perte, propose de régler par « des versements mensuels tenant compte des revenus de la société »... En revanche, dans cette lettre écrite pour provoquer une démarche de l'ambassadeur de France auprès du président tchadien Idriss Déby, on ne peut manquer de s'étonner des appuis politiques revendiqués. À bout de récriminations, la missive s'achève en effet ainsi : « Cette situation alarme le groupe Feliciaggi qui ne manque pas de moyens de faire savoir son inquiétude. » Sous-entendu : à Paris, auprès du ministre susnommé.

L'ambassadeur de France au Tchad qu'était alors André Janier n'est pas intervenu en faveur de la société de jeu. Mais il n'a pas non plus prévenu son ministère de tutelle, le Quai d'Orsay, pour tirer au clair les liens invoqués entre les frères Feliciaggi et le locataire de la place Beauvau. Courageux mais point téméraire, l'ambassadeur a résisté à la pression de Thierry Miallier tout en évitant de « faire des histoires » à Paris. Jusqu'au départ de Charles Pasqua du ministère de l'Intérieur, tous les délégués en Afrique du SCTIP (Service de coopération technique internationale de police), dépendant directement de lui, ont évidemment fait de même. Dans le doute, pourquoi s'intéresser aux protégés corses du « premier flic de France » ? En pleine éclosion du débat sur la « criminalisation des économies africaines », les policiers français en poste sur le continent ont ainsi fermé les yeux sur les salles de jeu, les casinos, les PMU... Mieux, même les agents de la DGSE n'ont pas osé enquêter sur un sujet qui ne pouvait leur valoir que des ennuis. Sur place, avec un milieu peu commode et résolument hostile aux curieux. À Paris, où leurs rapports risquaient d'atterrir au ministère de l'Intérieur, provoquant des retours de flamme. « C'est triste à dire, mais la piscine n'est pas étanche », expliquera l'un d'eux, un tantinet jargonneur. Mais comment la caserne du boulevard Mortier – le siège de la DGSE, surnommé « piscine » puisqu'il y en a une à proximité, dont la cafétéria servait autrefois de lieu de rendez-vous – serait-elle « étanche » alors qu'elle est divisée en clans politiques à l'intérieur et que des « anciens » – un non-sens pour un service de renseignements – sont de plain-pied entrés en politique, à l'instar par exemple de Michel Roussin, ou se sont mis au service d'un homme politique comme, dans l'entourage de Charles Pasqua, Jean-Charles Marchiani ?

Au Tchad, fin 1994, par arrêté du ministre de l'Intérieur, les activités de la Société de loisirs et de jeux ont été « suspendues définitivement » et, le 22 novembre, Thierry Miallier a été expulsé sous un prétexte officiel de circonstance. Ainsi, pour la seconde fois dans sa carrière africaine accidentée, Thierry Miallier a-t-il payé les pots cassés [5]. Cependant, en 1995, pardonné à la fois par le gouvernement tchadien et, pour sa nouvelle imprudence épistolaire, par Robert Feliciaggi, le Français a pu revenir au Tchad où, en s'occupant du Fortune's Club, entre-temps rouvert, il vit depuis très discrètement.

Pays en voie de criminalisation, le Cameroun peut servir de modèle pour comprendre, d'une part, le système à emboîtement mis en place par Robert Feliciaggi et, d'autre part, de quelle façon l'univers des jeux de hasard en Afrique s'imbrique avec le monde politique français en général, et avec la carrière de Charles Pasqua en particulier. Quelques mois avant de redevenir ministre de l'Intérieur, ce dernier effectue une visite au Cameroun, le 27 janvier 1993. L'un des associés sur place de Robert Feliciaggi, Michel Tomi, gérant de machines à sous et de casinos, est alors invité au déjeuner officiel donné en l'honneur de Charles Pasqua au palais d'Etoudi. Une marque d'attention du président camerounais Paul Biya, un fin connaisseur du « village » franco-africain qui n'ignore pas que le frère aîné de Michel Tomi, Jean-Baptiste, est non seulement le maire de Tasso, en Corse du Sud, mais également un relais important de Charles Pasqua sur l'île de Beauté. Dans son « dossier » consacré au ministre de l'Intérieur revenu place Beauvau, le *Canard enchaîné* relèvera au sujet de Jean-Baptiste Tomi : « Cet ancien du casino de Bandol, épisode douloureux de sa vie, a sa ligne directe avec l'Intérieur. Il est également expert dans l'art d'organiser des rendez-vous discrets avec les nationalistes [corses]. Et avant les dernières législatives, c'est à lui que Pasqua avait demandé de convoquer les élus et les amis. » Bref, en Corse comme au Cameroun, on est en famille.

Aussi, à Yaoundé tout comme à Annemasse, l'emboîtement de plusieurs sociétés – ces « superbes poupées gigognes » qui avaient frappé de stupeur admirative le journaliste du *Faucigny* – permet de passer de l'accessoire à l'essentiel. En l'occurrence, des machines à sous et des tables de jeu au Pari mutuel urbain camerounais (PMUC). Tout commence par trois décrets du ministère de l'Administration territoriale, des 2 juillet, 13 août et

9 octobre 1991, autorisant la Société de loisirs et de jeux représentée par Jean-Pierre Tosi, né le 10 avril 1940 à Argiusta Moriccio, en Corse, et détenteur d'un permis de séjour délivré le 26 juin 1982 à Yaoundé sous le numéro P55/0388/82/SN, à exploiter des « salons de jeux électroniques et automatiques » sous l'enseigne du Fortune's Club dans trois villes camerounaises : Yaoundé, Douala et Garoua. Parallèlement, le 19 avril 1991, une Société des grands casinos du Cameroun a été créée par Francis Jérôme Perez, qui aura la bonne grâce de rapidement s'éclipser [6]. Dès le 10 juillet 1991, « compte tenu de son indisponibilité et de ses multiples occupations », il est en effet remplacé à la gérance par Jean-Pierre Tosi. Celui-ci, en vertu de l'arrêté 139 de la Direction des affaires politiques (DAP) du ministère camerounais de l'Intérieur, obtient le 23 mars 1992 l'autorisation d'ouvrir un casino à Douala, le grand port et poumon économique du pays. Avant même l'ouverture du Douala Palm Beach Casino, à la mi-novembre, les autorités camerounaises modifient leur arrêté en statuant que « les salons Fortune's Club dans les villes de Douala et Yaoundé font partie intégrante du Casino ». Le tour est ainsi joué : la première poupée gigogne – les salles de jeu – vient d'intégrer la seconde, le casino.

Reprenons l'étourdissant jeu de bonneteau : à l'installation de salles de manchots succède l'ouverture de casinos, les premières intégrant les seconds dans les deux plus grandes villes du pays : à Yaoundé et à Douala. Au départ pour le compte du pied-noir Francis Jérôme Perez et de son holding du Grand Sud, avec siège social au Luxembourg, Jean-Pierre Tosi, un ancien agent secret du SDECE installé au Cameroun, gère à la fois les salles de jeu et les casinos. Puis, le tout est repris par Robert Feliciaggi et Jacques Paoletti, auxquels s'associent – au sein de la direction du Douala Palm Beach Casino – Antoine et Christophe Tasso ainsi que M. le maire Jean-Baptiste Tomi. Le fils de ce dernier, Michel Tomi, au physique très impressionnant, s'est par ailleurs associé avec Jean-Pierre Tosi pour, le 10 février 1992, obtenir l'exclusivité du Pari mutuel urbain camerounais (PMUC). C'est une première sur le continent. Jusqu'alors, à commencer par le premier PMU africain, au Sénégal, les loteries nationales avaient eu le monopole des paris sur des turfs lointains. Or, au Cameroun, la loterie nationale, aux mains d'un Israélien, a servi un temps à financer la garde rapprochée – également israélienne – du président Paul Biya. Impossible d'étendre aux courses hippiques cet « arrangement ». Qu'à cela ne tienne : Tomi et Tosi créent une société privée qui, par décision présidentielle, obtient le monopole du PMU au Cameroun. Sans un seul cheval et sans hippodrome, les deux Corses mettent ainsi la main sur le gros lot. Les paris des Africains sur les chevaux métropolitains rapportent en effet beaucoup d'argent. En 1995, le chiffre d'affaires du PMUC tournait déjà autour de cent millions de francs, pour treize millions d'habitants, alors qu'il était de l'ordre de deux cents millions de francs au Sénégal, fort – en raison de son rôle de précurseur – de quelque deux mille points de vente pour huit millions habitants. Le record toutes catégories confondues était cependant tenu par le Congo où, à cause de la mouche tsé-tsé, hors club hippique, il n'y a pas un seul cheval. Ce qui n'a pas empêché ses 2,5 millions d'habitants de miser sur les trotteurs parisiens deux cent quinze millions de francs.

Trois poupées gigognes – les salles de jeu, les casinos et le PMU – rêvent d'une grande sœur, d'une quatrième poupée capable de les absorber toutes : une « zone franche financière », qui permettrait d'intégrer l'économie régionale des jeux de hasard dans tout le golfe de Guinée grâce à un pôle bancaire *off shore*. Car le système bâti au Cameroun existe, peu ou prou, dans tous les pays d'Afrique centrale, du Tchad au Gabon. Ainsi, au Congo, Michel Tomi et Jean-Pierre Tosi gèrent-ils non seulement des salles de jeu et des casinos mais, *via* la Congolaise de gestion de la loterie (COGELO), ils sont également entrés dans le capital de la Banque française intercontinentale Congo (FIBA-Congo), succursale de l'établissement financier liant, intimement, la compagnie Elf à la nomenklatura gabonaise et, en particulier, à l'entourage du président Omar Bongo. Où l'on voit que l'amitié entre Robert Feliciaggi, « le roi des casinos en Afrique », et André Tarallo, le Monsieur Afrique d'Elf, déborde du culte sentimental de la « corsitude » pour s'étendre aux affaires. D'ailleurs, petite affaire avant les grandes, lorsque Elf s'est installé au Congo en 1970, ses premiers locaux – un hôtel – lui avaient été vendus par les frères Feliciaggi.

Au Gabon, avec un revenu par tête d'habitant de l'ordre de vingt-cinq mille francs, une cible de choix, la résistance a été longtemps grande contre l'introduction des machines à sous. À tel point qu'en 1993, les douaniers dans le port de Libreville ont bloqué une centaine d'appareils dont l'importation et l'exploitation étaient, selon eux, prohibées par la loi. Plusieurs sources, françaises et gabonaises, affirment qu'il a fallu une intervention personnelle de Charles Pasqua, alors de nouveau ministre de l'Intérieur, pour ouvrir la voie aux jeux de hasard au Gabon. Mais l'intéressé dément ces informations. Le fait est que les machines à sous sont bel et bien entrées au pays et, peu après, un Pari mutuel urbain gabonais (PMUG) a été lancé. Dans un premier temps, le Fortune's Club et le PMUG, tous deux aux mains de Robert Feliciaggi, ont été installés ensemble dans Les Frangipaniers, l'immeuble sur le front de mer qui abrite également la FIBA-Gabon et dont le sous-sol servirait, selon plusieurs témoignages, de lieu de chargement des cantines d'argent distribuées par la présidence gabonaise. Aujourd'hui, le PMUG a pignon sur rue au centre-ville, alors que le Fortune's Club se signale simplement par son emblématique corne d'abondance, qui indique à une clientèle fidèle une salle de jeu dans l'entresol d'une arrière-cour. Puisque, officiellement, tout cela n'existe point...

Un archipel volcanique juste au-dessus de l'Équateur, à moins de trente-six heures de navigation de n'importe quel port dans le golfe de Guinée, deux îles d'une saisissante beauté peuplées de cent vingt mille habitants, ancienne colonie portugaise où, avant l'indépendance en 1975, les cultures vivrières étaient formellement interdites pour le plus grand bénéfice des plantations de cacao, voilà Sao Tomé et Principe. Quinze ans de communisme tropicalisé, mélange de *léve-léve* (doucement, doucement) et d'une bureaucratie digne d'un pays de l'Est, y ont eu raison du peu de dynamisme sorti indemne de l'asservissement colonial. Dans le temps, les Portugais importaient des haricots verts pour nourrir les travailleurs dans leurs plantations. Puis, l'État providence socialiste a distribué des cartes de rationnement, des tickets pour prendre son tour dans les longues files d'attente devant les magasins d'État. Enfin, humanitaire envers les laissés-pour-compte, l'Occident consent depuis 1990 à déverser ses surplus de farine sous forme de dons. Le résultat : un État d'opérette d'une débilitante nonchalance, où aucun chauffeur de taxi n'attend le voyageur à l'aéroport international, mais où l'île de Principe, habitée de quatre mille cinq cents âmes, dispose d'un « gouvernement autonome ».

Sao Tomé et Principe, comptoirs commerciaux au cœur du golfe de Guinée, bienheureuses îles d'un paradis fiscal, coquilles financières au large du continent ? C'est l'idée que poursuit, lors de sa visite sur l'archipel, début 1992, en compagnie de Daniel Léandri et du député de Levallois Patrick Balkany, Charles Pasqua, président du conseil général des Hauts-de-Seine. En fin de déjeuner, sur la terrasse en front de mer de la présidence, il se déclare favorable à l'instauration d'une zone franche. C'est ce qu'il avait déjà dit à Paris, quelque mois auparavant, lors d'une brève entrevue au Sénat, à Patrice Trovoada, fils et conseiller pour les affaires Économiques du président sao-toméen. Ce dernier, Miguel Trovoada, lui demande à présent : « Mais comment faire pour la zone franche ? » Sao Tomé et Principe, à l'instar de sa population, est pauvre comme Job ; la dette extérieure du pays est six fois plus élevée que son PIB annuel. « Je verrai. Faites-moi confiance », aurait répondu, selon un témoin, Charles Pasqua. Et, pour le moins, il a tenu parole. Deux mois plus tard, il dépêche auprès du chef de l'État sao-toméen un financier spécialisé dans les services bancaires *off shore*, Jean-François Dubost, un ami du RPR. Ce dernier finance l'étude de faisabilité d'une zone franche à Sao Tomé et la confie, sans appel d'offres, à Investment Development Consultancy (IDC). On n'est jamais aussi bien servi que par soi-même : IDC est une société de Jean-François Dubost qui officie ainsi en même temps comme expert et, via une autre de ses sociétés, Tage Financial Co Ltd, comme promoteur-exploitant de la future zone franche... L'étude de préfaisabilité ayant été rendue le 24 juillet, c'est sans perte de temps, le 18 décembre 1992, qu'un protocole d'accord est signé par Tage et le gouvernement sao-toméen.

Le projet porte alors, comme le précisera une seconde note, en avril 1993, sur une législation prévoyant l'entrée et la sortie de marchandises affranchies de tout droit et taxe, l'absence de contrôle des changes, le libre rapatriement des investissements et profits, une exemption perpétuelle d'impôt sur les sociétés, de services d'enregistrement et de banques *off shore*. Le promoteur insiste également sur « la main-d'œuvre la moins chère de la région et, peut-être, du monde », précisant que « le salaire mensuel moyen d'un ouvrier non qualifié est de deux cent vingt francs, plus dix-neuf pour cent pour toutes charges sociales, congés payés inclus ». Au total, les coûts d'infrastructures pour l'aménagement des deux sites – portuaire et aéroportuaire – identifiés sur l'île sao-toméenne, sont chiffrés à 533,4 millions de francs. « Certains usagers de référence sont déjà identifiés », affirme le document. « On peut en particulier citer Elf, qui est fortement impliqué dans l'industrie pétrolière de la région et a des besoins importants en matière d'entreposage d'équipement d'entretien et de pièces industrielles, un armateur international majeur très présent dans la région, un groupe de pêche européen, un groupe bancaire international. »

De grandes entreprises internationales sont-elles réellement prêtes à mettre de l'argent dans ce projet de zone franche ? En particulier, est-il exact, comme le prétend un expert indépendant, que Tage Financial Co Ltd n'est que « le faux nez d'Elf » ? Le doute est permis, le groupe britannique Lonrho, cité verbalement, ayant tenu à démentir formellement toute implication. « C'est la direction d'Elf-Gabon qui était derrière la démarche Tage », estime cependant Jean-Pierre Diehl, un consultant qui connaît de longue date l'archipel au large du Gabon. « Pour quel projet ? Nous ne le savons pas. Néanmoins, il semble que ce soit lié à l'ambition d'Elf-Gabon de diversifier ses activités en recyclant ses profits à la marge du groupe, *via* sa filiale luxembourgeoise. » Et plus loin, dans la même expertise datée du 21 juin 1994, Jean-Pierre Diehl spécule : « Une hypothèse possible est qu'Elf-Gabon sentît la nécessité de participer à la création d'un " pôle financier franc " dans la région. D'une part, des menaces pesaient sur ses filiales financières du Luxembourg (depuis 1992, les utilisateurs des comptes au travers d'entités juridiques pour garder l'anonymat se voient réclamer leur identification sous menace de blocage des comptes). D'autre part, l'entrée programmée d'Elf-Aquitaine dans la nébuleuse helvéto-panaméenne suscitait des réserves, car le contrôle de cette nébuleuse ne pouvait appartenir à des échelons d'exécution d'Elf. Et notre hypothèse prend corps : un pôle financier sao-toméen resterait sous le contrôle de Libreville, sans que des comptes eussent à en être rendus à Paris. » Rappelons, pour mémoire, que les deux sociétés de portefeuilles d'Elf au Luxembourg étaient la SOFIPA et la CIPH qui, par la suite, ont beaucoup fait parler d'elles, et qu'André Tarallo était, jusqu'en juin 1997, le P.-D.G. d'Elf-Gabon.

Le projet d'inspiration pasquaïenne à Sao Tomé a été critiqué par plusieurs organisations internationales. Il revenait en effet à concéder à une société mixte, au sein de laquelle l'État sao-toméen aurait été minoritaire, le monopole des activités franches – industrielles, de service et, surtout, financières – pendant cinq ans. Aussi, la Banque mondiale a-t-elle estimé, dans une lettre au ministre sao-toméen de l'Économie et des Finances datée du 2 mars 1994, que « l'établissement d'un centre financier *off shore* (était) prématuré », en attendant l'instauration d'un « système rigoureux de contrôle administratif ». Moins diplomatiquement, la Conférence des Nations unies pour le commerce et le développement (CNUCED) a jugé, dans un rapport de mission remis le 22 septembre 1993, que les projections de Tage étaient « largement surestimées et outrageusement optimistes », qu'on retirait de son étude de faisabilité d'une zone franche la fâcheuse impression que « tout (était) fait pour le seul bénéfice de Tage » et que « la législation bancaire pour les transactions financières *off shore* (était) vague et insuffisante comme régulation ». Même la Caisse française de développement (CFD), chargée d'une expertise du projet financée par le Fonds d'aide et de coopération (FAC) du ministère de la Coopération, a émis des réserves prudentes. Néanmoins, lors de sa session au mois d'avril 1994, le parlement sao-toméen a adopté une loi-cadre pour l'instauration de la zone franche. C'était l'époque où le chef – corse – de la mission française de coopération à Sao Tomé, Francis « Cici » Dominici, appuyait le projet de Jean-François Dubost auprès des autorités locales et disait à qui voulait l'entendre que la zone franche financière était « d'une importance capitale pour la France ». Ce soutien était bien relayé à Libreville où le propre frère de « Cici », Louis Dominici, était alors ambassadeur de France [7].

Et Charles Pasqua dans tout cela ? Habituellement, dans les affaires africaines, son implication est indirecte, assurée par un intermédiaire corse qui, ataviquement, respecte la loi du silence : Jean-Charles Marchiani et Daniel Léandri en mission tout-terrain, Michel Tomi et Jean-Pierre Tosi au Congo et au Cameroun, l'avocat Jean-Paul Lanfranchi au Zaïre, Charly et Robert Feliciaggi dans l'ensemble de l'Afrique centrale... Ces liens indirects sont d'autant plus revendiqués en sous-main qu'ils peuvent être démentis officiellement. « Ces gens-là n'ont rien à faire avec nous. Personne n'est habilité à parler en Afrique au nom de Charles Pasqua », a déclaré, en mars 1995, Daniel Léandri au journal *Le Monde*, ajoutant : « Charles Pasqua n'est jamais intervenu dans les jeux en Afrique. Les casinos sont le dernier de ses soucis [8]. » Pourtant, à Sao Tomé, le lien entre le ministre de l'Intérieur et le projet d'une zone franche financière était direct et ne pouvait être nié. Pierre-Philippe Pasqua, le fils unique du ministre, était en outre l'associé de Jean-François Dubost, le promoteur du projet controversé, au sein de Moncey Investissements, une SA ayant pour objet, selon ses statuts inscrits au registre commercial, « d'étudier et de mettre en œuvre, pour elle-même ou pour des tiers clients, toutes opérations financières, telles que prises de participations, acquisitions, montages financiers divers – en France, dans la CEE et le reste du monde ».

Et l'on retrouve, cette fois-ci à Paris, les fameuses poupées gigognes : en novembre 1992, le siège social de Moncey Investissements a été transféré du 18, rue Papillon au 47, rue de Liège, dans le VIIIe arrondissement. C'est là qu'était alors sise la Société mobilière d'investissement (SMI), au titre de laquelle Pierre-Philippe Pasqua siégeait au conseil d'administration de Moncey Investissements. Or, la SMI du fils de Charles Pasqua, par la suite domiciliée au 45, rue de la... Bienfaisance, a été gérée par le propre frère de Jean-François Dubost, Philippe Dubost, né le 24 février 1954 à Casablanca. Étourdissant ? Pas plus que le jeu de bonneteau en Afrique où s'emboîtent, au profit d'une petite amicale corse, des salles de jeu, des casinos, des PMU et des loteries « nationales ».

Épilogue : l'élection inattendue, en mai 1995, de Jacques Chirac et la traversée du désert consécutive de Charles Pasqua ont mis en veilleuse le réseau corse en Afrique de l'ancien ministre de l'Intérieur et provoqué un retour dans le giron foccartien de la plupart des opportunistes qui, un temps, s'y étaient accolés, telles des coquilles à la dérive sur un récif. À Sao Tomé, à la suite aussi de péripéties politiques locales, le projet d'un pôle bancaire *off shore*, qui aurait pu transformer l'archipel en un centre de recyclage des fonds issus des jeux de hasard pour tout le golfe de Guinée, a été abandonné, du moins tel qu'il avait été conçu par Jean-François Dubost [9]. Au Gabon, le président Omar

Bongo, après des marques d'attention à l'égard du ministre Charles Pasqua et des familiarités avec l'ambassadeur Louis Dominici, ne jure aujourd'hui plus que par Jacques Chirac, son « ami de trente et un ans ». Oublié le temps où le chef de l'État gabonais, qui a la formule facile, déclarait que les Batékés, son ethnie minoritaire à cheval sur le Gabon et le Congo, étaient « les Corses de l'Afrique centrale [10] ». Enfin, ce qui n'est peut-être pas une coïncidence, depuis le départ de Charles Pasqua du ministère de l'Intérieur à Paris, l'un des piliers du régime gabonais, le général Laurent Nguesara, chef des services de renseignements, a proposé que les jeux de hasard soient soumis à une législation particulière et au contrôle d'une unité de police spéciale. En attendant que des actes concrets suivent ces fortes paroles, les groupes de jeunes Corses athlétiques, qui faisaient naguère partie de la « couleur locale », ont disparu des rues de Libreville, abandonnant à une relative solitude tribale les anciens installés ici de longue date, comme le propriétaire du cinéma Como ou le restaurateur des Frères de la Côte rebaptisé, comme par défi des temps maussades, en Dolce Vita. Celle-ci continue toutefois pour les « grands », tels Robert et « Charly » Feliciaggi, armateurs d'un yacht muni d'une plate-forme tournante sur le deck avant, afin que les frères et leurs hôtes aient toujours le meilleur panorama, soient toujours exposés plein soleil... Et la relève est assurée. Jean-Jérôme Feliciaggi, le fils de Robert né le 19 mars 1966 à Ajaccio, gère déjà un empire ludique en France : le casino de Toulouse ; le Palace de la baie des Anges, à Nice ; le casino de Grasse, la ville natale de Charles Pasqua.

Avec l'éclipse de l'ancien ministre d'État, les Corses en Afrique sont redevenus ce qu'ils étaient auparavant : une minorité dans un environnement difficile qui, au nom de la « corsitude », s'entraide un peu plus qu'elle ne s'épuise en rivalités intestines. En ce sens, on pourrait parler d'un lobby ethnique. Mais celui-ci, outre l'exotisme d'un ethnisme importé d'Europe, a une particularité forte : c'est un réseau dormant. Pour le réveiller, il suffit qu'un Corse « tribaliste » parvienne au cœur de l'État français.

LE VATICAN

C'est une messe comme on n'en célèbre pas souvent, un *kyrie eleison* sans rédemption. Une voix s'élève, doucement. Elle enfle à peine, se pose. C'est un cantique. Puis, tout d'un coup, parties d'autres collines, on entend d'autres voix, à l'est, à l'ouest, certaines toutes proches, d'autres lointaines, qui reprennent le refrain. On ne voit personne, dans ce désert de lave, chaos d'éboulis noirs envahis par les arbres, les lianes, les troncs renversés. Rien d'humain, sauf ce chœur invisible. Le cantique s'arrête. Reste juste le chanteur, redevenu cette ombre voûtée devant un feu éteint, perdu dans l'immense forêt des Virungas, à l'est du Zaïre. « J'attends l'opinion internationale. C'est une dame sage et belle, qui conseille tous les pays. Elle va dire au reste du monde que nous sommes cachés dans la brousse, à attendre la mort. Alors, des gens apparaîtront ici et nous prendront la main pour nous ramener au Rwanda dans la paix. » À deux jours de marche de Goma, par des sentiers de brigands et d'antilopes, Habimana, vingt-deux ans, se nourrit d'herbe depuis des jours et ne croit plus qu'en l'impossible. Comme plus de cent mille réfugiés hutus rwandais en perdition.

Ainsi commence, presque mot pour mot, le reportage

de Florence Aubenas, publié le 7 décembre 1996 dans *Libération*. Guidée par un jeune prêtre français, un père blanc, la journaliste était partie à la recherche des réfugiés hutus chassés *manu militari*, deux mois plus tôt, de leurs camps. Des camps agglutinés à la frontière avec le Rwanda depuis que plus d'un million de Hutus rwandais avaient quitté leur pays, l'été 1994, à la fin d'un génocide perpétré contre les Tutsis minoritaires – environ quinze pour cent de la population –, qui avait fait sept cent cinquante mille victimes. Le chiffre n'est qu'approximatif, le moins mauvais auquel on arrive au bout de morbides calculs [1]. Deux ans plus tard, à l'automne 1996, l'armée tutsie du nouveau pouvoir à Kigali a mis fin à la menace existentielle que ces camps faisaient peser sur le régime issu du génocide. La vengeance est planifiée, systématique et cruelle. La journaliste marche en dépassant une petite rivière où flotte le corps d'un homme. Au coude d'un sentier, elle découvre un charnier, des dizaines de corps qui s'entassent. Puis des bivouacs se succèdent, chacun « semé de cadavres, les plus faibles, les malades, momifiés par la faim ou comme gonflés par on ne sait quel mal qui semble devoir faire éclater leurs jambes. Au milieu, parfois, croyant se pencher sur un mort, on surprend un battement de paupières. « Ce n'est rien, je ne suis déjà plus vivant », dit l'homme gisant. Dans cette forêt où la messe est dite, où un cantique s'élance, « ils sont éparpillés par bandes, ou plutôt par hordes d'une centaine ou de quelques milliers, pas plus, de peur d'attirer l'attention. Au cœur du bois, ils se traînent à quatre pattes, léchant les feuilles à l'aube pour recueillir quelques gouttes d'eau ».

Rome, cinq jours plus tard, le 12 décembre 1992. Au Vatican, dans la salle du Consistoire, le pape Jean-Paul II reçoit en audience onze ambassadeurs qui doivent lui présenter leurs lettres de créance. L'un d'eux, Manzi Bakuramutsa, est le nouveau représentant du Rwanda près du Saint-Siège. S'adressant à lui, le pape exprime l'espoir que le « pays des Mille Collines » retrouve son unité nationale après « le retour dans leur patrie de plusieurs centaines de milliers de vos compatriotes » et exhorte les autorités de Kigali à « favoriser les conditions de leur accueil dans la dignité et la sécurité ». Près de sept cent mille réfugiés hutus viennent de rentrer au Rwanda, mais plusieurs centaines de milliers d'autres ont fui vers l'intérieur du Zaïre où, depuis deux mois, ils errent dans la forêt. Le pape, qui le sait, ajoute d'une façon trop insistante pour ne pas être compris, mais trop vague pour provoquer l'incident : « Ce retour des réfugiés ne doit pas nous faire oublier vos nombreux concitoyens qui sont encore en dehors du pays, souvent dans des situations dramatiques. Je souhaite que soient rapidement mis en place les moyens d'une aide humanitaire efficace qui demeure toujours nécessaire. » À peu près au même moment, le général canadien Maurice Baril, désigné pour commander la force de protection internationale que le Conseil de sécurité de l'ONU, par le vote d'une résolution prise fin novembre, a décidé de mettre sur pied, passe une demi-journée dans l'est du Zaïre. De Goma, ville frontière, il se rend à Sake dans la jeep d'un officier rebelle et déclare, au retour, qu'il n'y a « plus de réfugiés rwandais dans l'est du Zaïre parce que, sur le chemin, je n'en ai pas rencontré un seul »... Ce qui met fin au projet d'intervention, d'autant que les centaines de milliers de Hutus à l'intérieur du Zaïre seront aussi, pendant plusieurs semaines, « oubliés » par le Haut Commissariat pour les réfugiés (HCR). À la veille de Noël, les éléments de la force internationale qui avaient été prépositionnés sur l'aéroport de Kampala, la capitale ougandaise, rentrent à la maison.

Le 12 décembre, dans la salle du Consistoire, Jean-Paul II profite de la cérémonie d'accréditation pour apurer des comptes. « Je forme le vœu que, dans la recherche des responsabilités du drame qu'a connu votre pays, la justice et l'équité président au jugement des personnes accusées d'avoir pris part au génocide », dit-il au représentant du Rwanda. « Pour ce qui concerne l'Église, comme je l'ai déjà souligné, en tant que telle, elle ne peut pas être tenue pour responsable des fautes de ses membres qui ont agi contre la loi évangélique ; ils seront appelés à rendre compte de leurs actes. Tous les membres de l'Église qui ont péché durant le génocide doivent avoir le courage de supporter les conséquences des faits qu'ils ont commis contre Dieu et contre leur prochain. Une réconciliation ne pourra se réaliser que dans la vérité et la confiance mutuelle retrouvée. » Cette vérité, le même jour, des prêtres et des responsables chrétiens du Rwanda réunis à Detmold, en Allemagne, cherchent à l'atteindre à travers une « confession » qui, en fait, scinde l'Église – le « corps du Christ » – en deux. « Nous, chrétiens hutus, reconnaissons que les nôtres ont opprimé les Tutsis de diverses manières depuis 1959. Nous confessons le crime de génocide à l'encontre du groupe tutsi à diverses époques de l'histoire du Rwanda, et suprêmement en 1994 », affirment les uns. « Nous portons sur nous le poids terrible de ce crime innommable et nous acceptons d'en supporter les conséquences sans ressentiment. » Puis les autres répliquent : « Nous, chrétiens tutsis, sommes heureux et nous sentons soulagés par la demande de pardon de nos frères hutus. Nous demandons à notre tour pardon à Dieu et aux Hutus pour la répression et la vengeance aveugles exercées par les nôtres contre des populations hutues en dehors de toute légitime défense. Nous demandons également pardon à Dieu et à nos frères hutus pour certaines attitudes arrogantes et méprisantes affichées contre eux au cours de notre histoire au nom d'un ridicule complexe de supériorité ethnique. » Une semaine plus tard, rassemblés du 18 au 21 décembre dans la capitale kenyane par le Cardinal Roger Etchegaray, président du conseil pontifical Justice et Paix, les évêques du Rwanda, du Burundi, du Zaïre, de l'Ouganda et de la Tanzanie pourfendent « l'idéologie ethnocentrique », qui « alimente une spirale de discrimination, d'exclusion et de violence allant jusqu'au massacre, voire au génocide ». Deux ans après la tentative d'extermination des Tutsis au Rwanda, « le fleuron de l'évangélisation », et au moment même où des centaines de milliers de réfugiés – chrétiens comme leurs persécuteurs – désespèrent dans la forêt équatoriale de l'est du Zaïre, ils ajoutent avec l'innocence des enfants de Dieu : « Il arrive même que des membres de nos Églises succombent à cette contamination. »

Mars 1997, un trimestre plus tard. Jamais un seul témoin, qui plus est anonyme, n'a acquis une telle influence. Depuis le 19 février, date à laquelle il a achevé son rapport sur les massacres dans l'est du Zaïre, ce « jeune Occidental » – c'est ainsi que le désigne les journaux, surtout français et belges, qui font leur une sur ses révélations – a vu des ministres européens, des hauts fonctionnaires internationaux, des hommes d'Église de toute confession, le pape lui-même. Son témoignage a été mis à la disposition des membres du Conseil de sécurité de l'ONU qui, le vendredi 7 mars, adoptent un texte se référant aux « allégations concernant des violations du droit humanitaire international » dans la zone rebelle. Quarante-huit heures plus tard, une mission d'enquête conjointe de quatre agences de l'ONU et de la Croix-Rouge internationale (CICR) est dépêchée sur place. Est également rappelé à plus d'insistance et, surtout, de présence sur le terrain, le rapporteur spécial de l'ONU sur les violations des droits de l'homme au Zaïre, Roberto Garreton [2]. Au terme de sa propre enquête, il confirme, le 2 avril, l'existence de « nombreuses fosses communes » et soutient qu'il est« indiscutable » que les rebelles ont commis des massacres à grande échelle. Tout en jugeant « sans doute exagérées » des estimations faisant état de plusieurs centaines de milliers de victimes, il affirme que l'on « peut dire qu'il y a certains éléments laissant penser qu'il ait pu y avoir génocide ». C'est ce qu'avait déjà déclaré, six semaines plus tôt, le secrétaire belge à la Coopération, Reginald Moreels. S'appuyant sur le témoignage du « jeune Occidental » et « plusieurs confirmations indirectes », il avait parlé d'une « stratégie claire et nette » pour en finir avec les réfugiés hutus dans l'est du Zaïre, voire d'un génocide parce qu'il y eut « mise à mort de l'Autre parce qu'il est autre ». À Paris, Jacques Julliard, le chroniqueur du *Nouvel Observateur*, s'était également posé le problème, ayant « longuement vu cet homme, encore tout frémissant des horreurs dont il a été témoin » et jugeant qu'il était « impossible de mettre en doute son témoignage ». Le 13 mars, il avait écrit : « Génocide ou pas génocide ? Question absurde, répétée à satiété par les Occidentaux, avec comme arrière-pensée inavouée ceci : à moins d'un vrai génocide, dûment authentifié, nous ne nous déplaçons pas. Nous ne nous émouvons pas. Et puis voilà qui complique tout : les victimes appartiennent au même groupe – les Hutus – à l'origine des massacres de 1994 qui ont fait plus de cinq cent mille victimes parmi les Tutsis. Qui, pourtant, oserait soutenir que les enfants, les femmes, les vieillards hutus réfugiés au Zaïre font partie des " génocideurs " ? C'est comme si, en 1945, on avait passé à la mitrailleuse tous les enfants allemands pour éteindre à jamais la race maudite des assassins. »

Pour ce qui concerne la « race maudite » des Hutus, leur calvaire ne valait alors, dans la conspiration du silence, que ce que valait le témoin qui le rapportait. Or, de passage à Paris le 10 mars 1997, l'évêque de Goma et président de la conférence épiscopale du Zaïre, Mgr Faustin Ngabu, avait discrédité comme « malhonnêtes, irresponsables, antitutsies et dangereuses » les révélations du « jeune Occidental ». Lors d'une conférence de presse, il avait parlé de « données vagues, approximatives », de « témoignages indirects, supposés », de « cas peu ou pas du tout vérifiables ». Affirmant qu'il s'agissait d'un « complot contre l'Alliance », le mouvement de Laurent-Désiré Kabila, alors que « les Zaïrois aspirent partout à l'arrivée des rebelles, car ils assurent la paix », il avait déclaré : « Dans un milieu où la rumeur constitue la source principale d'informations, il est facile de trouver des charniers partout, de les imaginer dans les brousses et les forêts, de décider d'office qu'il s'agit des réfugiés hutus, victimes d'une agression tutsie. » La charge était pour le moins frontale. Elle ne posait pas seulement le problème, déjà crucial, d'une possible manipulation de presse, d'un Timisoara dans la forêt équatoriale. Mais elle révélait, aussi, de très profondes divisions au sein de l'Église catholique, dont le maillage de l'Afrique – le plus dense de tous les réseaux d'informations – perdait ainsi sa crédibilité. Au moment où l'homme blanc, un siècle après la « pénétration coloniale », quitte massivement le continent, où de larges zones d'Afrique redeviennent des *terrae incognitae*, de nouvelles taches blanches sur la carte, en raison de l'administration défaillante de nombreux États africains, dépourvus de moyens, l'Église n'est-elle pas, surtout au fin fond de la brousse, le dernier témoin ? Il faut croire qu'elle n'est pas un témoin indiscutable, à en juger la querelle publique entre l'évêque de Goma et le « jeune Occidental ». Car ce dernier est lui-même prêtre, missionnaire de l'ordre des Pères Blancs [3]. C'est lui qui a célébré la messe dans la forêt des Virungas, c'est sa voix qui, entonnant le cantique, s'est élevée sur le chaos d'éboulis noirs où, en reprenant le refrain, des persécutés hutus ont rendu leur dernier souffle à la gloire d'un Dieu catholique, tout-puissant. Début mars 1997, dans l'austère réfectoire de la maison généraliste des Pères Blancs à Rome, sous le regard du Christ crucifié, les deux hommes d'Église, l'évêque tutsi et le missionnaire français, ont rompu le pain. Ils ont partagé un repas, dans le silence, avant de prendre l'opinion internationale à témoin, chacun de son côté, chacun possédé par sa vérité. La scène, pour un chrétien, doit être pénible à contempler. Pour notre propos, profane, elle se réduit à une seule question : s'ils ne partagent plus une foi capable de transcender leurs différences d'origine, de culture, de convictions, les cadres de l'Église catholique forment-ils encore, au sens fort que nous avons donné à ce mot, un réseau ?

Les premiers jours ensoleillés font briller la « Ville éternelle » dans toute sa beauté. Derrière le Vatican et l'immense place Saint-Pierre, dont le péristyle semble vouloir embrasser la terre entière, la via Aurelia monte en serpentant une colline. Dans la maison des Pères Blancs, toute en hauteur, surplombant les barres d'immeubles construites avant les Jeux olympiques de 1960, quand le vieux quartier au pied de la bâtisse fut rasé, le missionnaire-témoin se repose entre deux entretiens. Ses pas résonnent dans les couloirs vides, au plafond haut de trois mètres au moins, où flotte une sempiternelle odeur de produit ménager. La maison généraliste – c'est ainsi qu'on appelle le siège à Rome des congrégations de droit pontifical, des Jésuites, des Franciscains, des Dominicains... – a été construite pour accueillir quelque quatre-vingts pères blancs. Mais, effet de la crise des vocations, leur nombre est tombé de moitié. Si les Pères Blancs comptent encore, dans le monde entier, un peu plus de deux mille cent prêtres missionnaires, dont une bonne moitié en Afrique, beaucoup d'entre eux sont vieux et, parmi les jeunes, les deux tiers originaires, justement, du continent africain. Le père revenu de l'est du Zaïre est un des rares jeunes prêtres occidentaux. Candide mais pugnace, très consciencieux, il jouit de l'estime de ses supérieurs, du père Gothard Rosner, un Allemand qui préside encore pour un an le Conseil général de l'ordre, et du père Pedro Sala, l'un des quatre adjoints de ce dernier. Italien, le père Pedro est à Rome aussi à l'aise qu'un poisson dans l'eau. Il a ses entrées partout et la Curie romaine, le gouvernement de l'Église catholique, n'a pas de secret pour lui. Mais il prend aussi en charge, au sein du Conseil général de l'ordre missionnaire, l'Afrique des Grands Lacs, depuis longtemps une zone stratégique d'évangélisation et, depuis 1994, une terre de martyrs. Au cours des trois dernières années, près de cent-cinquante religieux catholiques y ont laissé leur vic, tués pendant le génocide au Rwanda ou après, parfois tout simplement parce qu'ils étaient des hommes d'Église, la plupart du temps parce qu'ils étaient hutus ou tutsis. Au Rwanda, quatre évêques ont payé de leur vie leur proximité compromettante, réelle ou imputée, avec l'ancien régime du général-président Juvenal Habyarimana, une fois que ce régime s'était révélé « génocidaire ». Beaucoup d'autres religieux ont trouvé la mort, au contraire, entre les mains des miliciens interahamwe, pour avoir caché des Tutsis. Puis, après le génocide, d'autres serviteurs de Dieu ont été tués par les soldats tutsis du nouveau pouvoir à Kigali, cette fois-ci pour avoir pris la défense des Hutus. Des deux côtés, l'Église est prise à partie et à témoin. Des deux côtés on lui rappelle sans cesse ses compromissions, ses responsabilités.

Le père-témoin se rend à la secrétairerie d'État, le ministère des Affaires étrangères du Saint-Siège, la plus ancienne et, sans doute, l'une des meilleures administrations diplomatiques du monde. Certes, le Vatican, réduit à quarante-quatre hectares et à un budget annuel d'environ huit cents millions de francs, dispose de peu de moyens. Ses nonces apostoliques, accrédités dans les pays chrétiens, et ses pro-nonces, en poste ailleurs, dirigent les aumôneries du corps diplomatique, rarement plus de deux ou trois personnes, quatre au Brésil, le plus grand pays catholique. Mais une formation de dix-huit ans, d'abord pendant deux années à l'Académie pontificale ecclésiastique, puis – comme attaché, secrétaire, auditeur et, enfin, conseiller – dans l'appareil qui a inventé la diplomatie moderne et dicté ses règles au congrès de Vienne, façonne un personnel hors pair [4]. Tous les représentants du pape parlent deux langues vivantes, en plus de l'italien – la langue de travail du Vatican – et du latin. Si le français n'est plus obligatoire, signe de son recul international, il n'en reste pas moins la langue officielle du Saint-Siège. Le jeune père blanc se raidit un peu, lorsque l'appariteur pousse la porte du couloir de la Cosmographie. Celui-ci doit son nom à une somptueuse fresque représentant une mappemonde, une décoration qui n'est pas anodine en un lieu où l'on ambitionne de convertir tout l'Univers. Le couloir de la Cosmographie donne, aussi, un accès direct aux appartements privés du Pape. Cette proximité physique, alors que la plupart des bureaux des autres « ministères » se trouvent en ville, souligne la précellence de la secrétairerie d'État [5]. Sa projection aux quatre coins du monde est la raison d'être d'un « État support ». Aussi, comme tout chef d'un vrai réseau, le secrétaire d'État dispose-t-il de la durée. À la différence des vingt-sept dicastères, le nom officiel des « ministères » pontificaux dont les titulaires exercent leurs fonctions pendant six ans, il est nommé *ad tempus indefinitum*. L'actuel secrétaire d'État est un Français, Jean-Louis Tauran. Avec lui, le père blanc est à l'aise, peut s'expliquer en détail, avec des mots de sa langue maternelle. Il n'en est pas moins conscient de parler à l'homme qui coiffe les nonciatures du monde entier, l'homme-synthèse au bout de tous les messages codés, reçus ici par une centaine de diplomates astreints à la discrétion. Il sait, parce que ses supérieurs le lui ont dit et répété, que Jean-Louis Tauran est « un gros travailleur », « extrêmement sérieux ». Tout juste, le temps d'un sourire intérieur, le père Laurent relève-t-il qu'il n'est pas reçu dans le bureau du secrétaire d'État, mais dans un des anonymes salons de réception. Cela aussi, on le lui avait dit. Le souci de discrétion absolue est la marque déposée de la secrétairerie d'État, l'ancienne *camera secreta*.

L'ambiance est différente, piazza San Calisto, en marge du quartier du Trastevere, l'un des plus vieux de Rome, le quartier fétiche de Pasolini et Fellini, populaire, un peu loubard, mais festif et exalté. Ici, au second étage d'un imposant bâtiment au fond d'une spacieuse arrière-cour, est installé le conseil pontifical « Justice et Paix ». Son président, depuis 1984, est le cardinal Roger Etchegaray, un Basque français, né en 1922 à Esplette, fils d'un mécanicien agricole, ordonné prêtre à vingt-cinq ans, nommé évêque à quarante-sept et « créé » cardinal dix ans plus tard. L'ancien secrétaire particulier de Mgr Terrier, l'évêque de Bayonne, puis président des conférences épiscopales d'Europe et archevêque de Marseille, est l'un des prélats les plus influents à Rome. D'abord parce qu'il a l'oreille du pape Jean-Paul II, qui a déjà assuré son avenir, au-delà de la retraite imposée à soixante-quinze ans, en le nommant président du Comité de préparation du grand jubilé de l'an 2000. Ensuite, et ceci étant lié à cela, parce qu'il est un « cumulard », membre aussi bien de l'Académie des sciences morales et politiques que de celle chargée du patrimoine apostolique, membre des conseils pontificaux pour les laïcs, pour les communications sociales et pour l'unité des chrétiens dont il fut longtemps le président, membre aussi des congrégations pour l'évangélisation des peuples et la promotion de la foi, pour les Églises orientales et, enfin, membre de la Signature apostolique, le tribunal suprême du Vatican. Mais surtout, Roger Etchegaray, qu'on dirait madré si, pour un homme d'Église, ce n'était pas malséant, est le *missi dominici* par excellence du pape, l'émissaire personnel de Karol Wojtyla quand Jean-Paul II a perdu son latin. À ce titre, il est allé accomplir des missions impossibles à Cuba, au Viet-nâm, à Haïti et, en plein génocide, au Rwanda, où il est passé en mai 1994 à Butare, le centre spirituel du pays, alors encore aux mains des « génocideurs », avant de ressortir par Goma et de rentrer, *via* l'Ouganda, à Kigali, déjà aux mains de l'opposition armée tutsie du Front patriotique rwandais (FPR). « C'était de la folie », dit-il. À l'époque, pendant que les tueurs hutus – de bons chrétiens – trempaient leurs machettes dans le sang, le « concile Noir » – tous les évêques d'Afrique – était réuni à Rome, pendant quatre semaines à partir du 10 avril, pour réfléchir sur « l'Église-famille » du continent. Sans dire mot sur le génocide en cours, ils avaient adopté un texte affirmant que « l'Église d'Afrique doit poursuivre à tous les niveaux l'œuvre d'évangélisation commencée au XIXe siècle par les missionnaires à qui hommage est rendu pour leur collaboration passée et actuelle. À la fin du siècle, le nombre de catholiques devrait être, en Afrique, de quatre-vingt-quinze millions, ne représentant que douze pour cent de la population ». Ici transparaît en toutes lettres l'obsession spinozéenne de l'Église, qui ne songe qu'à « persévérer dans son être », quel que soit le nombre de morts, tutsis ou autres, qu'elle doit pour cela laisser sur le chemin.

Mgr Etchegaray ne le sait que trop bien. Cet homme, fin comme l'ambre et aussi peu transparent, tient entre ses grosses mains de paysan, dont l'une est baguée d'une énorme chevalière, le rapport du père blanc, quatorze pages d'horreurs qui s'achèvent sur ces phrases : « J'ai été très surpris de voir, lors de contacts obtenus à un haut niveau politique, en Europe, qu'en général, on est très au courant de la situation dans les chancelleries, même si on n'en connaît pas l'exacte ampleur. Les calculs diplomatiques empêchent de bouger, de même, paradoxalement, que le silence des médias. Finalement, tout le monde sait, mais tout le monde se tait. » Le cardinal soulève des photos, des clichés de corps enchevêtrés, de charniers, de plaies béantes infligées à des vieux, des femmes, des enfants. La mine fermée, il les repose sur la table. Roger Etchegeray en a trop vu pour se permettre encore de vraies émotions. Quelques semaines plus tard, il dira à des visiteurs qu'il est « au courant », qu'il a « vu » le rapport et les photos, « terribles mais, compte tenu de ce qui se passe en Afrique, malheureusement rien de spectaculaire ». Le « jeune Occidental » et les autres pères blancs seront très déçus, douteront même que le cardinal ait « vraiment lu » le rapport. Mais Mgr Etchegaray, outre une *realpolitik* ecclésiastique qui est à l'apostolat originel ce que la cendre froide est au feu incandescent, incarne une vertu chrétienne : la sincérité. Les massacres dans l'est du Zaïre n'étaient pas « spectaculaires », non pas faute d'ampleur ou de cruauté, bien au contraire, mais parce qu'ils ne pouvaient être donnés en spectacle à une opinion publique internationale qui, d'avance, les jugeait irrecevables. Les victimes n'étaient pas bonnes, ne se prêtaient pas à l'émotion. Lucide mais très diminué, la main molle, le visage bouffi de cortisone, le pape en était sans doute conscient lorsque, devant le père blanc venu à lui comme témoin, il a lu des passages du rapport, fixé son regard sur des images de souffrance. Quelques jours plus tard, le 4 mars 1997, il a écrit une lettre au secrétaire général de l'ONU, Kofi Annan. « La dégradation de la situation au Zaïre m'incite à vous exprimer ma profonde préoccupation », lui disait-il. « Les nouvelles qui me parviennent des diocèses frappés par les opérations en cours attestent l'état de violence et d'abandon dans lequel sont contraintes de vivre des milliers de personnes. (...) Toutefois, la pacification qui s'impose n'aura d'effets durables que si les réfugiés rwandais présents sur le sol zaïrois rejoignent leur pays dans la sécurité et la dignité. (...) Il est primordial qu'au Zaïre, comme ailleurs, le principe d'intégrité territoriale soit respecté de façon absolue, si l'on ne veut pas ouvrir la porte à tous les excès. C'est pourquoi la Communauté internationale doit veiller en priorité à une application précise du droit et à la promotion d'actions visant à une amélioration effective du sort des populations. (...) Enfin, il sera plus facile de mener à bien une tâche d'une telle ampleur – qui appellera certainement des négociations entre toutes les parties concernées – si le processus de démocratisation commencé au Zaïre va jusqu'à son terme. Il faut encourager toutes les bonnes volontés, tant à l'intérieur qu'à l'extérieur du pays, pour créer les conditions favorables à un dialogue national respectueux de toutes les tendances ethniques et politiques, dialogue auquel l'Église catholique apporte d'ailleurs toute sa contribution. » Dans cette lettre, dont le contenu a été porté à la connaissance du Conseil de sécurité de l'ONU, tout est dit, mais en filigrane seulement. Le message est clair pour qui sait que les combats dans l'est du Zaïre, entre forces armées, n'ont fait que des dizaines de victimes militaires – trois soldats gouvernementaux à Kisangani, cinq à Lubumbashi... – mais que les morts en nombre étaient des civils, surtout les réfugiés hutus rwandais, persécutés dans la forêt, sans rémission, loin derrière le front ; que la démocratisation au Zaïre, pour « aller à son terme », impliquait nécessairement le départ du maréchal-président Mobutu, dictateur du pays depuis trente-deux ans ; que l'Église catholique avait échoué à obtenir ce départ du pouvoir par des moyens pacifiques, l'évêque de Kisangani, Mgr Laurent Monsengwo, ayant présidé la Conférence nationale souveraine sans pousser l'avantage jusqu'à destituer le Président. Tout était dit, mais en catimini, implicitement, sans ces « paroles de feu » dont avait parlé le pape Pie XII, en recevant l'ambassadeur d'Italie le 13 mai 1940, au sujet des « horreurs qui se passent en Pologne ». Et ce n'est sans doute pas un hasard si c'est le même pape qui, lorsqu'il prit enfin la parole publiquement, le 2 juin 1943, n'évoqua que très allusivement le « cyclone de la guerre » et « l'héroïsme silencieux », dont il espérait qu'il fût « en accord avec la grandeur du sacrifice ». À ce moment, parmi d'innombrables Juifs, des Tziganes, des communistes et des homosexuels, plus de trois mille prêtres catholiques étaient déjà morts dans des camps de concentration.

Le vicaire du Christ, successeur du Prince des apôtres, souverain pontife de l'Église universelle, patriarche d'Occident, primat d'Italie, archevêque et métropolite de la Province romaine, souverain de l'État de la cité du Vatican, chancelle entre *sacerdotium* et *regnum*, entre sa mission religieuse et son pouvoir politique. Pour le pape, l'Église doit rester un *perpetuum mobile*, une machine miraculeuse qui transforme la foi en l'au-delà des croyants en éternité sur Terre du clergé. Paradoxalement, c'est d'autant plus vrai que Jean-Paul II, l'un des papes les plus humains, n'a pas réussi au cours de son long règne à maîtriser la Curie. Pour cela, il est trop sentimental, trop visionnaire, trop voyageur aussi. N'ayant pas l'âme d'un fonctionnaire méticuleux, la bureaucratie de l'Église lui échappe et, de tout son poids, s'impose à lui. Le premier pape polonais, hanté par le communisme et, finalement, vainqueur de « l'empire du Mal », aura montré beaucoup d'affection pour l'Afrique, s'y sera rendu souvent malgré sa maladie. Mais l'a-t-il comprise ? Dans son exhortation apostolique *Ecclesia in Africa*, fruit du « concile Noir » de 1994 et officialisé par le pape en septembre 1995, lors de son dernier voyage sur le continent, frappe par sa liberté de ton, la dénonciation sans ambages des violations des droits de l'homme, de la corruption de certains gouvernements africains, du tribalisme, du népotisme, de la « soif du pouvoir » et de l'intolérance religieuse. Mais ces bonnes paroles peuvent-elles faire oublier le silence pendant le génocide, le troisième du siècle, perpétré sur le sol africain ? Peuvent-elles remplacer l'autocritique de « l'Église-famille », celle d'Afrique en particulier, dont un prélat à Rome admet qu'elle « s'enracine dans un malentendu » depuis que les missionnaires européens sont arrivés dans les fourgons des colons au siècle dernier. « Il faudrait vider la moitié des séminaires en Afrique, parce qu'on y prend l'Église du Blanc pour une voie de promotion sociale », vitupère-t-il, rappelant que « les limogeages au titre du paragraphe 2 » – pour des raisons autres que la limite d'âge et, donc, pour faute personnelle, péculat ou non-respect du célibat – « ne s'y comptent plus, bien que la hiérarchie ferme les yeux pour ne pas trop sanctionner ».

Au Saint-Siège, la vérité du jeune père blanc a triomphé. Pourtant, l'évêque de Goma a fait sensiblement le même parcours que lui, du secrétaire d'État Jean-Louis Tauran au pape Jean-Paul II, en passant par le cardinal Etchegaray et le cardinal béninois Gantin, président de l'importante congrégation des évêques et, à ce titre, mêlé à toutes les nominations apostoliques. Mais Mgr Ngabu n'a pas convaincu, à commencer par le pape, qu'il a vu et à qui, geste peu apprécié, il a adressé la dénonciation virulente du témoignage du père blanc qu'il devait lire, dix jours plus tard, devant la presse à

Paris. En rendant compte dans *Le Monde*, Henri Tincq relèvera alors que « la réaction de Mgr Ngabu témoigne d'une totale divergence de vue, y compris dans les milieux ecclésiastiques, sur la gravité de la situation dans cette région de l'est du Zaïre “ libérée ” par les rebelles ». C'est précisément ce qui, à Rome, lui est reproché. Moins d'avoir défendu une autre vérité, celle du camp qu'il avait choisi, mais de l'avoir portée sur la place publique en tant que dignitaire de l'Église et en la faisant ainsi apparaître irréconciliablement divisée. Ce « fanatisme », aux yeux de la Curie, était bien plus qu'une erreur, pire que l'hérésie, simple vice de l'intelligence. C'était une faute impardonnable au sein d'une institution, d'inspiration divine certes, mais surtout soucieuse de sa pérennité dans ce bas monde et, donc, de son unité. Début mars 1997, les évêques du Zaïre étaient de passage à Rome pour leur visite *ad liminem apostolorum*, l'entrevue quinquennale en tête à tête avec le Pape. Aucun d'entre eux, à l'exception de l'évêque de Bunia, Mgr Léonard Dedju, également tutsi, n'a souscrit à la banalisation des tueries entreprise par leur collègue de Goma, pourtant président en exercice de la conférence épiscopale du Zaïre.

Dans l'opinion publique, cependant, l'évêque de Goma a engagé la crédibilité de l'Église à visage découvert tandis qu'en face, un « jeune Occidental », sous couvert d'anonymat, a dénoncé des massacres dont il semblait le seul à s'apercevoir. Dans un monde où l'information chasse l'information, vraie ou fausse, où le grand public n'a guère la possibilité d'explorer les coulisses et d'apprécier à leur juste valeur les déclarations millimétrées des consciences universelles que sont le pape ou l'ONU, ce duel inégal s'est soldé, au mieux par un doute persistant, au pis par une désarmante confusion. Encore des massacres entre Hutus et Tutsis, à nouveau un soupçon de génocide, à moins qu'on se soit fait manipuler, une fois de plus, par les médias en quête de sensations... Pourquoi le Saint-Siège, fort de son magistère moral, s'en est-il tenu au vieux principe scolastique, qui – *odiosa sunt restringenda* – enseigne de « limiter les faits odieux », sans les combattre et, pour commencer, sans les dénoncer ? Pourquoi le pape n'a-t-il pas prononcé des « paroles de feu », ni pendant le génocide contre les Tutsis au Rwanda, ni pendant les massacres des Hutus dans l'est du Zaïre ? Assis dans un salon aux murs nus de la maison des Pères Blancs, Guy Theunis donne une réponse inattendue : « Parce que seulement des individus au sein de l'Église cherchent à vivre l'Évangile, à incarner la parole de Dieu, à être son prophète et, donc, à dire la vérité. L'Église-institution, elle, ne bouge pas, ne réagit pas, ne pense qu'à son avenir. » Le jeune père blanc, témoin lui-même, a pris à témoin le monde entier, il a pressé des hommes politiques, des journalistes, des fonctionnaires internationaux afin qu'ils prennent leurs responsabilités. Mais il a dû accepter que l'Église, l'institution à laquelle il appartient et qui s'est donné pour mission l'amour du prochain, se taise, ne prenne pas officiellement position. Le jeune prêtre a tenu à l'anonymat, sans grand espoir de le préserver, mais sachant qu'il ne pouvait pas engager l'Église, ni même l'ordre des Pères Blancs. « Il faut nous comprendre, nous avons plus de trente missionnaires au Rwanda. On ne pouvait pas prendre des risques inconsidérés pour eux en entrant, en tant qu'ordre missionnaire, ouvertement en conflit avec le nouveau pouvoir à Kigali », explique Gothard Rossner, très marqué par le « martyr silencieux » de l'Église dans les anciens pays communistes de l'Est et, notamment, dans l'ex-RDA. « Un de mes frères y était prêtre, et je vous assure, il y a différentes manières d'être silencieux, de partager l'épreuve avec la population. » Le père Guy, longtemps directeur de publication de la revue *Dialogue*, qui avait déjà, sous l'ancien régime Habyarimana, tenté de « dire la vérité au Rwanda, que celle-ci plaise ou non », assume ce choix sans cacher un désespoir profond. « Quand nous avons poussé pour qu'il y ait une commission d'enquête internationale sur les violations des droits de l'homme, en 1993, nous avons documenté les tueries du régime Habyarimana, mais nous savions aussi, et nous l'avons dit, qu'il y avait autant de morts – sept cent quatre-vingt-douze précisément – dans la zone occupée par le FPR, et que ces assassinats étaient ciblés, qu'ils visaient l'élite hutue. » Personne n'en a tenu compte, ni à l'intérieur ni à l'extérieur de l'Église. « Avant le génocide des Tutsis, en 1994, nous avions prévenu notre hiérarchie, on le voyait venir », reprend le prêtre belge qui maîtrise, comme tous les pères blancs au Rwanda, le kinyarwanda, la langue du pays. « Mais aucun des évêques n'a bougé. » En revanche, le génocide à peine déclenché, le nonce apostolique en poste à Kigali a fui, au mépris des traditions pontificales qui font de l'ambassadeur du pape le dernier diplomate à quitter des lieux de perdition. En 1991, sous les bombardements occidentaux, Mgr Oles, le seul nonce polonais, était resté à Bagdad. Les machettes sorties dans la capitale rwandaise, le représentant du pape a abandonné la partie. « Entre présence complice et martyr silencieux, l'Église hésite, et c'est vrai qu'il est souvent difficile de choisir », admet le père Guy qui, « pour ne pas personnaliser l'affaire », quitte l'Afrique des Grands Lacs pour « aller travailler » en Afrique du Sud. Et de rappeler le retrait – l'unique – décidé par les Pères Blancs à la fin des années 60, lorsqu'ils estimèrent que la compromission de l'Église catholique avec le pouvoir colonial au Mozambique, par le truchement de l'Église portugaise, était devenue inacceptable. « C'était un geste prophétique, et j'y étais favorable », se souvient le père Guy, « Les Pères Blancs ont été les seuls prêtres missionnaires invités, en juin

1975, à la cérémonie marquant l'accession à l'indépendance du pays. J'en étais fier. » Cependant, à ce jour, l'implantation des Pères Blancs au Mozambique n'a retrouvé ni son niveau, ni sa qualité antérieurs. « En partant, pour une bonne raison, nous avons perdu le contact avec les gens au quotidien, dans les diocèses, dans les villages, dans les quartiers de Maputo », s'avoue le missionnaire, qui conclut : « Peut-être vaut-il donc mieux être présent et se taire, plutôt que partir. Parce qu'il faut préparer l'avenir, et l'avenir se prépare dans l'espoir de ceux qui vivent aujourd'hui. »

Rester en place, coûte que coûte, ne pas afficher ses divergences au grand jour, même s'il faut trahir le credo, éviter à tout prix le schisme parce qu'aucune vérité ne justifie l'affaiblissement, voilà les règles d'or du Réseau. L'église catholique est le dernier vrai réseau, le plus vaste, le plus cosmopolite, le plus accompli. Ancré dans un « État-moyen », la cité du Vatican, composé par des cadres de toutes origines mais d'une même vocation et sortis du même moule de formation, il quadrille le monde entier. Son « dispositif » est à la fois strictement hiérarchisé et, par la multiplicité des « filières », d'une grande diversité. Tous les chemins mènent à Rome, aboutissent à la Curie. Mais les messages passent par les nonciatures, par les évêques à la tête des diocèses, par des ordres pontificaux, grâce aux affinités existant, au sein de l'appareil d'Église, pour une nationalité ou une ethnie partagée... Tant qu'il y aura Jean-Louis Tauran, la fille aînée de l'Église disposera au Saint-Siège d'une stratégique tête de pont. De même, tout prélat africain se rendant à Rome tentera de voir, pour sa cause, les deux cardinaux noirs à la tête de congrégations : le cardinal Arinze, un Nigérian qui préside celle en charge du dialogue avec l'Islam, un thème d'actualité et d'avenir, surtout en Afrique ; et, bien sûr, le cardinal Gantin, ce

Béninois au poste clé de la Congrégation des évêques, l'homme qui rencontre le pape tous les samedis pour décider des nominations apostoliques, de la carrière plus ou moins fulgurante ou heurtée de quelque quatre mille évêques et évêques auxilliaires. « Je suis le roi mage », dit-il, quand il est de bonne humeur. « Je suis le Nègre de service », quand les affaires vont moins bien... Enfin, lorsque l'évêque de Kisangani, Mgr Monsengwo, veut faire passer un message important au Vatican, il peut le faire, comme tout autre successeur d'apôtre, de diverses manières ou, par exemple pour « court-circuiter » le président de la conférence épiscopale du Zaïre, quand celui-ci s'appelle Mgr Ngabu, en passant par l'ordre des Jésuites, cette « multinationale » à laquelle il appartient et qui dispose à Rome de puissants relais au sein de la Curie. D'autres, des Espagnols conservateurs ou les tenants d'une certaine orthodoxie, passeraient de la même manière par l'Opus Dei, sachant bien que Jean-Paul II affectionne les ordres, les considère comme ses gardes rapprochées. Au point de s'être pris d'une affection particulière pour les Légionnaires du Christ, un ordre latino-américain, « l'Opus Dei des pauvres » selon ses détracteurs.

Roma veduta, fede perduta! (Voir Rome et perdre la foi!) Comme tous les réseaux, bien que leurs membres affirment le contraire et que le constat, en l'occurrence, puisse paraître impie, le réseau de l'église catholique n'a pas de contenu, aucune vérité qu'il ne serait pas prêt à sacrifier pour subsister. Les cas de conscience ne portent que sur l'intelligence du choix, parfois controversé. Lorsque le négus Hailé Sélassié, qui avait été éduqué par un évêque missionnaire et, en tant que régent, avait été reçu par le pape en 1924, dut faire face en 1936 à l'invasion italienne, les évêques transalpins donnèrent leur croix pectorale à Mussolini pour soutenir sa croisade coloniale et, malgré le bain de sang entre chrétiens et la honte pour l'humanité que fut le siège d'Addis-Abeba, le pape approuva « l'expansion naturelle » de l'Italie, dont le roi Victor-Emmanuel III se fit couronner « empereur ». Insultant l'avenir de l'Église sur le continent, les paroles papales paraissaient sanctifier l'action coloniale du Duce à un point tel que le secrétaire d'État de l'époque, Francesco Pacelli, frère du futur Pie XII, prit sur lui d'affirmer que le souverain pontife avait seulement constaté un fait, sans le cautionner. Mais pareille dissonance entre le pape et sa diplomatie est rarissime. En Afrique, ni les errements coloniaux ou postcoloniaux, pas plus que trois décennies de dictature imposées après l'indépendance par certains « dinosaures » ou, par la suite, les tribulations de la démocratisation, n'ont provoqué de commentaires tranchés. L'Église a constamment fait de la politique mais, prudemment, n'a jamais parlé *ex cathedra.* Elle a accepté le péché d'orgueil de feu le président ivoirien Félix Houphouët-Boigny, la basilique Notre-Dame-de-la-Paix à Yamoussoukro, prétendument édifiée en puisant dans la « cassette » du Président et non seulement plantée dans le village natal de ce dernier mais, aussi, sur la frontière entre le christianisme, prépondérant sur les côtes dans le golfe de Guinée, et « l'islam envahisseur » du Nord sahélien. À Rome, tout le monde savait que le territoire délimité autour de la basilique, et offert avec celle-ci, l'avait été pour abriter la souveraineté vaticane, au cas où l'Italie deviendrait un hôte dangereux. Mais personne n'a dénoncé l'élucubration du « Vieux », qui préparait un nouvel Avignon en Afrique, chez lui... Lorsque, dans les capitales du continent, les foules ont envahi les rues pour conspuer leurs présidents comme « voleurs », l'Église catholique a viré sa cuti. Elle a laissé monter des prélats en première ligne, comme présidents des « conférences nationales souveraines ». C'était le cas, d'abord, de l'évêque-coadjuteur de Cotonou,

Mgr Isidore de Souza, au Bénin, puis de l'évêque d'Oyem, Mgr Basile Mvé, au Gabon, de l'évêque d'Owando, Mgr Ernest Kombo, au Congo, de l'évêque d'Atakpamé, Mgr Philippe Kpodzro, au Togo du général-président Eyadéma et, enfin, de l'évêque de Kisangani, Mgr Laurent Monsengwo, au Zaïre du maréchal-président Mobutu. Le 18 août 1991, une semaine après le massacre aux abords du palais présidentiel d'Iavohola, l'archevêque d'Antananarivo, le cardinal Victor Razafimahatratra, devait même en appeler « à la sagesse et au courage politique du président Ratsiraka pour qu'il se retire ».

Ayant pris la tête des « états généraux » dans divers pays du continent, l'Église a-t-elle pour autant été le fer de lance de la démocratisation en Afrique ? La présence de prélats catholiques « est finalement plus révélatrice du vide de la scène politique africaine, qui s'est partout montrée impuissante à fournir une personnalité assez consensuelle pour remplir ce rôle d'arbitrage, que de l'engagement de l'Église catholique », estimait Florence Boillot dans une étude publiée en 1994 [6], en précisant qu'une simple chronologie établissait « clairement que l'Église n'a pas, comme elle le prétend aujourd'hui, précédé et suscité les changements politiques intervenus au sud du Sahara, mais qu'elle les a simplement accompagnés et commentés ». Et de conclure que « l'Église se met à parler précisément à un moment où il n'est plus possible pour elle de se taire sans se faire complice du gouvernement en place ». Voilà encore quelqu'un qui n'a pas su déchiffrer le silence de l'Église martyre... Tout aussi opportunément qu'elle joue à cache-cache avec son apostolat et, en termes profanes, avec la vérité, l'Église s'est livrée à une exégèse variable des règles d'engagement dans le combat politique de ses serviteurs. La règle, inscrite dans le Code de droit canonique lors de sa dernière promulgation en 1983, interdit aux prêtres catholiques de briguer ou d'exercer un mandat électif. Mais, en fonction de ses propres intérêts politiques, le Saint-Siège continue à faire des exceptions : au Gabon, le père Paul Mba Abessole, principal leader de l'opposition et maire de la capitale Libreville en attendant mieux, n'est pas désavoué ; en Afrique du Sud, un prêtre catholique siège au parlement ; aux Nouvelles-Hébrides, l'ancien condominium franco-britannique devenu indépendant, en 1980, sous le nom de Vanuatu, le père Leymang, avec l'accord de sa hiérarchie, a même dirigé comme Premier ministre le gouvernement ayant préparé l'accession à la souveraineté internationale. D'un tel rôle de premier plan ont rêvé en Afrique, avant de se heurter au feu rouge du Vatican, Mgr Laurent Monsengwo au Zaïre et, plus encore, Mgr Ernest Kombo au Congo, dont les tee-shirts de candidat à la présidentielle, en 1992, était déjà imprimés.

Retour au Trastevere, cette fois-ci au cœur du quartier romain de toutes les ambiguïtés. Non loin de la piazza San Calisto et du conseil pontifical Justice et Paix que préside le cardinal Etchegaray, une voiture de police et, plus discrètement, une caméra vidéo veillent sur la petite porte d'entrée d'un couvent abandonné. C'est ici, dans un ancien monastère de carmélites, que la communauté Sant'Egidio a élu domicile en septembre 1973, en prenant le nom de la petite place rectangulaire où se situe son siège. Après cinq ans d'occupation, cette présence a été légalisée et l'association de laïcs catholiques, plus proche du christianisme des catacombes que de la contre-culture des années 60, même si cette dernière a fortement imprégné son discours, a commencé à payer un loyer à l'État italien, propriétaire des lieux depuis les « suppressions ecclésiastiques » qui ont accompagné son unification tardive. On peut y voir un symbole, comme l'historien Andrea Riccardi, le « gourou » de la communauté, voit un symbole dans l'implantation de Sant'Egidio dans « ce quartier stratégique de la Rome antique, situé hors les murailles », parce qu'il abritait le port fluvial, « habité par des ouvriers, des artisans et des boutiquiers », en majorité des Africains et des Orientaux, des Grecs, Juifs, Syriens ou Égyptiens. Le fait est que Sant'Egidio, après des débuts dans la banlieue romaine puis le Mezzogiorno, a essaimé dans le monde entier. Des communautés se réclamant de la petite place du Trastevere existent aujourd'hui un peu partout, y compris sur le continent africain, au Mozambique, en Guinée, au Cameroun et à... Tabou, dans l'extrême sud-ouest de la Côte d'Ivoire, où un instituteur a rassemblé sous ce label des autochtones et des réfugiés libériens. Depuis que la « maison mère » se prend pour « l'ONU du Trastevere », en voulant faire la paix au Liban, au Mozambique, au Burundi et en Algérie, une voiture de police est devant la porte, et Andrea Riccardi demande pour ses déplacements à l'étranger, nonobstant la foi qu'il a en Dieu, que le pays hôte lui fournisse une sécurité rapprochée.

On n'est pas sans danger voltigeur du pape, faiseur de paix en mission commandée. Or, c'est le rôle que joue, au-delà de ses activités caritatives en Italie, la communauté Sant'Egidio. Après une tentative de négocier le retour des groupes chrétiens dans le Chouf, à la faveur d'une rencontre avec Walid Jumblatt, elle a pendant deux ans et demi abrité les négociations inter-mozambicaines, jusqu'aux accords de Rome signés le 4 octobre 1992, fête de saint François d'Assise, l'une des idoles de la communauté. Pour justifier « l'exigence anthropologique chrétienne » de parler à tout le monde, y compris aux rebelles de la RENAMO mozambicaine ou aux « barbus » du FIS algérien, Andrea Riccardi aime en effet rappeler « l'épisode du loup de Gubbio ». En historiographe moderne, il y décèle « non un animal, mais un seigneur de la guerre qui terrorisait les pauvres gens de Gubbio. Or François lui parle et le dompte. Alors je crois que personne ne peut jamais être défini comme barbare ou mauvais au point de ne même pas mériter une parole ». Certes, même si le leader islamiste soudanais Hassan Al Tourabi, que les clercs de Sant'Egidio ont conduit chez le pape le 13 octobre 1993, n'a guère tenu la sienne : au mépris des engagements qu'il avait pris, le livret de la messe en arabe n'a pu être distribué au Soudan qu'après passage à la censure, des écoles catholiques ont été fermées faute d'imposer à leurs élèves le port du foulard islamique et le *Missionary Societies Act* n'a pas été modifié... C'est un des ratages, rarement revendiqués, des disciples du professeur Riccardi. Mais il est vrai que leur « maison ouverte dans le Trastevere » sert à faire avancer la cause de la paix au Burundi et, de façon plus controversée, en Algérie. En permettant à un large spectre – incluant le FIS – de l'opposition algérienne d'adopter en janvier 1995, après quatre jours d'un dialogue en conclave sans précédent, une « offre de paix au gouvernement algérien », la communauté Sant'Egidio a pris date et une option sur l'avenir. « Nous verrons qui aura raison », affirme tranquillement Andrea Riccardi. L'homme déjeune ou dîne « de temps en temps » avec le pape Jean-Paul II, dont il a fait la connaissance en décembre 1978, lors d'une visite paroissale de l'évêque de Rome dans le Trastevere. Ont suivi des visites à Castel Gandolfo, la résidence estivale du pape à vingt-cinq kilomètres de Rome, des rencontres régulières au Vatican, qui ont permis à l'historien d'expliquer à Jean-Paul II sa « révolte contre le rite de l'impuissance », la diplomatique classique des ambassadeurs, des représentants spéciaux des Nations unies, des communiqués officiels, des conférences internationales et des sommets sans lendemain. « Nous croyons plus efficace, comme l'avait d'ailleurs demandé le concile Vatican II, d'élargir nos cœurs aux dimensions du monde, de nous mettre au service de nos frères d'ailleurs, d'appréhender une situation avec intelligence et de travailler dans la discrétion », explique don Matteo Maria Zuppi, la cheville ouvrière diplomatique de la communauté. Et la Curie romaine, la secrétairerie d'État ? « L'informer, c'est aussi l'engager », répond don Matteo, qui admet que « d'échanges informels en pressions, il est possible d'en arriver aux ordres pontificaux ». Chez le maître à penser, c'est à la fois plus concret et plus compliqué : « Nous devons obéissance à l'évêque de Rome, ministre de l'Unité de l'Église universelle, c'est clair », explique Andrea Riccardi. « Mais à chaque initiative que nous prenons, devons-nous nous mettre en accord avec un bureau du Saint-Siège ou demander auparavant une autorisation ? Nous croyons devoir décider librement, mais aussi informer sur ce que nous faisons [7]. » Sans risque de coup de crosse, d'un retour du bâton ?

L'apparition d'une association « irrégulière » aux prétentions universelles, dont les statuts n'ont été approuvés par le Vatican qu'en 1986, les « hors la loi pontificale » ayant réussi à établir un contact direct avec le pape Jean-Paul II, est-elle un signe de faiblesse ou de force du réseau du Saint-Siège ? Les deux hypothèses peuvent se plaider. Grâce à la communauté Sant'Egidio, sans s'engager officiellement, l'Église peut donner des coups de sonde dans des milieux inaccessibles et nouer des contacts sans risque de compromission. Mais en même temps, la Curie – garante de la diplomatie vaticane dans la durée – peut se sentir menacée, parce que, fait du Prince des apôtres, les voltigeurs du pape se mêlent de ses affaires. Une telle diplomatie parallèle constituerait un danger. Car, jusqu'à présent, malgré ses divisions internes et ses rivalités, le réseau du Vatican participe du miracle de tous les réseaux unifiés sous l'autorité d'un chef et par une idéologie, une « mission » partagée par ses membres : la diversité se transforme en synergie. Même si l'Opus Dei combat les Jésuites et que le « clan des Italiens » taille des croupières aux prélats français, même si un évêque contourne un nonce pour informer directement la Curie, l'Église en sort toujours grandie, puisqu'elle gagne *in fine* sur tous les tableaux. C'est d'ailleurs pour cette raison que le cardinal Etchegaray, l'émissaire personnel du Pape, ne constitue pas une menace pour la secrétairerie d'État, même s'il y fait des jaloux. Il poursuit les mêmes objectifs par d'autres moyens et, au demeurant, a l'intelligence de tenir l'appareil toujours informé. En revanche, la communauté Sant'Egidio pourrait être une chambre d'échos pour des « le-Pape-m'a-dit [8] ». Mais à en croire Andrea Riccardi, c'est sous-estimer la capacité d'intégration de l'Église universelle, mère de tous les réseaux. « Il faut faire attention à ne pas se servir du Pape pour contourner la Curie », estime-t-il. « Un autre risque consiste à se dire : “ Le Pape nous appuie, donc... ” Mais la Curie fait partie de l'Église de Rome. C'est pourquoi, depuis plusieurs années, nous avons des rapports avec beaucoup de monde. Cela ne veut pas dire entretenir un réseau, mais il me semble qu'on ne peut pas constituer une réalité ecclésiale à Rome, si on n'a pas des rapports avec les hommes qui travaillent pour l'Église universelle. » Hors du Saint-Siège, point de salut ? « Au fond », répond l'âme de Sant'Egidio, « notre expérience, c'est celle du dogme de Chalcédonie : sans confusion, mais en même temps sans séparation ». Il n'est pas besoin de croire à la sainte Trinité pour reconnaître à l'Église d'être un vrai réseau à l'échelle planétaire. Unie dans sa diversité, se nourrissant des différences de culture et de conviction, d'ethnie et de nationalité, l'Église universelle est, un peu comme Internet, le Réseau des réseaux.

NOTES

Introduction

1. Dans ses mémoires, Foccart qualifie « l'Appel des quarante-trois » du 13 avril 1974 en faveur de Valéry Giscard d'Estaing – avec, en tête des signatures, celle de Jacques Chirac – comme « un très mauvais coup », « une manœuvre de division ». Sans réécrire l'histoire à la lumière de son « amitié » ultérieure avec le futur chef du RPR, il raconte : « J'avais vu Chirac l'avant-veille. Je lui avais rapporté les propos que j'avais recueillis de la bouche de Pompidou, soulignant que le candidat gaulliste devrait être Chaban-Delmas. " Vous m'étonnez beaucoup ", avait-il simplement répliqué. » *Cf. Foccart parle. Entretiens avec Philippe Gaillard*, Paris, Fayard-Jeune Afrique, 1997, tome II, p. 57.

2. « L'épreuve partagée scelle des solidarités indestructibles. Ainsi de la Résistance, qui a donné ses lettres de noblesse au terme de " réseau ". Et qui a structuré le pouvoir, en France, pendant près de quarante ans », soulignent Sophie Coignard et Marie-Thérèse Guichard dans *Les Bonnes Fréquentations. Histoire secrète des réseaux d'influence*, Paris, Grasset, 1997.

3. *Le génocide franco-africain. Faut-il juger les Mitterrand ?*, est le titre du livre de Pascal Krop, paru en octobre 1994 chez Jean-Claude Lattès. Pour les écrits sur la « Françafrique », on se reportera aux publications des ONG Agir Ici et Survie, notamment *Jacques Chirac et la Françafrique. Retour à la case Foccart ?*, Paris, L'Harmattan, 1995. Survie, sous la responsabilité de François-Xavier Verschave, édite également une lettre d'informations : *Billets d'Afrique*.

4. L'histoire de l'École nationale de la France d'outre-mer, même par le simple raccourci de ses noms successifs, est un résumé

du colonialisme français : créée comme Mission cambodgienne en 1885, elle devient ensuite École coloniale avant d'être rebaptisée, le 21 décembre 1934, École nationale de la France d'outre-mer, ambitionnant de former des fonctionnaires « qui aient la foi, qui soient pénétrés de la grandeur et de la noblesse de la mission qu'ils sont appelés à remplir ». En 1958, après l'adoption de la loi-cadre Deferre, Charles de Gaulle transforme l'ENA des administrateurs coloniaux en pépinière de cadres africains, sous le nom d'Institut des hautes études d'outre-mer. Enfin, en 1966, celle-ci deviendra Institut international d'administration publique et ouvre ses portes non seulement aux Africains, de moins en moins nombreux faute de bourses, mais aussi au reste du monde... sous-développé, les cadres administratifs des pays industrialisés ne se bousculant guère au portillon de « l'ENA des pauvres ».

LE RÉSEAU FOCCART

1. Cf. *Foccart parle. Entretiens avec Philippe Gaillard*, Paris, Jeune Afrique-Fayard, 1995, tome I, p. 273-274.

2. Cf. *Le Figaro* du 20 mars 1997.

3. Il arrive, comme le 14 septembre 1996, que Bourgi & Bourgi se retrouvent dans le même avion, Albert Bourgi en compagnie de Béchir Ben Yahmed, le P.-D.G. de *Jeune Afrique*. Logeant aussi dans le même hôtel, le Méridien Re-Ndama à Libreville, ils s'étaient alors côtoyés, comme des inconnus, sans se parler. Tour à tour, endimanché, chacun a attendu dans le lobby que la voiture de la présidence vienne le chercher pour « l'audience » chez Omar Bongo... Cependant, en vérité, le Bourgi de gauche et le Bourgi de droite cohabitent parfaitement, comme longtemps sous les tropiques – « dans l'intérêt national supérieur » – la droite et la gauche françaises. Les deux frères se concertent, se font la courte échelle, et Robert prétend même qu'Albert lui faxe ses chroniques avant publication. Le fait est que leurs carnets d'adresses réunis constituent le bottin mondain le plus complet de la « Françafrique ».

4. De nouveau mis en cause, Me Bourgi a lui-même provoqué, en 1995, l'enquête d'une cour d'honneur autour du bâtonnier du barreau de Paris pour se laver de tout soupçon. À cette occasion, sa comptabilité et ses biens ont été passés en revue. Ce qui lui a valu quitus, y compris sur le plan politique.

5. Le montant de la « liste civile » de Mobutu a fait l'objet d'âpres tractations. Alors que le Maréchal-Président demandait en 1991, avant la première vague de pillages au Zaïre, cinquante millions de dollars par mois, il a accepté d'abord quinze, puis cinq millions de dollars. N'ayant reçu, l'été 1994, qu'un million de dollars,

plus l'équivalant d'un autre million en monnaie locale, Mobutu s'est lancé dans le pillage des comptes étrangers du Zaïre – comme le compte n° 573 353 117 à la Bank Austria, sise Vordere Zollamtstrasse 13, à Vienne – qu'il n'avait pas signalés au Premier ministre Kengo Wa Dondo lors de la passation des commandes. Enfin, entre août et décembre 1994, on estime à près de cent tonnes le volume des vrais-faux billets imprimés à l'étranger, puis « injectés » au Zaïre. N'ayant plus de quoi préfinancer le roulement de la planche à billets, le Président donnait carte blanche à des hommes d'affaires de son entourage, qui s'en chargeaient en échange d'un double, voire triple droit de tirage... Entre l'introduction des nouveaux zaïres (NZ) à l'automne 1993 et la fin 1994, le taux de change est ainsi passé de 3 NZ à 2 500 NZ pour un dollar américain. À la veille de la chute de Mobutu, le billet vert s'échangeait contre 140 000 NZ.

6. Cf. *Foccart Parle. Entretiens avec Philippe Gaillard*, tome II, *op. cit.,* p. 410. Jacques Foccart explique dans ce contexte que l'interdiction de séjour en France des proches du Maréchal-Président était « d'autant plus grave que Mobutu, qui avait choisi Kengo pour montrer sa bonne volonté vis-à-vis de nous, risquait de réagir en se séparant de son Premier ministre ».

7. Par une lettre datée du 7 et faxée le 8 août 1994, Herman Cohen a démissionné de cette fonction, et même du comité de parrainage *(honorary board)*, prétendument pour « avoir plus de temps pour la musique, l'art, le sport et des loisirs » et, aussi, parce que, « à mon âge, j'éprouve le besoin de passer plus de temps en faisant des choses plaisantes ». En fait, la séparation s'explique par des disputes d'argent entre les deux hommes.

8. *Foccart parle. Entretiens avec Philippe Gaillard*, tome II, *op. cit.,* p. 409-410.

9. Fernand Wibaux a non seulement été le destinataire d'une « note » très explicite proposant le recrutement d'une centaine de « commandos serbes ». Il a, aussi, rencontré à trois reprises – le 29 novembre 1996 dans son bureau, au 14, rue de l'Élysée, le 2 décembre à l'hôtel Le Bristol et le 23 mars 1997 à l'hôtel Vigny, dans le VIIIe arrondissement de Paris – le « colonel » belge Christian Tavernier, commandant des mercenaires au Zaïre, où il avait déjà « servi », en 1964-1965, aux côtés du Français Bob Denard.

10. Cité par Bernard YAO dans *Revue juridique et politique (Indépendance et Coopération)*, Paris, Éditions Ediena, janvier-avril 1996.

11. Bernard YAO, « Jacques Foccart : homme d'influence, acteur incontournable de la politique africaine de la France », *id.*

12. Pour ne pas être accusés de censure, nous dérogeons à nos règles de discrétion. Voici comment le « Makaya » s'imagine, bien à tort évidemment, que les *missi dominici* sillonnant les présidences

africaines gagnent leur vie : « Ils informent leurs petits copains de la presse " Lettre de ceci ", " Bulletin de cela " et autres Stephen Smith, Jean-Marie Colombani, Philippe Gaillard, soi-disant spécialistes de l'Afrique qui nous balancent des éditoriaux saignants, pas du tout complaisants, bien documentés. Qui est gagnant dans ce micmac ? Pas les chefs d'État africains, en tout cas. »

13. Tout en admettant que Gérard Daury avait « peut-être son avis en la matière », Jacques Foccart, interrogé le 6 octobre 1996, a nié l'arbitrage de Jacques Chirac qui, selon lui, « n'avait rien à voir là-dedans, il n'a jamais voulu regarder une ligne du livre ». Le fait est que le report de publication de ses mémoires à la suite de l'intervention de Gérard Daury auprès du Président n'a pas brouillé les trois hommes. Par la suite, la première fois le 14 septembre 1996 à l'Élysée, Chirac, Foccart et Daury se sont retrouvés, comme auparavant, « pour des conciliabules sur les dessous de la politique et des choses internes au RPR », selon les dires d'un proche de Foccart, qui ajoute : « Pour le Vieux, Daury et sa clique étaient des compagnons d'armes. »

14. Cf. *Jeune Afrique*, n°s 1899 et 1990.

Les généraux

1. En fait de « stages », les chefs des deux premières mutineries – une troisième, sous la conduite du capitaine Anicet Saulet et du lieutenant Prosper Mbay, sera déclenchée l'automne 1996 et donnera lieu en janvier 1997, après l'assassinat de deux soldats français, à une troisième puis, lors du débordement de la force d'interposition africaine en juin 1997, à une quatrième intervention militaire française – se traîneront quelques mois dans des casernes dans l'Hexagone, avant de « décrocher » et de vivre la vie d'exilés politiques à Paris. *De facto* considérées *persona non grata* par le pouvoir à Bangui, c'est la Mission militaire de coopération qui les entretient et leur obtient des prolongations, de trimestre en trimestre, de leurs titres de séjour en France. « Des stages d'éloignement avec garantie alimentaire », conviendra, lors d'une rencontre à Paris, en avril 1997, Cyriaque Souké, qui hésite alors entre « demander l'asile en France », « entreprendre de vraies études » et « se lancer dans la politique ».

2. En l'occurrence, le chef d'état-major particulier du président de la République, à l'époque le général Quesnot, avait « appuyé » Michel Rigot à l'Élysée, alors que le chef d'état-major des armées, en ce temps l'amiral Lanxade, avait « poussé » le général Gérard Roques, son ancien « Monsieur Afrique », favorable au désengagement du continent noir et, de ce fait, à couteaux tirés avec le général Huchon. Pour la petite histoire : nommé chargé de mission

auprès de Jacques Godfrain, le général Roques, installé dans le bureau 19, au premier étage du ministère de la Coopération, a pendant plusieurs mois guetté, à travers la cour intérieure, la succession de Jean-Pierre Huchon. Celui-ci, ayant échappé au « guetteur » mais ayant dû céder sa place à Michel Rigot, n'a plus jamais adressé la parole à son successeur venu, à ses yeux, « un an trop tôt »...

3. Pascal Krop, *Le Génocide franco-africain. Faut-il juger les Mitterrand ?*, Paris, Jean-Claude Lattès, 1994.

4. En 1898, le commandant Marchand, ayant occupé Fachoda dans le sud du Soudan, avait été obligé d'amener son drapeau et d'évacuer cette localité pour la remettre à lord Kitchener, descendu du Nil à bord d'une canonnière. L'incident, ressenti comme une humiliation nationale, suscita un vif émoi dans l'opinion publique française. Quant à Cecil Rhodes, ce bâtisseur d'empire est mort en murmurant *« and so much to do »*...

5. Michel Dupuch, pendant quatorze ans ambassadeur de France en Côte d'Ivoire, devient le conseiller Afrique attitré du président Chirac en mai 1995. Sa « cellule africaine » – l'officielle – est installée dans le voisinage direct, au 2, rue de l'Élysée. Des bureaux n'étant disponibles nulle part au « château » pour abriter l'officieux Fernand Wibaux, c'est le chef d'état-major particulier du Président, à l'époque le général Quesnot, qui fait vider le rez-de-chaussée pour l'accueillir.

6. *Foccart parle. Entretiens avec Philippe Gaillard*, tome I, Paris, Fayard-Jeune Afrique, 1995.

7. C'est également lui qui, selon son expression, a « imposé » au président tchadien Idriss Déby la tenue d'une conférence nationale, sorte d'états généraux de la Nation, et l'entrée dans le consortium pétrolier préparant l'exploitation du gisement à Doba, dans le Sud, de la compagnie française Elf-Aquitaine.

8. Les relations entre le général Quesnot et l'amiral Lanxade sont aussi complexes que les deux hommes, qui s'estiment bien qu'ils n'aient eu de cesse de s'affronter. Après son départ de l'Élysée, Jacques Lanxade continuait de s'adresser directement à François Mitterrand, sans passer par son successeur au 14, rue de l'Élysée. L'agacement de ce dernier exacerbait alors, d'une bonne dose de subjectivité, le conflit objectif entre le marin, partisan de la « projection » de forces à l'échelle du globe, et le « continental », favorable à une politique de « présence », notamment sur le continent africain.

9. Il s'agit de SISIE (Services, Industries, Stratégies, International & Environnement), une structure commune pour la promotion de leurs exportations de six grands groupes français (Schneider, Elf, Seribon, Koch, STET, Sema), associés à une dizaine de « partenaires » (EDF, GDF, Cogema, Renault, la Générale des eaux, Calberson, la CS, Spie-Batignolles...). Créée en 1990,

après la chute du mur de Berlin, par Didier Pineau-Valencienne, Édith Cresson et Abel Farnoux, il s'agissait d'abord d'assurer la présence française dans les anciens *länder* de la RDA. Aujourd'hui, présent à l'échelle mondiale, avec des bureaux non seulement à Berlin, mais aussi à Moscou, Bruxelles et, « prévus », à Amman, en Jordanie, la SISIE pratique, « dans un esprit club », de la « géo-économie », nous a expliqué Christian Quesnot le 9 septembre 1996.

10. Après une année pendant laquelle, en charge des « œuvres sociales » au sein de l'armée dans le Pacifique sud, il fut en poste en Nouvelle-Calédonie, le colonel Mantion a pris sa retraite anticipée comme cadre de réserve (deuxième section) en juin 1996. Un an plus tard, le 25 juin 1997, le Conseil des ministres l'a promu général de brigade à cinquante-cinq ans. Cette décision figurait parmi les premières mesures d'ordre individuel prises par Alain Richard, le nouveau ministre socialiste de la Défense.

Elf-Africaine

1. En fait, Samuel Dossou-Aworet est surtout proche d'André Tarallo, qui lui certifie n'avoir « jamais travaillé contre ELF ». D'origine béninoise, ingénieur de mine et époux de l'actuel ambassadeur du Gabon à Paris, Mme Honorine Doussou-Naki, Samuel Dossou-Aworet est le partenaire africain d'André Tarallo, auquel il est lié en affaires depuis vingt-cinq ans. Cette association a pris une forme juridique, en mars 1997, par la création de la société de conseil, PETRODEM, domiciliée à Paris, avenue Georges-V et appartenant aux deux hommes à parts égales. Technicien du pétrole reconnu, M. Dossou est depuis des années – selon l'expression d'un proche collaborateur d'Omar Bongo – « l'inamovible ministre béninois du Pétrole gabonais ». Le chef de l'État gabonais l'a « prêté » à d'autres présidents, notamment à Pascal Lissouba du Congo et à Idriss Déby du Tchad. « C'est le meilleur carnet d'adresses pétrolières d'Afrique », dit de lui Jean Ping, ancien ministre gabonais du Pétrole. Selon ce dernier et André Tarallo, Samuel Dossou, qui n'a jamais donné suite à nos multiples demandes d'entretien, serait actionnaire de la compagnie pétrolière Amerada Hess-Gabon et commercialiserait une partie du pétrole gabonais. Il travaille avec André Tarallo en faisant appel à la filiale genevoise de la Canadian Imperial Bank of Commerce (CIBC) pour des montages financiers consistant à obtenir des prêts gagés sur de futures recettes pétrolières. « Parler de lui, c'est une question de vie ou de mort », nous a affirmé un haut dignitaire gabonais. Selon Marc Cossé, « Tarallo et Dossou travaillent pour leurs intérêts personnels, forcément contradictoires, mais se sont arrangés entre eux. L'un a ouvert la porte à

l'autre. Tarallo a ouvert la porte d'Elf à Dossou qui, à son tour, lui a ouvert la porte des présidences africaines. » Des poternes plutôt que des portes, à en juger par la réaction embarrassée de Pierre Offant, le directeur général d'Elf-Congo, que nous avons interrogé au sujet de Samuel Dossou le 24 septembre 1994 à Brazzaville. « Dossou ? Il m'est arrivé de le rencontrer, euh... de le croiser. Il travaille pour son compte, non ? Pour moi, c'est un homme libre. Nous avons eu des contacts professionnels, mais je ne lui ai jamais demandé s'il est associé à André Tarallo. En tout cas, ma tutelle, c'est le ministère congolais des Hydrocarbures. » Qui en doutait ?

2. *Cf. Regarder l'Afrique. Le magazine des cités d'Afrique et de l'océan Indien*, Paris, décembre 1995, n° 12, p. 9.

3. Début avril 1996, un vol sans effraction dans les locaux de la rue Dumont-d'Urville fera disparaître la disquette comprenant la liste de toutes les associations bénéficiaires de subventions de la Fondation Elf... Dès son arrivée à la tête d'Elf, en août 1993, Philippe Jaffré a réduit à vingt millions de francs le budget de la branche charitable de la maison et, dans l'apostille manuscrite d'une lettre adressée en mars 1994 à François Wissocq, qui venait d'en prendre la présidence, il lui a souhaité bonne chance pour « ramasser l'océan à la petite cuillère ». En février 1997, la Fondation Elf a été mise en liquidation.

4. Le 31 juillet 1997, Loïk Le Floch-Prigent nous a expliqué qu'il avait mis à la disposition de Maurice Bidermann cent mille dollars qu'il possédait sur un compte aux États-Unis, afin que ce dernier rémunère son épouse Fatima Belaïd, avant même leur séparation, en lieu et place de Jempsa, qui ne payait pas régulièrement. À sa demande, Maurice Bidermann aurait continué le versement des trente mille francs mensuels jusqu'à l'épuisement des fonds mis à sa disposition.

5. Au sujet de la Carte bleue d'entreprise, Loïk Le Floch-Prigent explique qu'il gagnait cent mille francs par mois, soit 1,2 million de francs par an, et que « la tolérance consistait à disposer de frais du même ordre ». Il affirme avoir « eu des problèmes » avec sa femme lorsque celle-ci avait commandé des robes chez Cerruti, et avoir « un peu hésité » avant de les passer sur le compte d'Elf. Selon des cadres dirigeants de la compagnie, ces « largesses » doivent être jugées « à l'aune des pratiques déjà admises auparavant », notamment en matière de « cadeaux » offerts à des femmes dont, pour l'un des prédécesseurs de Le Floch-Prigent, une Ferrari et des bijoux de chez Chaumet. Les mêmes sources soulignent que l'actuel P.-D.G., Philippe Jaffré, aurait dès son arrivée dans le groupe « plus que triplé » sa rémunération annuelle. L'intéressé n'a pas voulu commenter cette allégation.

6. Loïk Le Floch-Prigent nie ces faits en bloc et parle d'une

« cabale ». Le 29 juillet 1997, il nous a affirmé n'avoir rencontré Anne-Rose Thiam que « deux fois un quart d'heure ».

7. La révélation concernant les valises d'argent apportées à l'UNITÀ a été faite, le 18 septembre 1996 dans une interview à *Libération*, par le président gabonais Omar Bongo, qui ajoute : « Je lui avais dit qu'il se trompait de cheval. » Pour sa version des conversations qu'il a eues avec Fatima Belaïd, Alfred Sirven, qui fait l'objet d'un mandat de recherche international, n'a pas pu être contacté.

8. Remplacé à son poste à Libreville, Jean-François Gavalda, né en 1953, a été promu nouveau responsable du département Afrique d'Elf et, cumulant ces fonctions, a pris en juin 1997 la succession d'André Tarallo comme P.-D.G. d'Elf-Gabon. À la lumière de ses explications, on appréciera la déclaration faite, le 15 juin 1995 lors d'une réunion d'information des actionnaires d'Elf-Gabon, par Geneviève Gomez, alors la collaboratrice la plus proche de Philippe Jaffré. Chargée d'élaguer les investissements de diversification du groupe et, en particulier, de couper les branches mortes des sociétés de portefeuilles de sa filiale gabonaise, elle leur expliquait : « Les investissements de la CPIH ne sont pas d'une très grande logique, mais ceux dans Bidermann n'étaient pas une absurdité... »

9. Bien avant le rapport de la Cour des comptes et l'enquête de la COB, un audit interne – resté confidentiel – avait relevé que le nombre des sociétés financières de SOGERAP et d'Elf-Gabon – deux cents dont quarante pour cent avec une mise inférieure à cinq millions de francs – ainsi que leur dispersion géographique et sectorielle ne permettaient pas un suivi efficace par seulement deux gestionnaires à Paris. De plus, relevait ce rapport daté du 16 avril 1992, la CPIH et la SOFIPA « s'impliquent trop fréquemment dans la gestion de sociétés en difficulté et prennent des risques excédant leur mise initiale, soit pour éviter de perdre cette mise, soit parce qu'elles sont actionnaires de référence ». Étaient également constatées « la présence non négligeable de participations en situation difficile et certaines anomalies de gestion ».

10. Corse né au Maroc, André Guelfi, résistant et agent de renseignements dans les réseaux gaullistes, lié à Jacques Foccart et Roger Frey, a fait le début de sa fortune dans la congélation de poisson en haute mer – d'où son surnom « Dédé la Sardine » – en Mauritanie et au Maroc. Dans ce dernier pays, il a travaillé sous la protection de son ami, le général Mohamed Oufkir, alors numéro deux au royaume chérifien, qui fut abattu, en août 1972, après une tentative de coup d'État. S'établissant alors en Suisse, l'aventurier, très heureux dans ses investissements immobiliers, bâtit un empire hôtelier et se lie, à la fin des années 70, à Horst Dassler, le fondateur d'Adidas. Jouissant de la confiance du président de l'Ouzbékistan, Islam Karimov, il travaille une première fois comme lob-

byiste pour Elf, sans résultat tangible. En revanche, marié à une Vénézuélienne réputée proche du chef de l'État, il obtient pour Elf deux permis d'exploitation dans ce pays d'Amérique du Sud, où Elf avait vainement tenté de prendre pied. Notons qu'à la suite de la déposition d'André Guelfi, Éva Joly, depuis juin 1996 sous haute protection policière, obtient la constitution d'un second juge d'instruction, Laurence Vichnievsky, quarante-deux ans, déjà en charge du dossier du financement du Parti communiste français, dans lequel elle avait mis en examen l'ancien secrétaire général, Georges Marchais, et son successeur, Robert Hue.

11. Outre la location d'avions et la facturation de diverses prestations aux autres filiales, c'était notamment le rôle de la SOFINEG (Société financière d'ingénierie, d'études et de gestion), une société de droit suisse installée à Genève dont, en 1992, André Tarallo est devenu le président. La Cour des comptes, dans son rapport déjà cité, a regretté qu'elle n'ait pas pu examiner en détail les comptes de la SOFINEG.

12. En parlant de l'ancien dirigeant de la Compagnie générale des eaux (CGE), Loïk Le Floch-Prigent nous avait dit, le 5 mars 1993 en présence de son directeur de cabinet Gilles Darmois et de Jean-Michel Helvig de *Libération* : « Guy Dejouany et moi, nous avons sorti Jean-Christophe de la cellule africaine de l'Élysée, où il était un désastre, une épine dans le pied de la France », ajoutant : « Peu importe qu'il fasse quelque chose ou ne fasse rien. On le paye, c'est tout. » Il évoquait ainsi l'embauche du fils de l'ancien président de la République par la SOGEA, une filale de la CGE. Au sein de cette dernière, Elf détient des participations.

13. Très « travaillé » avec les responsables de la communication de la tour d'Elf, un article de cinq pages, publié dans *L'Expansion* du 26 septembre 1996, illustre comment Philippe Jaffré récuse ces continuités tout en les assumant. Sous le titre « Monsieur Propre en Afrique. Comment le patron d'Elf gère ses " affaires africaines " », le journaliste de l'hebdomadaire économique écrit : « D'instinct, ce proche d'Édouard Balladur se méfie du halo trouble et des remugles politiques qui entourent traditionnellement les activités de son groupe en Afrique. Le patron d'Elf a certainement rêvé de s'imposer comme le Monsieur Propre qui débarrasserait le pétrolier de tous ses réseaux financiers parallèles. » Et affirme : « Terminé le rôle politique d'Elf dans ce continent. À sa façon sèche et provocante, le nouveau président du premier pétrolier français entreprend un vaste assainissement des filières africaines. » Mais, dans la seconde moitié de l'article, cette conviction vacille et donne lieu à quelques contorsions : « Stabilisées ou presque, les " provisions pour investissements diversifiés " (PID), qui ont toujours permis à Elf-Gabon de favoriser toutes sortes d'investissements non pétroliers, devraient rester proches d'une trentaine de millions de francs.

Plus largement, les filiales financières d'Elf-Gabon ont été reprises en main sous la houlette de Geneviève Gomez, qui depuis a quitté le groupe » – sans explication. Il n'est pas indifférent d'apprendre qu'« Elf-Gabon s'est débarrassé de ses biens immobiliers au profit de Michel Essonghé, un proche du président Bongo ». Enfin, en conclusion, « Philippe Jaffré a compris que l'Afrique supposait des modes opératoires particuliers. Ainsi, la filiale genevoise de la Canadian Imperial Bank of Commerce, qui consent aux États africains des prêts gagés sur les recettes pétrolières, continue de faire appel à la caution d'Elf ». En y trouvant du répondant, parce que, phrase finale, « on ne se débarrasse pas si facilement des envoûtements du continent noir ».

14. Selon de nombreux témoignages directs, des valises d'argent sont également échangées à la présidence, au siège d'Elf-Gabon et dans d'autres lieux parfois spécialement aménagés pour des « transferts physiques ». Selon Marc Cossé, la plupart des porteurs de valises venant de Paris sont « des mecs inconnus qu'on voit une fois et, après, plus jamais ». Un autre témoin direct relève qu'il s'agit « souvent de Corses ».

15. Né le 10 janvier 1936 à Dijon, Jack P. Sigolet, après son séjour en Iran, a presque géré la trésorerie du Congo, à travers l'importante dette gagée sur le pétrole. « Déjà avant la création de la FIBA-Congo, en 1989, il est venu très souvent à Brazzaville », nous a expliqué, le 19 septembre 1996, Mathias Dzon, ex-P.-D.G. de la Banque internationale du Congo (BIDC) et, au moment de la création de la FIBA, président de l'Association professionnelle des banques. « Quand il venait, venait l'argent d'Elf. Il disait qu'il était l'un des directeurs financiers du groupe et, c'est vrai qu'il a toujours gardé un bureau dans la tour d'Elf. Il était le conseiller financier de plusieurs chefs d'État africains et, notamment, du nôtre à l'époque, le président Sassou. » Au titre d'Elf, Jack Sigolet siégeait comme administrateur dans diverses sociétés du groupe, dont la SOFIPA, JMS (Jet Mediation System), la SOMAIT (Société de maintenance de la Tour), domiciliée à la même adresse que la FIBA. À titre privé, il siège toujours, entre autres, dans une société civile agricole, la SCA Noé, aux côtés d'André Tarallo pour la gestion d'une « parcelle de vigne » à Puligny-Montrachet, près de Meursault... Marc Cossé, qui apprécie Sigolet comme « un vrai pétrolier » affirme que l'ex-P.-D.G. de la FIBA n'est pas parti à la retraite mais aurait gardé, *off shore*, un contrat de consultant. Il s'occuperait notamment de montages financiers pour la prévente du pétrole angolais. « Il est donc seulement frappé d'une mesure d'éloignement », conclut Cossé. Plusieurs fois contacté en février et mars 1997, Jack Sigolet a finalement décidé de ne pas répondre à nos questions.

16. Pièce maîtresse de l'entourage de Philippe Jaffré, Bernadette de Bonrepos a débuté sa carrière en 1972 comme analyste finan-

cière, puis attachée et, enfin, fondée de pouvoir du groupe Rivaud. Entre 1977 et 1984, directrice de département à l'Institut du développement industriel (IDI), elle travaille déjà avec Philippe Jaffré, alors chargé de mission au Trésor. Après un passage à la Chase Manhattan à Paris, de 1984 à 1988, elle entre à Marceau Investissements, dont elle devient la secrétaire générale en même temps qu'administratrice de nombreux groupes, dont Bolloré Technologies. Elle a été engagée chez Elf en octobre 1995 comme directrice financière chargée des acquisitions-fusions.

17. En 1992-1993, le Congo, ancienne « République populaire », comptait quatre-vingt-huit mille fonctionnaires d'État, eu égard à la faiblesse de la population (2,5 millions) le plus fort ratio à l'échelle du continent africain : un habitant sur vingt-cinq était fonctionnaire et, en y ajoutant les trente-cinq mille employés du secteur public, un habitant sur quinze salarié d'État...

18. Début juillet 1997, au total quinze personnes étaient mises en examen dans le cadre de « l'affaire Elf », en plus de Loïk Le Floch-Prigent, accablé à lui seul de dix mises en examen, d'André Tarallo, deux fois mis en examen mais laissé en liberté après versement d'une caution de dix millions de francs, et d'Alfred Sirven, résident en Suisse (comme, depuis 1992, André Tarallo) contre lequel a été lancé un mandat d'arrêt international.

19. Ainsi, à titre d'exemple, « M. Daniel », un ancien légionnaire, est-il passé de la DGSE, en poste au Gabon, à Elf, d'abord « pour mieux exploiter les écoutes des autres compagnies pétrolières [au Gabon] dont la DGSE ne faisait rien », selon l'un de ses anciens collègues, puis en prenant en charge un gros pan de la sécurité du groupe, pas seulement en Afrique. Autre exemple, plus révélateur encore : pendant longtemps, le directeur des relations internationales d'Elf était un diplomate du Quai d'Orsay qui, après quelques années dans la tour de la Défense, regagnait sa place dans la hiérarchie du ministère comme s'il y avait normalement évolué. De même, Elf organisait à Paris des séminaires, pour lesquels les ambassadeurs de France en poste dans des pays pétroliers étaient spécialement rappelés par leur ministère.

Le lobby des consultants

1. Entretiens avec les auteurs, le 28 avril 1997.
2. Entretiens avec les auteurs, le 29 avril 1997.
3. *Vol UT 772 : Contre-enquête sur un attentat attribué à Kadhafi*, Stock, collection « Au vif ».
4. *Affaires africaines*, Fayard.
5. Entretien avec les auteurs le 20 mai 1997.

Les francs-maçons

1. *Jacques Foccart parle*, tome II, Éditions Fayard-Jeune Afrique, Paris, 1995.

2. *Humanisme*, n° 95, mars-avril 1973.

3. Entretiens avec les auteurs, le 23 avril 1997.

4. *Jeune Afrique*, n° 1819.

5. Les maçons chiraquiens sont regroupés au sein du Grand Orient à la fraternelle CA 25, cercle des amis du 25 mars 1977, date de l'élection de Jacques Chirac à la mairie de Paris.

6. *Les Faux Complots d'Houphouët-Boigny*, Samba Diarra, Éditions Karthala.

Les Corses

1. Cf. *Le Point* du 10 juillet 1993, n° 1086, p. 23.

2. Sur la vie de Charles Pasqua jusqu'à la fin de la première cohabitation, voir la biographie de Philippe Boggio et d'Alain Rollat, publiée en 1988 aux Éditions Olivier Orban et intitulée, justement, *Ce terrible Monsieur Pasqua.*

3. *Libération* du 6 janvier 1989.

4. *La Lettre du Continent* du 30 juillet 1992, n° 169.

5. Né le 20 avril 1951 à Clermont-Ferrand, Thierry Miallier avait déjà servi de fusible, en mars 1989, dans l'affaire des cinquante missiles sol-air Mistral, officiellement exportés au Congo mais, en réalité, livrés par la France à l'Afrique du Sud. Arrêté à Tignes, maintenu pendant deux mois et demi en détention préventive, ses comptes personnels bloqués pendant deux ans, le lampiste avait fini par se rebiffer. « J'ai rédigé un historique complet de cette affaire avec tous les noms, les sommes et les dates, et qui est destiné à bien démonter le mécanisme de cette opération avec ses implications notamment politiques et diplomatiques. Je me demande si je dois remettre ce document à la justice, mais dans ce cas, l'affaire ne pourra que rebondir avec les conséquences médiatiques faciles à imaginer », avait-il alors écrit dans un « mémorandum » aussi menaçant que précis. En plein embargo d'armes, l'Office français d'exportation de matériel aéronautique (OFEMA) aurait reçu « une trentaine de versements » de la part des Sud-Africains pour des livraisons clandestines, et « un parti politique français » aurait obtenu des commissions. Lequel ? Un rapport confidentiel de la DGSE avait précautionneusement désamorcé la bombe : « Jusqu'à maintenant, Miallier affirme s'être tu, se dispensant de toute déclaration à la presse en raison des intérêts et des personnes mises en

jeu, mais, dans le cas où il serait amené à comparaître, il entend citer comme témoin le conseiller du président de la République pour les Affaires africaines et malgaches. » À l'époque, c'était Jean-Christophe Mitterrand.

Ayant obtenu un non-lieu, le 21 mai 1993, de la 12e chambre correctionnelle du tribunal de grande instance de Paris, Thierry Miallier s'est retrouvé, littéralement, à la rue. Il a frappé à la porte de Robert Feliciaggi, qu'il connaissait de Brazzaville et dont la Société d'études et de développement (SED) est installée 26, rue de la Trémoille, à Paris. « Il s'est prévalu d'introductions au Tchad, s'est dit l'ami de Daoussa Déby, le frère du Président. Un jour, il est même venu à Paris avec un neveu du président tchadien », a expliqué Robert Feliciaggi qui, interrogé le 23 mars 1995, s'est écrié : « Mais ce type est fou, totalement fou ! Écrire cette lettre à l'ambassadeur ! »

6. Né le 27 novembre 1962 à Oran, Francis Perez, du temps de sa gloire surnommé « le Bonaparte des casinos » du sud de la France (Port-Barcarès, Sète, Balaruc-les-Bains, Palavas-les-Flots, Gruissan, Lons-le-Saunier), était détenteur d'un permis de séjour au Cameroun délivré – avec le même numéro... – également le 26 juin 1982 par la Sûreté nationale à Yaoundé.

7. En raison d'une « proximité » auprès du président gabonais Omar Bongo, jugée compromettante pour la France, Louis Dominici, peu après l'élection présidentielle truquée du 4 décembre 1993, a été rappelé de Libreville et, en guise de sanction, nommé à Tirana, puis auprès de la FAO, à Rome. Son frère Francis, après le départ de Charles Pasqua du ministère de l'Intérieur, a été muté à Pointe-Noire, au Congo, où, en l'absence d'une mission de coopération, il occupait une fonction subalterne.

8. *Cf.* Éric Fottorino, « Charles Pasqua l'Africain », page « Enquête » dans *Le Monde* des 3 et 4 mars 1995.

9. Un nouveau projet, conçu par un groupe de firmes sud-africaines, britanniques et malaisiennes, a cependant pris le relais et donné lieu, le 14 avril 1996, à la signature d'un « mémorandum » entre le gouvernement sao-toméen et la WADCO (West Africa Developement Corporation Ltd), qui propose l'installation d'une zone franche – industrielle, tertiaire et financière – dans la baie des Aiguilles à Principe, dotée d'un port en eau profonde et d'un chantier naval. Fin 1996, les études d'impact – écologique et social – devaient être attribuées à un consultant international choisi par la Banque mondiale, cette fois-ci très tôt associée au projet.

10. En ces temps, l'ambassadeur américain alors en poste à Libreville, Joseph Charles Wilson, quoique pourfendeur du régime, était admis à la cour d'Omar Bongo « puisque sa femme est corse et, donc, il nous comprend »... Ajoutons que le diplo-

mate américain, parfaitement à l'aise en français et en France, pouvait se prévaloir d'autres « initiations ». Après avoir été conseiller spécial auprès du commandant en chef des forces américaines en Europe, il a succédé à Susan Rice, en juin 1997, comme *« Director for African Affairs »* à la Maison-Blanche.

Le Vatican

1. *Cf.* Gérard Prunier, *The Rwanda Crisis : 1959-1994. History of a Genocide*, Londres, Hurst & Co Publishers, 1995, p. 263-265.

2. Dans le marchandage qui s'engagera, l'été 1997, sous la pression de l'opinion publique internationale, entre les Nations unies et le régime de Laurent-Désiré Kabila, Roberto Garreton fera les frais de sa première mission. Entre autres conditions préalables posées par le nouveau président de la République démocratique du Congo, celle exigeant son exclusion d'une enquête supposée « impartiale et indépendante », sera acceptée par le secrétaire général de l'ONU, Kofi Annan...

3. Certains journaux ont révélé son identité, l'exposant à de réels dangers. À la suite de la publication du témoignage dans *Libération*, le 10 mars 1997, des pères blancs restés sur place ont été molestés, brimés et malmenés physiquement. Naturellement, nous continuons ici à respecter la volonté d'anonymat du témoin tout en précisant que, avant de publier son rapport, nous avions passé une semaine en sa compagnie pour nous assurer de sa fiabilité et nous mettre à l'abri d'une manipulation.

4. La cheville ouvrière du congrès de Vienne fut le cardinal Consalvi, secrétaire d'État du Vatican à l'époque. L'Académie pontificale ecclésiastique a été fondée au début du XVIIIe siècle.

5. La secrétairerie d'État est l'une des deux grandes institutions du gouvernement de l'Église catholique, la Curie romaine, dirigée en 1997 par le cardinal Sodano, véritable Premier ministre du pape. L'autre est constituée par les Affaires générales, dirigée par un « substitut », le cardinal Re, et qui coiffe vingt-sept dicastères, des « ministères », parmi lesquels figurent la Congrégation des évêques dite « Congrégation consistoriale », la Congrégation pour la doctrine de la foi, qui est l'héritière du Saint-Office et de l'Inquisition, le conseil pontifical Justice et Paix, la Congrégation pour l'évangélisation des peuples et la propagation de la foi *(propaganda fide)*, etc.

6. « L'Église catholique face au processus de changement politique du début des années 90 », article paru dans *Année africaine 1992-1993*, publication annuelle du Centre d'études d'Afrique noire (CEAN) à Bordeaux.

7. *Cf. Andrea Riccardi : Sant'Egidio, Rome et le Monde*, entre-

tiens avec Jean-Dominique DURAND et Régis LADOUS, Paris, Beauchesne Éditeur, 1996, p. 66-69.

8. On se souviendra que « Papa-m'a-dit » fut le sobriquet, dans les présidences d'Afrique, de Jean-Christophe Mitterrand, pendant dix ans conseiller de son père pour les Affaires africaines à l'Élysée.

INDEX

Note de l'éditeur : l'index ci-dessous regroupe les noms figurant dans les deux volumes de *Ces messieurs Afrique*. Les folios composés en italique renvoient aux pages du premier tome, ceux composés en romain aux pages du présent volume.

Achevé d'imprimer par la
SOCIÉTÉ NOUVELLE FIRMIN-DIDOT
Mesnil-sur-l'Estrée
pour le compte des Éditions Calmann-Lévy
3, rue Auber, Paris 9e
en septembre 1997

Imprimé en France
Dépôt légal : septembre 1997
N° d'édition : 12469/01 – N° d'impression : 39759